子どもニュース いまむかしみらい

朝日小学生新聞でふりかえる

朝日小学生新聞　編著

朝日学生新聞社

はじめに

今《いま》、子《こ》どもたちには、みずから課題《かだい》を見《み》つけ、その解決《かいけつ》にすすんで取《と》り組《く》み、自分《じぶん》の考《かんが》えを表現《ひょうげん》する力《ちから》が求《もと》められています。それには、世《よ》の中《なか》で起《お》きているできごとを知《し》ることが欠《か》かせません。学校《がっこう》の授業《じゅぎょう》や家庭学習《かていがくしゅう》では、調《しら》べ学習《がくしゅう》の機会《きかい》が増《ふ》えています。

朝日《あさひ》小学生新聞《しょうがくせいしんぶん》（愛称《あいしょう》「朝小《あさしょう》」）は創刊当初《そうかんとうしょ》から、「子《こ》どもたちの未来《みらい》を応援《おうえん》しよう」と、広《ひろ》い世《よ》の中《なか》に目《め》を向《む》けるきっかけになるようなニュースや読《よ》み物《もの》を届《とど》けてきました。調《しら》べ学習《がくしゅう》にも役立《やくだ》つように、大人《おとな》の新聞《しんぶん》にのっている政治《せいじ》、経済《けいざい》、科学《かがく》などのニュースはやさしい言葉《ことば》で、写真《しゃしん》や図《ず》をそえてわかりやすく。子《こ》どもの好奇心《こうきしん》や悩《なや》みにこたえる読者参加型《どくしゃさんかがた》の紙面《しめん》づくりにも積極的《せっきょくてき》に取《と》り組《く》んでいます。

そんな「朝小《あさしょう》」は、２０１７年《ねん》で誕生《たんじょう》から半世紀《はんせいき》になります。この機会《きかい》に、これまで子《こ》どもに寄《よ》り添《そ》って紙面《しめん》づくりをしてきた立場《たちば》から、みなさんの成長《せいちょう》や学習《がくしゅう》のお手伝《てつだ》いができないかと考《かんが》えました。そこで、日々《ひび》、積《つ》み重《かさ》ねてきた数々《かずかず》の記事《きじ》の中《なか》から、みなさんの「心《こころ》の栄養《えいよう》」になりそうなものをピックアップして、１冊《さつ》の本《ほん》にまとめました。

朝小《あさしょう》を読《よ》んで育《そだ》った先輩読者《せんぱいどくしゃ》たちは今《いま》、社会《しゃかい》に出《で》て、さまざまな分野《ぶんや》で活躍《かつやく》しています。ぜひ、みなさんにも、「朝小《あさしょう》の輪《わ》」をつないでいってもらえたらと思《おも》います。

２０１７年３月31日　朝日小学生新聞《あさひしょうがくせいしんぶん》

この本《ほん》の見方《みかた》

この本《ほん》は、

❶ 年表《ねんぴょう》
テーマごとに、50年《ねん》のおもなニュースを年表《ねんぴょう》と写真《しゃしん》でふりかえるページ

❷ インタビュー
ニュースに関《かか》わりの深《ふか》い著名人《ちょめいじん》らへのインタビューページ

❸ スクラップ
朝日小学生新聞《あさひしょうがくせいしんぶん》の過去記事《かこきじ》のスクラップページ

で構成《こうせい》しています。

本文に出てくる文章や時間の表現、数値、学年、年齢、学校名、国名、地名、団体名、企業名、肩書きなどは、原則として当時のままにしています。

❶ 年表《ねんぴょう》

そのページのテーマについての、50年《ねん》のおもなニュースを年表形式《ねんぴょうけいしき》でまとめています。年表《ねんぴょう》や写真《しゃしん》の背景色《はいけいしょく》が赤色《あかいろ》の部分《ぶぶん》は昭和《しょうわ》、水色《みずいろ》の部分《ぶぶん》は平成《へいせい》です。写真《しゃしん》は各《かく》ニュースの現場《げんば》のようすがわかるものを紹介《しょうかい》しています。

テーマ

「政治《せいじ》」「経済《けいざい》」「国際《こくさい》」など、そのページのテーマを示《しめ》しています。

このページでは、「夏《なつ》のオリンピック」の50年《ねん》のできごとを取《と》り上《あ》げています。

もっと知《し》りたい

当時《とうじ》、話題《わだい》になったこと、時代《じだい》の移《うつ》り変《か》わりなど、年表《ねんぴょう》や写真《しゃしん》だけでは伝《つた》えきれないことがらを説明《せつめい》しています。

② インタビュー

過去《かこ》に朝日小学生新聞《あさひしょうがくせいしんぶん》で取材《しゅざい》させてもらったことがある人《ひと》に、改《あらた》めてインタビューしました。その人《ひと》の今《いま》の活《かつ》躍《やく》ぶりを、朝日小学生新聞《あさひしょうがくせいしんぶん》の過去記事《かこきじ》と合《あ》わせて読《よ》むことで、時代《じだい》の移《うつ》り変《か》わりがうかがえます。

③ スクラップ

タイムスリップ朝小

テーマに関係《かんけい》のある朝日小学生新聞《あさひしょうがくせいしんぶん》の過去記事《かこきじ》の抜粋《ばっすい》、もしくは、要約《ようやく》をのせています。

「朝小《あさしょう》」「朝小《あさしょう》リポーター」って？

● 本文《ほんぶん》に出《で》てくる**「朝小《あさしょう》」**は、朝日小学生新聞《あさひしょうがくせいしんぶん》の愛称《あいしょう》です。

● **「朝小《あさしょう》リポーター」**とは、朝日小学生新聞《あさひしょうがくせいしんぶん》の紙面《しめん》づくりに参加《さんか》している読者《どくしゃ》のことです。

家族《かぞく》で、「今《いま》」「昔《むかし》」「未来《みらい》」のニュースを話題《わだい》にしながら読《よ》んでね

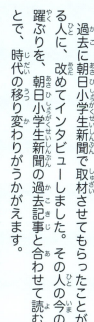

子どもニュース いまむかしみらい

朝日小学生新聞でふりかえる

もくじ

3 科学《かがく》、技術《ぎじゅつ》の進歩《しんぽ》 50年《ねん》をふりかえる

1

わたしたちの未来《みらい》

今《いま》の小学生《しょうがくせい》が大人《おとな》になるころ、私《わたし》たちの生活《せいかつ》はどんなふうに変《か》わっているでしょうか。もっと豊《ゆた》かになっている？　もっと便利《べんり》になっている？　それとも、とても想像《そうぞう》もつかないような世界《せかい》になっている !?　今《いま》進《すす》められている研究《けんきゅう》などをもとに、未来《みらい》のくらしについて考《かんが》えます。

★★★ 20XX年はどうなってる？ ★★★

未来予想図《みらいよそうず》

私《わたし》たちは技術《ぎじゅつ》の進歩《しんぽ》とともに歩《あゆ》んでいます。過去《かこ》の研究成果《けんきゅうせいか》が今《いま》のくらしを支《ささ》え、今研究《いまけんきゅう》されていることは未来《みらい》に生《い》かされます。みなさんが大人《おとな》になるころ、どんな未来《みらい》がまっているのでしょう。今注目《いまちゅうもく》の技術《ぎじゅつ》にクローズアップしながら、未来《みらい》のくらしの想像図《そうぞうず》をえがいてみました。

イラスト・オオノマサフミ

一家《いっか》に一台《だい》。家事《かじ》の手間《てま》が省《はぶ》ける

お手伝《てつだ》いロボット

高度な人工知能を持ち、人の代わりに掃除、洗濯、食器洗いなどの家事をやってくれるロボットが開発されています。特に期待されているのは、独りぐらしの人やお年寄りの家事負担を減らすこと。ロボットの中には、想定通りに作業が進まなかったことを察知して、やり直す能力を備えたものもあります。普及には、生産量を増やして1台あたりの値段を下げたり、ロボット貸し出しビジネスを確立したりすることが必要と考えられています。

まるでその場《ば》にいるような臨場感《りんじょうかん》

8K《ケー》

テレビは、縦横に規則正しくならんだ粒状の光をつけたり消したりして、映像を映し出します。今放送されているデジタル放送・ハイビジョン方式は、横に約2千、縦に約千の光がならんでいて、2Kと呼ばれます。8Kは、2Kの16倍＝3300万個の光の粒でつくられる超高精細映像です。被写体の動きをより鮮明に、色鮮やかに再現できます。東京オリンピック・パラリンピックが開催される2020年の本格普及をめざしています。

運転操作《うんてんそうさ》をシステムがアシスト

自動運転車《じどううんてんしゃ》

運転で求められるさまざまな操作を、人に代わって、システムがおこなう自動車のことです。実現に向けては、国の政策としても取り組まれていて、渋滞の解消や排ガスにふくまれる二酸化炭素の削減、交通事故の削減、お年寄りらの移動支援などが期待されています。今のところは、ドライバーの支援が必要です。完全に自動運転車を実用化させるには、さらなる技術の進化と法の整備が欠かせません。

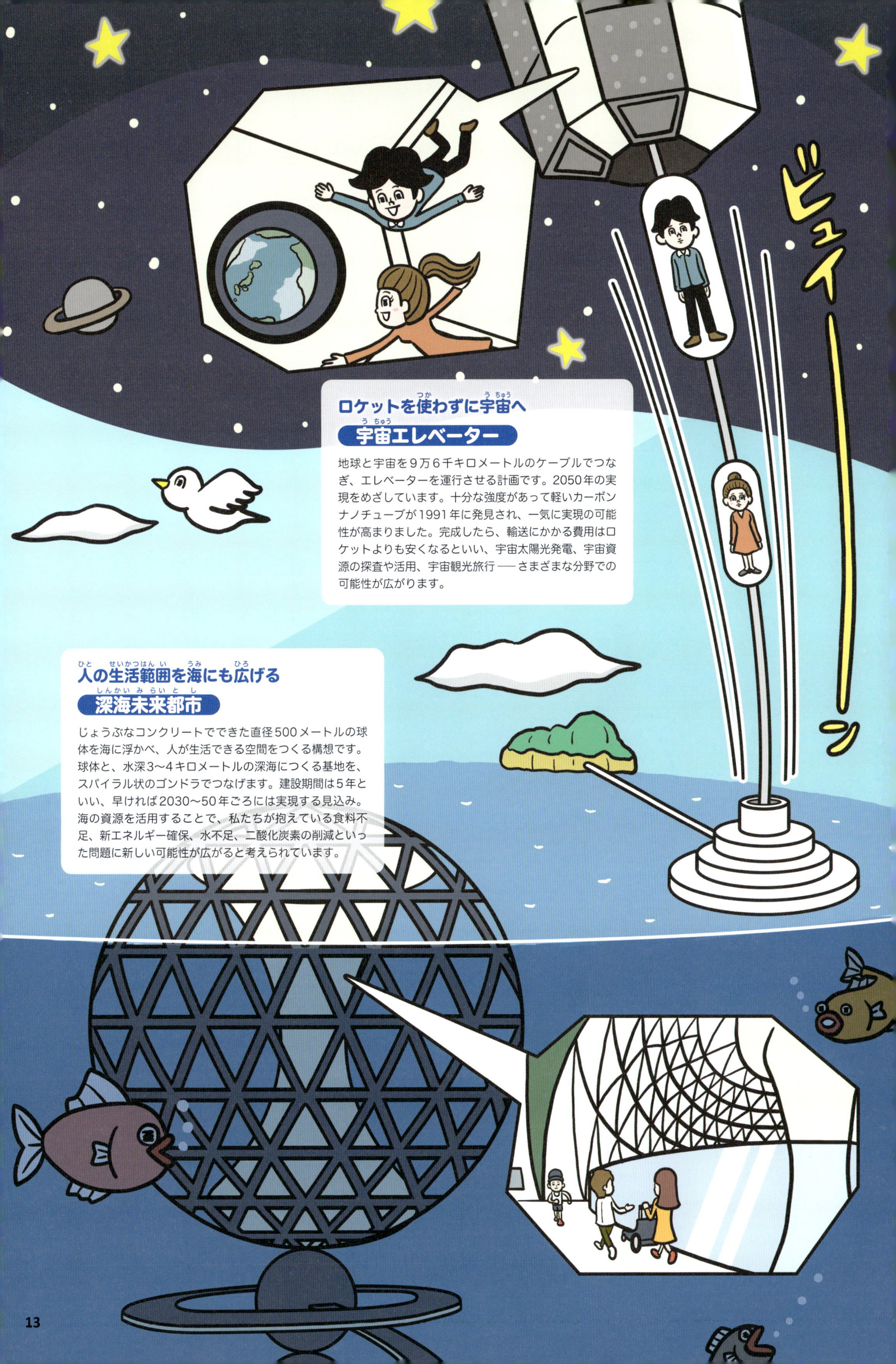

ロケットを使《つか》わずに宇宙《うちゅう》へ
宇宙《うちゅう》エレベーター

地球と宇宙を９万６千キロメートルのケーブルでつなぎ、エレベーターを運行させる計画です。2050年の実現をめざしています。十分な強度があって軽いカーボンナノチューブが1991年に発見され、一気に実現の可能性が高まりました。完成したら、輸送にかかる費用はロケットよりも安くなるといい、宇宙太陽光発電、宇宙資源の探査や活用、宇宙観光旅行 —— さまざまな分野での可能性が広がります。

人《ひと》の生活範囲《せいかつはんい》を海《うみ》にも広《ひろ》げる
深海未来都市《しんかいみらいとし》

じょうぶなコンクリートでできた直径500メートルの球体を海に浮かべ、人が生活できる空間をつくる構想です。球体と、水深3〜4キロメートルの深海につくる基地を、スパイラル状のゴンドラでつなげます。建設期間は5年といい、早ければ2030〜50年ごろには実現する見込み。海の資源を活用することで、私たちが抱えている食料不足、新エネルギー確保、水不足、二酸化炭素の削減といった問題に新しい可能性が広がると考えられています。

「エレベーター」で宇宙《うちゅう》に行《い》こう！

ロケットを使《つか》わず宇宙《うちゅう》へのぼっていく——
それが「宇宙《うちゅう》エレベーター」です。
夢物語《ゆめものがたり》ではありません。
建設会社《けんせつがいしゃ》の大林組《おおばやしぐみ》は２０５０年の実現《じつげん》をめざしています。

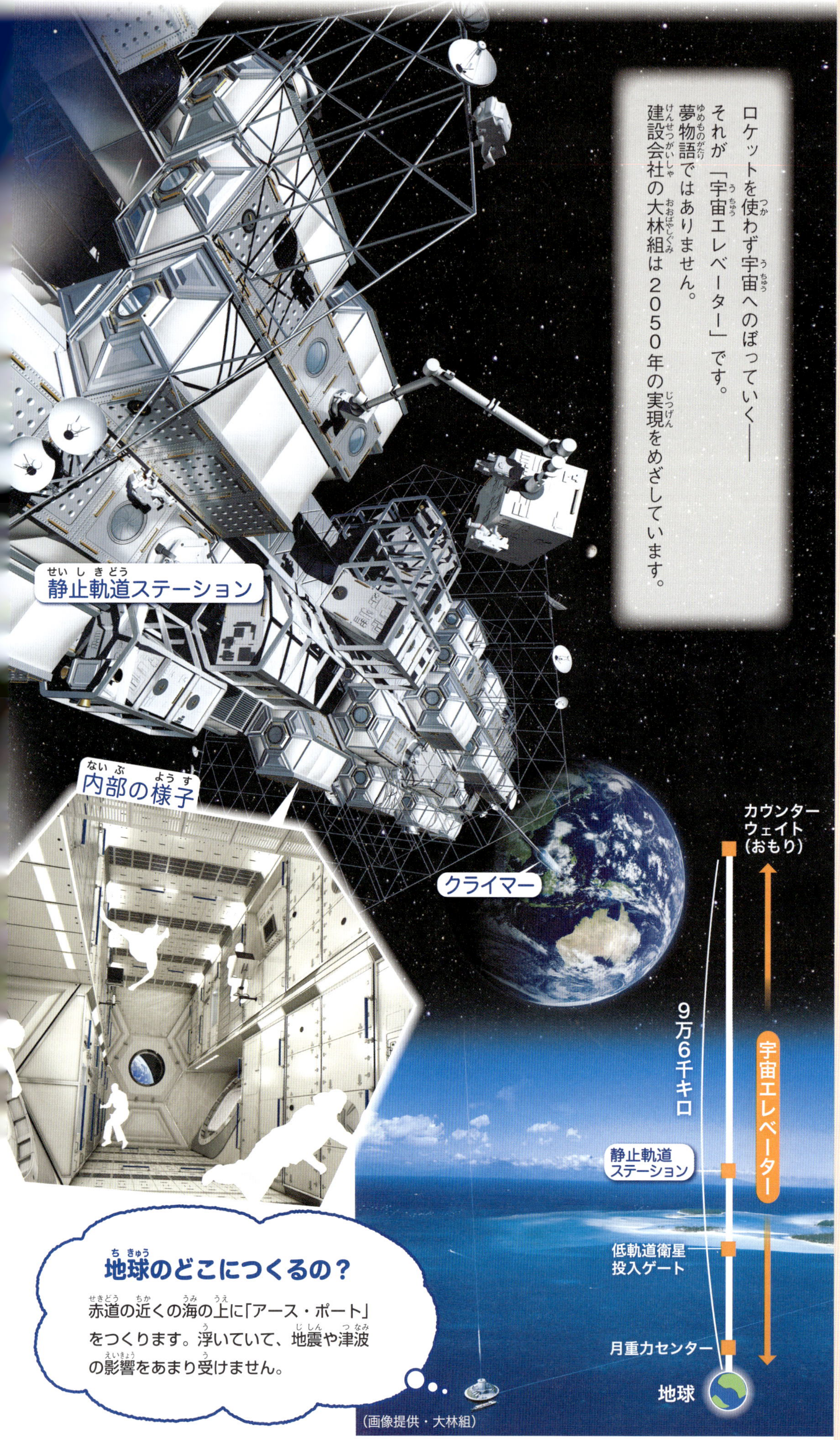

（画像提供・大林組）

地球《ちきゅう》のどこにつくるの？

赤道《せきどう》の近《ちか》くの海《うみ》の上《うえ》に「アース・ポート」をつくります。浮《う》いていて、地震《じしん》や津波《つなみ》の影響《えいきょう》をあまり受《う》けません。

石川洋二《いしかわようじ》さん

1955年生《う》まれ。アメリカ航空宇宙局《こうくううちゅうきょく》(NASA《ナサ》)などで研究《けんきゅう》。大林組《おおはやしぐみ》で宇宙《うちゅう》エレベーターの研究開発《けんきゅうかいはつ》をとりまとめる

9万《まん》6千《せん》キロのケーブル

「現在《げんざい》は宇宙《うちゅう》へ行《い》くにはロケットしかありませんが、たくさん燃料《ねんりょう》が必要《ひつよう》でお金《かね》が高《たか》い。宇宙《うちゅう》エレベーターなら、将来《しょうらい》かんたんに行《い》けるようになるかもしれません」。大林《おおばやし》組《ぐみ》の石川洋二《いしかわようじ》さんは、こう説《せつ》明《めい》します。

乗《の》り物《もの》（クライマー）のイメージは電車《でんしゃ》やモノレール。地球《ちきゅう》から宇宙《うちゅう》へのびるひも（ケーブル）がレールの役割《やくわり》をして、そこをのぼり降《お》りします。ひもの長《なが》さは約《やく》9万《まん》6千《せん》キロメートル（地球《ちきゅう》の直径《ちょっけい》の8倍《ばい》）。地球《ちきゅう》は回転《かいてん》（自転《じてん》）しているので、ひもの先端《せんたん》ほど回転《かいてん》スピードが速《はや》くなります。そこで探査機《たんさき》をのぼらせて、ひもの途中《とちゅう》や先端《せんたん》から放《ほう》り投《な》げれば、火星《かせい》、木星《もくせい》へ飛《と》んでいけるのです。

「2050年までにつくろうとしているのはなぜですか」とたずねると、石川《いしかわ》さんは「どうつくるか、まじめに考《かんが》えました。2030年に最《さい》初《しょ》のケーブルを宇宙《うちゅう》から投《な》げこめたら、ケーブルの補強《ほきょう》作《さ》業《ぎょう》に20年《ねん》くらいかかるからです」。建設費用《けんせつひよう》は「ざっくり10兆円《ちょうえん》」です。

つくる手順《てじゅん》は次《つぎ》の通《とお》り。まず材料《ざいりょう》をロケットで打《う》ち上《あ》げ、上空《じょうくう》で建設用《けんせつよう》の宇宙船《うちゅうせん》を組《く》み立《た》てます。宇宙船《うちゅうせん》はひもをくり出《だ》しながら上昇《じょうしょう》し、ひもは地表《ちひょう》に到着《とうちゃく》。その後《ご》、ひもを太《ふと》くする補強《ほきょう》をくり返《かえ》した後《あと》、資材《しざい》をクライマーで上《うえ》へ運《はこ》び、各施設《かくしせつ》をつくります。

完成《かんせい》させるのは今《いま》の小学生世代《しょうがくせいせだい》

実際《じっさい》に宇宙旅行《うちゅうりょこう》に行《い》くとしたら、どんなイメージでしょうか。費用《ひよう》は海外《かいがい》に行《い》くよりやや高《たか》く「ちょっとした車《くるま》」程度《ていど》。「ふつうの人《ひと》でも行《い》けます。ロケットより衝撃《しょうげき》がなく訓練《くんれん》もいりません」。シートベルトをずっとしめているわけではなく、ホテルの部屋《へや》のように快適《かいてき》に過《す》ごせて、「宇宙食《うちゅうしょく》」以外《いがい》も食《た》べられそうです。

夢《ゆめ》は広《ひろ》がりますが、実現《じつげん》に向《む》けての課題《かだい》は山積《やまづ》み。ケーブル、クライマー、電力《でんりょく》の送《そう》信法《しんほう》など、技術開発《ぎじゅつかいはつ》が必要《ひつよう》なものは一つや二つではありません。ともに取《と》り組《く》む仲間《なかま》も必要《ひつよう》です。

「実際《じっさい》につくっていくことになったら、中心《ちゅうしん》になるのはきみたちの世代《せだい》。難《むずか》しいからこそやりがいがある。ぜひ大《おお》きなことにチャレンジしてほしいですね」と石川《いしかわ》さんは期《き》待《たい》します。

Q 地震《じしん》が起《お》きたらこわれますか？

今《いま》までだれもしたことのない質問《しつもん》だね(笑《わら》い)。下《した》の方《ほう》がゆれるくらい。風《かぜ》がふいても影響《えいきょう》は受《う》けますが、ケーブル自体《じたい》は安定《あんてい》しています。

Q 乗《の》り物酔《ものよ》いはする？

するかもしれません。上空約《じょうくうやく》400キロにあり、無重力状態《むじゅうりょくじょうたい》の国際宇宙《こくさいうちゅう》ステーション(ISS《アイエスエス》)に滞在《たいざい》する宇宙飛行士《うちゅうひこうし》も、「宇宙酔《うちゅうよ》い」をしますので。

自動《じどう》運転《うんてん》の技術《ぎじゅつ》、どこまで進《すす》んでる？

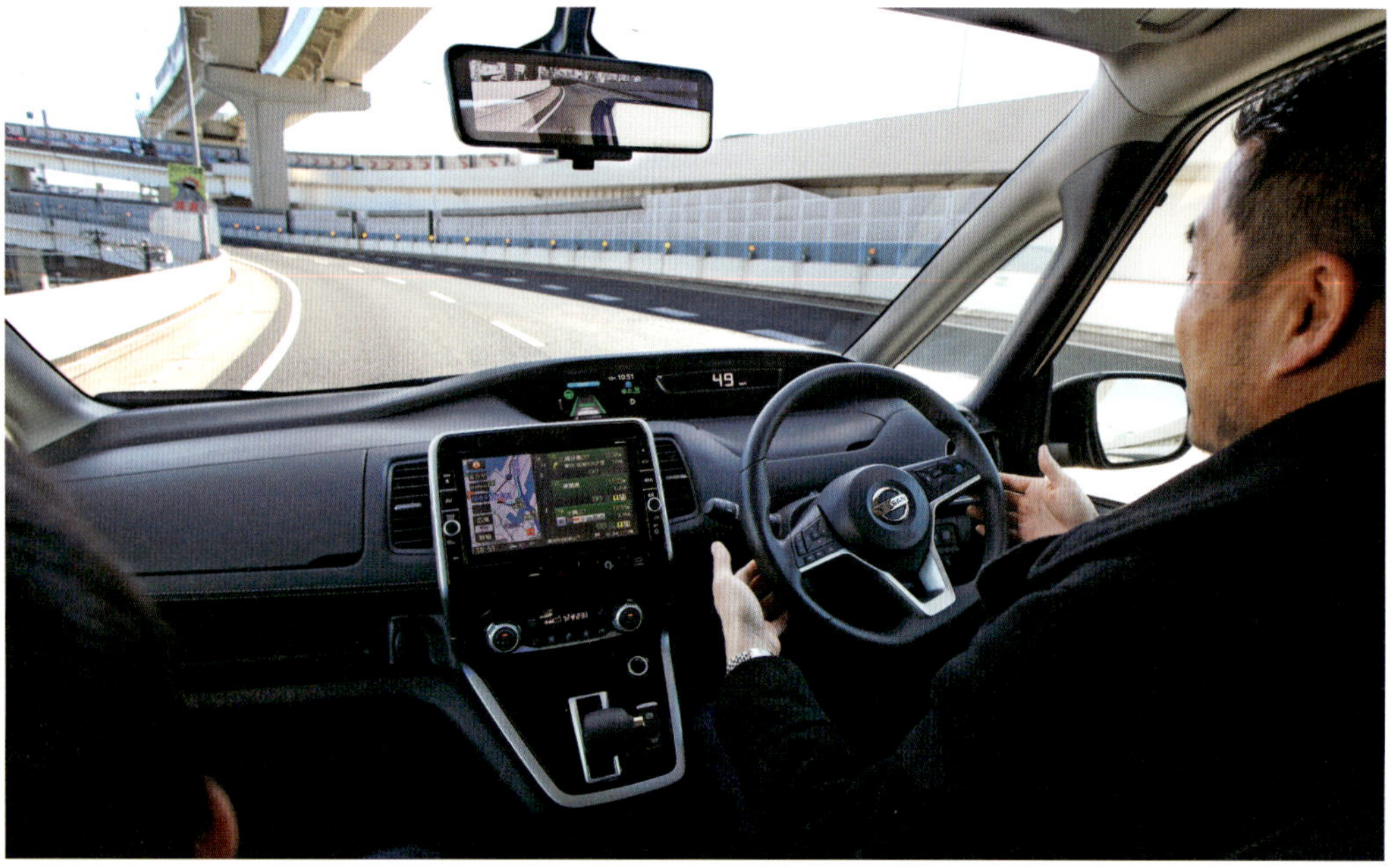

高速道路で自動運転機能を使って走りました

完全自動《かんぜんじどう》めざし第一歩《だいいっぽ》

スイッチひとつで目的地《もくてきち》へスーイスイ。今《いま》、自動車《じどうしゃ》の自動運転技術《じどううんてんぎじゅつ》に注目《ちゅうもく》が集《あつ》まっています。自動運転機能《じどううんてんきのう》がついた新型《しんがた》セレナを発売《はつばい》した日産《にっさん》にどんな技術《ぎじゅつ》なのか教《おし》えてもらいました。

高速道路《こうそくどうろ》に入《はい》った新型《しんがた》セレナ。運転《うんてん》するのはこの車《くるま》の開発責任者《かいはつせきにんしゃ》、日産自動車《にっさんじどうしゃ》の磯部《いそべ》博樹《ひろき》さんです。磯部《いそべ》さんはハンドルにあるプロパイロットスイッチをおしました。

いよいよ自動運転《じどううんてん》スタート。まずは車《くるま》の速《はや》さを制限速度《せいげんそくど》にセットして、しばらくすると液晶画面《えきしょうがめん》に写《うつ》る車線《しゃせん》の色《いろ》が白《しろ》から緑色《みどりいろ》にかわりました。単《たん》一車線《いっしゃせん》での自動運転《じどううんてん》モードの始《はじ》まりです。

磯部《いそべ》さんはハンドルに軽《かる》く手《て》をそえているだけ。ハンドルが自動《じどう》で細《こま》かく左右《さゆう》に動《うご》き、カーブに差《さ》しかかると大《おお》きく回《まわ》り始《はじ》めました。アクセルもブレーキも操作《そうさ》していません。

この日《ひ》は横風《よこかぜ》が強《つよ》くふき、普通《ふつう》ならしっかりとハンドルをにぎらなければなりません。でもこの車《くるま》は路面《ろめん》の白線《はくせん》をたよりに、車線《しゃせん》の中央《ちゅうおう》からずれません。しばらくすると前方《ぜんぽう》に、となりの車線《しゃせん》から車《くるま》が車線変更《しゃせんへんこう》してきました。すると車《くるま》は自動《じどう》で速度《そくど》をゆるめ、車《しゃ》間距離《かんきょり》を保《たも》ちました。

目的地《もくてきち》のキャンプ場《じょう》に無事《ぶじ》到着《とうちゃく》。磯部《いそべ》さんはセレナの自動運転技術《じどううんてんぎじゅつ》を支《ささ》える「目《め》と頭《あたま》と手足《てあし》」を教《おし》えてくれました。

目《め》にあたるのはフロントガラスに取《と》り付《つ》けられた小《ちい》さなカメラ。白線《はくせん》や周囲《しゅうい》の車《くるま》などを認識《にんしき》します。情報《じょうほう》は車《くるま》の後部《こうぶ》にある頭《あたま》（コンピューター）に送《おく》られ、手足《てあし》にあたるブレーキやかじ取《と》りを動《うご》かします。

Q **完全自動運転《かんぜんじどううんてん》が広《ひろ》まったら免許《めんきょ》はどうなりますか？**

今《いま》のままでは免許《めんきょ》はいりますね。国《くに》が決《き》めることですが、将来《しょうらい》、体《からだ》が不自由《ふじゆう》で免許《めんきょ》を持《も》たない人《ひと》でも、スイッチ一つで病院《びょういん》まで行《い》けるようになったらいいですね。

自動運転技術《じどううんてんぎじゅつ》ロードマップ
※段階的《だんかいてき》に市場投入《しじょうとうにゅう》

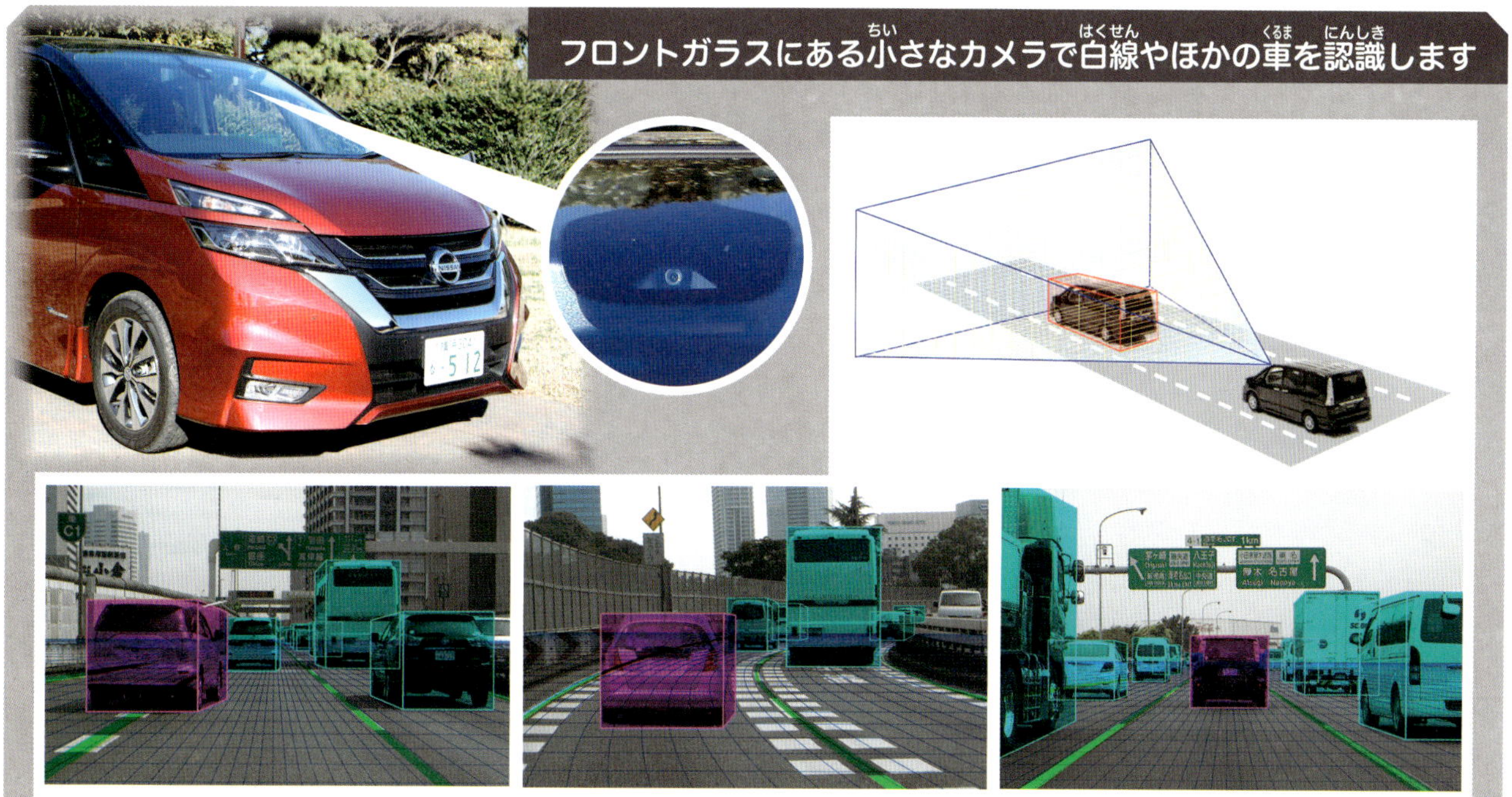

フロントガラスにある小《ちい》さなカメラで白線《はくせん》やほかの車《くるま》を認識《にんしき》します

割り込んできた車両を素早く検知

コーナーでも、白線と周囲の車両を正確に把握

混み合った交通状況でも周囲の車両を正確に把握

まずは家族《かぞく》向《む》けの車《くるま》から

「どうして自動運転《じどううんてん》の機能《きのう》をセレナに付《つ》けたのですか?」という質問《しつもん》に磯部《いそべ》さんは、「セレナは家族《かぞく》でドライブに使《つか》われることが多《おお》い車《くるま》。子《こ》ども連《づ》れだと、深夜早朝《しんやそうちょう》に出《で》かけるわけにいかず、渋滞《じゅうたい》に巻《ま》きこまれがち。だからまずは日本のお父《とう》さんやお母《かあ》さんを自動運転《じどううんてん》で楽《らく》にしたかった」と話《はな》します。余計《よけい》な加減《かげん》速《そく》を減《へ》らすことでガソリンも節約《せつやく》できるといいます。

事故《じこ》も減《へ》らせるかもしれません。交通事故《こうつうじこ》の9割《わり》以上《いじょう》はドライバーに原因《げんいん》があります。カメラやコンピューターの判断能力《はんだんのうりょく》は人間《にんげん》より上《うえ》。疲《つか》れやうっかりもありません。

ただ、自動運転《じどううんてん》の誤作動《ごさどう》で事故《じこ》が起《お》きては大変《たいへん》です。「開発当初《かいはつとうしょ》は、あやまった認《にん》識《しき》や予期《よき》せぬ動《うご》きをしないよう、日本中《じゅう》のほぼすべての自《じ》動車専用道路《どうしゃせんようどうろ》を走《はし》り、プログラムを修正《しゅうせい》していきました」

今後《こんご》の課題《かだい》をたずねると、「まだ車《くるま》にすべてまかせっきりにできないことです」と磯《いそ》部《べ》さん。「将来《しょうらい》、自動運転車《じどううんてんしゃ》があたり前《まえ》の社会《しゃかい》になるんでしょうか?」と聞《き》くと、「そうなっているでしょうね」。

日産《にっさん》は2018年には高速《こうそく》道路《どうろ》で車線変更《しゃせんへんこう》しながらの自《じ》動運転《どううんてん》を実現《じつげん》し、2020年にはより複雑《ふくざつ》な街中《まちなか》の交差点《こうさてん》も走《はし》れる自動運転車《じどううんてんしゃ》を売《う》り出《だ》す計画《けいかく》だといいます。

「いつか未来《みらい》には、完全自《かんぜんじ》動運転《どううんてん》も実現《じつげん》できる」とみる磯部《いそべ》さん。すでに実験《じっけん》では、かなりできているそうです。でも市販《しはん》するにはまだもう少《すこ》し時間《じかん》がかかりそうです。「実際《じっさい》に売《う》るには、100点《てん》満点《まんてん》じゃないとだめですからね」

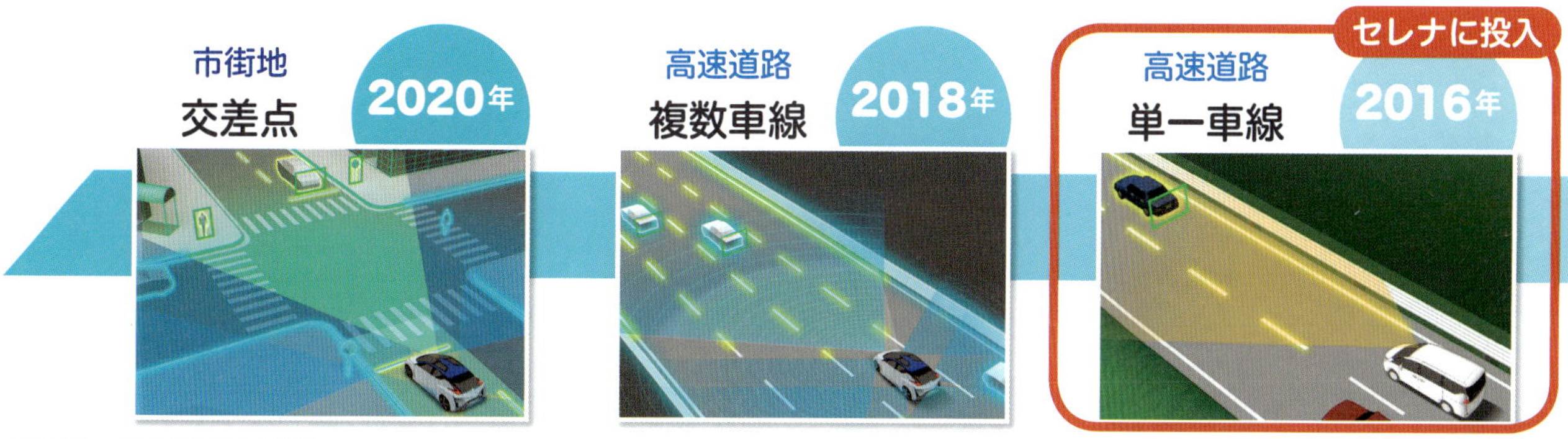

資料提供：日産自動車株式会社

未来《みらい》にはどんなテレビが登場《とうじょう》する？

どこまで見《み》える、見《み》せる？

映像《えいぞう》の可能性《かのうせい》を探《さぐ》るため、NHK《エヌエイチケー》放送技術研究所《ほうそうぎじゅつけんきゅうしょ》を訪《たず》ねました。ここでは、NHK《エヌエイチケー》が中心《ちゅうしん》になって進《すす》めている「8K《ケー》」テレビの研究《けんきゅう》をしています。まるで、その場《ば》にいるような臨場感《りんじょうかん》を実現《じつげん》する8K《ケー》とは？

「8K《ケー》」は、「画面《がめん》に映《うつ》し出《だ》された映像《えいぞう》が細《こま》かいところまではっきり見《み》える」のが特徴《とくちょう》です。

テレビは光《ひかり》のつぶ（画素《がそ》）を点滅《てんめつ》させて映像《えいぞう》を映《うつ》し出《だ》していて、1画面《がめん》の画素《がそ》の数《かず》が大《おお》きいほど、情報《じょうほう》が多《おお》いということになります。

8K《ケー》の映像《えいぞう》の画素《がそ》は、今放《いまほう》送《そう》されているハイビジョン（2K《ケー》）の画素約《がそやく》200万個《まんこ》の16倍《ばい》に当《あ》たる約《やく》3300万《まん》個《こ》あります。

4K《ケー》テレビという言葉《ことば》を聞《き》いたことがあるかもしれませんが、4K《ケー》は2K《ケー》の4倍《ばい》の約《やく》800万個《まんこ》なので、8K《ケー》の方《ほう》がより細《こま》かいところまではっきり見《み》えるのです。

映像《えいぞう》だけでなく、音響《おんきょう》の研究《けんきゅう》も進《すす》めています。

天井面《てんじょうめん》、人《ひと》のいる高《たか》さ、床《ゆか》面《めん》など広《ひろ》い範囲《はんい》で音《おと》をひびかせることで、その場《ば》で聞《き》いているような効果《こうか》が期待《きたい》できるといいます。

8K《ケー》の研究《けんきゅう》は1990年代《だい》からスタート。「その場《ば》で見《み》ている映像《えいぞう》」を目指《めざ》して続《つづ》けてきました。2016年、試《し》験放送《けんほうそう》が始《はじ》まりました。一般《いっぱん》の人《ひと》も全国《ぜんこく》のNHK《エヌエイチケー》の放送局《ほうそうきょく》などで見《み》ることができます。

しかし、8K《ケー》を放送《ほうそう》するには多《おお》くのデータを電波《でんぱ》で送《おく》らなければなりません。安定《あんてい》したデータのやりとりができるよう研究《けんきゅう》が進《すす》められてきたそうです。

2018年までには実用放《じつようほう》送《そう》をスタートして、東京《とうきょう》オリンピック・パラリンピックが開《ひら》かれる2020年には、家《か》庭《てい》で見《み》られることを目指《めざ》します。細《こま》かいところまで見《み》えるので、医療現場《いりょうげんば》での活用《かつよう》も期《き》待《たい》できます。

研究企画部副部長《けんきゅうきかくぶふくぶちょう》の藤井亜《ふじいあ》里砂《りさ》さんは、「テレビはその場《ば》にいなくても、さまざまなことに気《き》づかせてくれます。これからも感動《かんどう》を届《とど》けたいです」と話《はな》します。

「透明《とうめい》テレビ」も登場《とうじょう》しそう

画面の背景がすけて見える「透明ディスプレー」をとり入れたテレビ＝パナソニック提供

画面《がめん》の背景《はいけい》がすけて見《み》える「透明《とうめい》ディスプレー」をとり入《い》れたテレビの開発《かいはつ》を進《すす》めているのが、パナソニックです。

透明《とうめい》だとどんな効果《こうか》が期待《きたい》できるのでしょうか。例《たと》えば、今《いま》のテレビは、使《つか》っていないとき

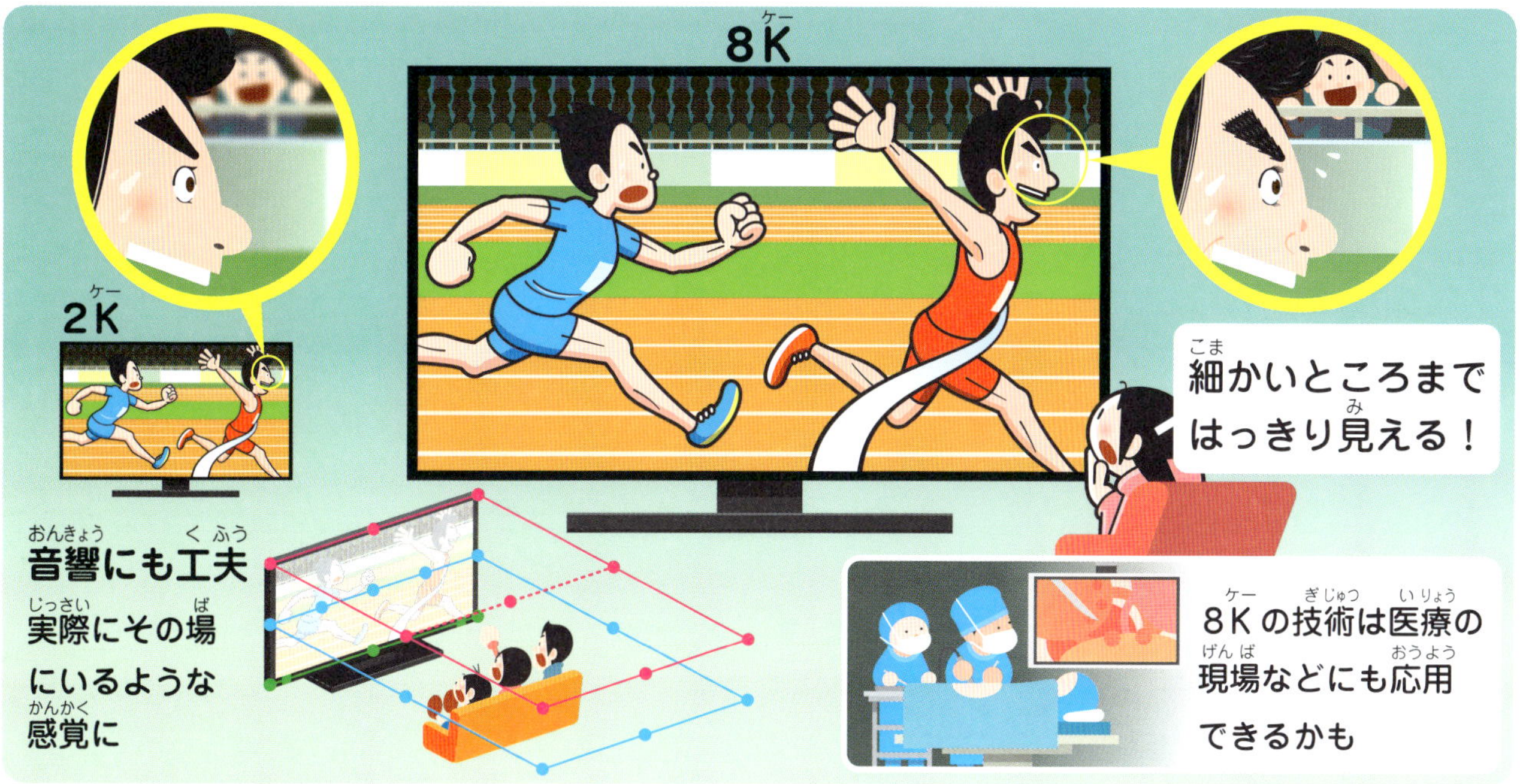

イラスト・すぎうらあきら

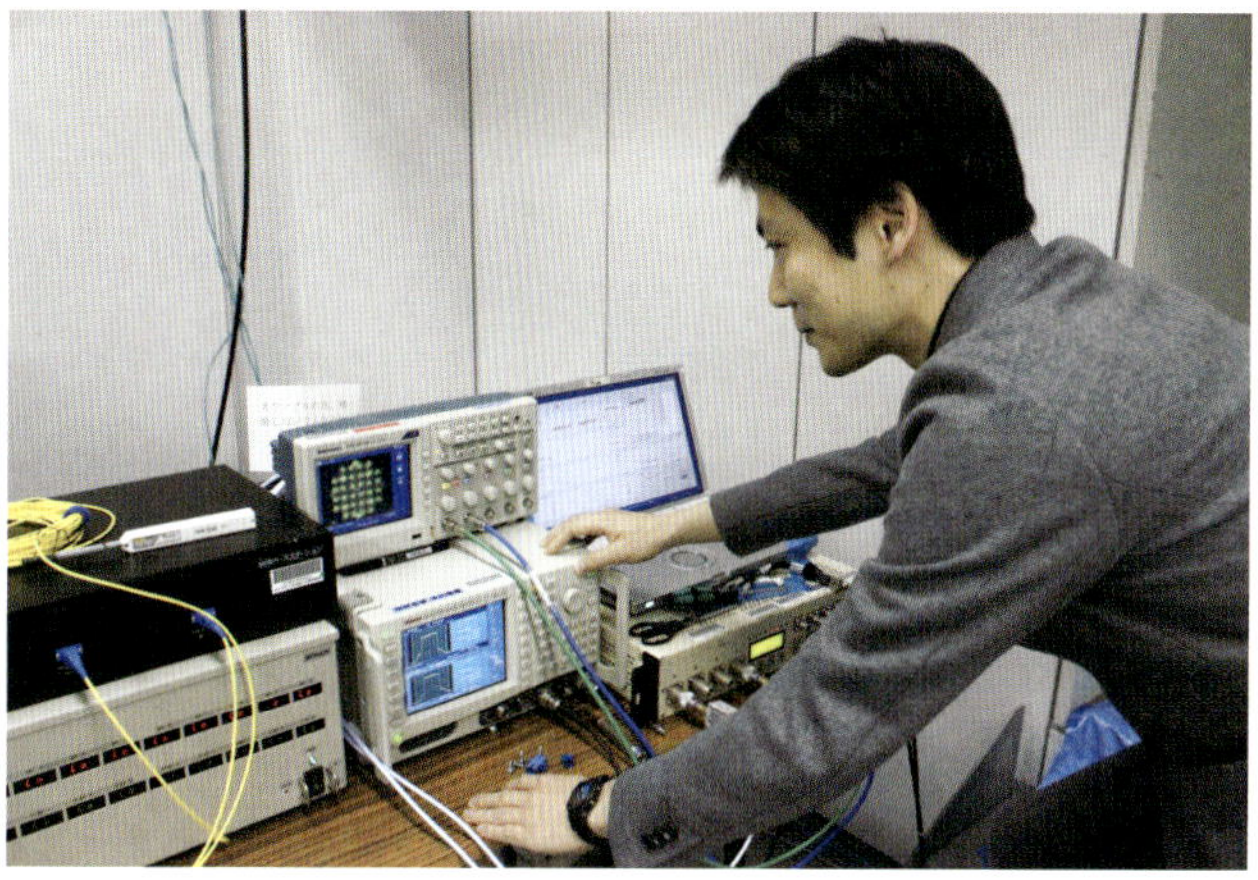

㊨8Kのデータをのせた電波信号のチェックをする研究員　㊧8Kの試験放送が見られるコーナー＝どちらも東京都世田谷区のNHK放送技術研究所

は黒《くろ》い大《おお》きなパネルになります。透明《とうめい》ディスプレーは使《つか》っていないときには、すけるため、インテリアや住空間《じゅうくうかん》に自然《しぜん》にとけこむように設置《せっち》することができると考《かんが》えたそうです。

また、映像《えいぞう》を映《うつ》しながら、パネルの向《む》こう側《がわ》が見《み》えるので、すけて見《み》えるものの情報《じょうほう》を表示《ひょうじ》する、といった利用《りよう》の方法《ほうほう》も考《かんが》えられます。住《じゅう》宅《たく》の棚《たな》のとびらなどを透明《とうめい》ディスプレーにすると、中《なか》のものも見《み》えます。いつまでに商品《しょうひん》として完成《かんせい》させるかなどの計画《けいかく》は未定《みてい》です。

今後《こんご》は、どんなテレビが登場《とうじょう》するのでしょうか。パナソニックの広報担当者《こうほうたんとうしゃ》は、「将来的《しょうらいてき》には、見《み》たいときに、見《み》たい空間《くうかん》で、見《み》たい映像《えいぞう》が見《み》られるなど、お客様《きゃくさま》がワクワクするテレビを開発《かいはつ》していきたいです」と話《はな》します。

Q 8K《ケー》の映像《えいぞう》は、目《め》に影響《えいきょう》はないの？

疲《つか》れやすさなど、人体《じんたい》への影響《えいきょう》も調《しら》べています。実用放送《じつようほうそう》が始《はじ》まる2018年までに、結果《けっか》をふまえてルールを作《つく》ります。安全《あんぜん》な番組《ばんぐみ》を作《つく》って放送《ほうそう》します。

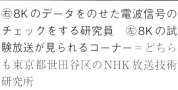

2

日本と世界《せかい》のすがた

50年《ねん》をふりかえる

過去《かこ》、今《いま》、未来《みらい》は一本《ぽん》の線《せん》でつながっています。「今《いま》」や「過去《かこ》」を知《し》ることは、「未来《みらい》」を考《かん》える手《て》がかりとなります。❷〜❺では、朝日小学生新聞《あさひしょうがくせいしんぶん》の記事《きじ》をもとに、この50年《ねん》をふり返《かえ》ります。❷では、日本の政治《せいじ》・経済《けいざい》やそのときを象徴《しょうちょう》するできごと、日本とかかわりの深《ふか》い世界《せかい》のできごとを取《と》り上《あ》げます。

政治

時代《じだい》のリーダーらが国《くに》づくり

55年体制始《ねんたいせいはじ》まる

自民党《じみんとう》と社会党《しゃかいとう》を中心《ちゅうしん》とした二大政党制《にだいせいとうせい》が38年続《ねんつづ》く

反対《はんたい》の声《こえ》「安保闘争《あんぼとうそう》」

安保改定《あんぽかいてい》に反対《はんたい》する人《ひと》たちのデモは、安保闘争《あんぽとうそう》と呼《よ》ばれた

自民《じみん》をやぶり、連立政権誕生《れんりつせいけんたんじょう》

長《なが》く続《つづ》いた自民党政権《じみんとうせいけん》に代《か》わり、8党派《とうは》による細川護熙《ほそかわもりひろ》＝右《みぎ》から2人目《め》＝政権《せいけん》が誕生《たんじょう》した

年	できごと
1955（昭和《しょうわ》30）	自由民主党《じゆうみんしゅとう》（自民党《じみんとう》）が誕生《たんじょう》して与党《よとう》になり、野党《やとう》の社会党《しゃかいとう》と対立《たいりつ》する「55年《ねん》体制《たいせい》」ができる＝写真《しゃしん》1
1960（35）	アメリカ（米《べい》）軍《ぐん》が日本にとどまることなどを定《さだ》めた日米安全保障条約《にちべいあんぜんほしょうじょうやく》が1951年に結《むす》ばれて以来《いらい》、初《はじ》めて改定《かいてい》2
1972（47）	5月、太平洋戦争後《たいへいようせんそうご》にアメリカ軍《ぐん》のもとにあった沖縄《おきなわ》が日本に返還《へんかん》される 9月、日本と中国《ちゅうごく》の国交《こっこう》（国《くに》と国《くに》のつき合《あ》い）が結《むす》ばれ、関係《かんけい》が正常化《せいじょうか》する
1976（51）	アメリカ製《せい》の旅客機《りょかくき》の売買《ばいばい》をめぐって、「ロッキード事件《じけん》」と呼《よ》ばれる政治家《せいじか》の汚職事件《おしょくじけん》が明《あか》るみに出《で》る3
1988（63）	政治家《せいじか》や役人《やくにん》などに広《ひろ》がった汚職事件《おしょくじけん》「リクルート事件《じけん》」が明《あか》るみに出《で》る
1989（平成元《へいせいがん》）	土井《どい》たか子党首《ことうしゅ》の社会党《しゃかいとう》が参議院議員《さんぎいんぎいん》選挙《せんきょ》で女性候補《じょせいこうほ》を積極的《せっきょくてき》に送《おく》り出《だ》し、多《おお》くが当選《とうせん》する4
1993（5）	衆議院議員選挙《しゅうぎいんぎいんせんきょ》で自民党《じみんとう》がやぶれて「55年体制《ねんたいせい》」が終《お》わる。8党派《とうは》（社会党《しゃかいとう》、新生党《しんせいとう》、公明党《こうめいとう》、日本新党《にほんしんとう》、民社党《みんしゃとう》、新党《しんとう》さきがけ、社民連《しゃみんれん》、民主改革連合《みんしゅかいかくれんごう》）による細川護熙連立政権《ほそかわもりひろれんりつせいけん》ができる5

元首相《もとしゅしょう》に有罪判決《ゆうざいはんけつ》

田中角栄元首相《たなかかくえいもとしゅしょう》に有罪判決《ゆうざいはんけつ》。本人死亡《ほんにんしぼう》で裁判《さいばん》は打《う》ち切《き》りに

マドンナ旋風《せんぷう》

リクルート事件《じけん》のけじめなどが争点《そうてん》。自民党《じみんとう》が過半数割《かはんすうわ》れ

拉致被害者《らちひがいしゃ》5人《にん》が帰国《きこく》

北朝鮮《きたちょうせん》に連《つ》れ去《さ》られた5人《にん》が24年《ねん》ぶりに帰国《きこく》。しかし、ほかの被害者《ひがいしゃ》の行方《ゆくえ》はまだわからない

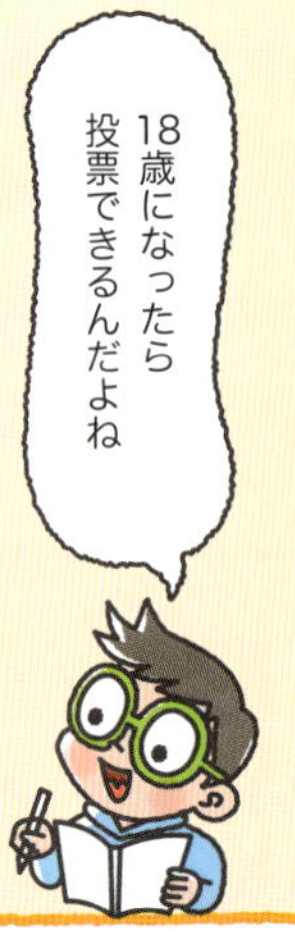

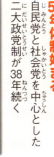

タイムスリップ朝小《あさしょう》

2000年（平成12年）　5月16日

当時の新聞記事から抜粋

小渕恵三前首相が死去《おぶちけいぞうぜんしゅしょうしきょ》

もうブッチホンはかかってこない

小渕恵三前首相が十四日夕方、亡くなりました。六十二歳でした。脳こうそくでたおれ、東京都内の病院に入院して四十三日目。執念をもやした九州・沖縄サミット開催をみることなく、帰らぬ人となりました。「人柄の小渕」とよばれた前首相。気さくな人柄を物語るエピソードがあります。朝日小学生新聞の正月版企画で去年十二月、朝小リポーターふたりが前首相にインタビュー。ふたりが取材のお礼の電子メールを送ったところ、前首相から「メールをありがとう」と返事が返ってきたのです。「まるできのうのことのよう」というふたりが、追悼のことばをよせてくれました。

取材《しゅざい》したリポーターがふり返《かえ》る

小渕前首相が亡くなられた悲報を聞いて、とても残念です。

四月三日、「小渕首相脳こうそくで倒れる」というニュースを聞いておどろきました。年末のインタビューのときはとても元気だったのに。あのときは、子ども時代のことや家族のことを話してくれましたね。もうお会いできないかと思うと、また、あのブッチホンをだれもが聞けなくなるかと思うとさみしい気持ちでいっぱいです。

しかし、あれだけ分きざみのスケジュールをこなしていたら病気になるのも無理もないと思います。あの日もそうでした。十五分ほどの予定のぼくたちのインタビューにていねいに答えてくださり、三十分になってしまいました。きっとあの後のスケジュールの調整もたいへんだったと思います。

小渕さんは、歴史上で自分がいちばん好きだった豊臣秀吉の教えどおり、首相へと工夫をしてのぼりつめたとお話ししてくださいました。そのときは、ぼくたちと同じ世界にいたのに、いまは秀吉といっしょにいるのでしょうか。

ごめい福をお祈りします。

（東京学芸大学教育学部付属世田谷小六年・鳥谷建一郎くん）

「分きざみの予定《よてい》こなしていた」鳥谷《とりたに》くん

インタビューに行った時、最初は「こわいのかな」と不安だったけれど、実際はとてもやさしくて気さくな人だったとおぼえています。最初に病気になったと聞いたときは、とてもびっくりしました。ハードスケジュールで疲れていて病気になってしまったのかなあと思いました。首相は森さんに代わったけれど、早くなおってまた活躍してほしいと思っていました。

亡くなったと聞いたときはとても悲しかったです。「もしかしたら」という思いも少しはあったけ

「やさしくて気《き》さくな人《ひと》だった」吉田《よしだ》さん

取材におとずれた朝小リポーターの鳥谷建一郎くん（左）と吉田さとみさん（右）を笑顔でむかえた小渕恵三前首相＝去年12月、首相官邸で

取材《しゅざい》したリポーターがふり返《かえ》る

第《だい》84代内閣総理大臣《だいないかくそうりだいじん》を務《つと》めた小渕恵三《おぶちけいぞう》さんが2000年5月14日、亡《な》くなりました。そのニュースを伝《つた》える紙面《しめん》で、小渕《おぶち》さんにインタビューした朝小《あさしょう》リポーター2人が「やさしくて気《き》さくな人《ひと》だった」などと思《おも》い出《で》を伝《つた》えています。小渕《おぶち》さんは、国民《こくみん》に直接電話《ちょくせつでんわ》をかける「ブッチホン」でも話題《わだい》になった人《ひと》でした。

もっと知《し》りたい

内閣総理大臣《ないかくそうりだいじん》は、国《くに》の政治《せいじ》を行《おこな》うリーダーで、「司法《しほう》」「立法《りっぽう》」と並《なら》ぶ三権《さんけん》「行政《ぎょうせい》」の最高責任者《さいこうせきにんしゃ》です。首相《しゅしょう》ともいいます。国会議員《こっかいぎいん》になり、国会《こっかい》での指名選挙《しめいせんきょ》で過半数《かはんすう》の票《ひょう》を得《え》ることができたら、内閣総理大臣《ないかくそうりだいじん》に指名《しめい》されます。これに基《もと》づいて天皇《てんのう》が任命《にんめい》します。ふつうは、議員《ぎいん》が最《もっと》も多《おお》くいる党《とう》から選《えら》ばれます。

朝小《あさしょう》では新《あたら》しい首相《しゅしょう》が選《えら》ばれると、首相《しゅしょう》の似顔絵《にがおえ》やプロフィルといっしょに子《こ》ども時代《じだい》のエピソードなどを伝《つた》えてきました。

歴代首相《れきだいしゅしょう》に声《こえ》は届《とど》いたかな？

また、読者《どくしゃ》の朝小《あさしょう》リポーターから首相《しゅしょう》に期待《きたい》することや注文《ちゅうもん》も聞《き》いています。

安倍晋三《あべしんぞう》首相《しゅしょう》が初《はじ》めて就任《しゅうにん》した2006年9月の紙面《しめん》では、北朝鮮《きたちょうせん》による拉致問題《らちもんだい》の解決《かいけつ》を望《のぞ》む声《こえ》や、子《こ》どもが被害《ひがい》にあう犯罪《はんざい》が多《おお》くなっていることにふれ、安全対策《あんぜんたいさく》を求《もと》める声《こえ》などが寄《よ》せられました。

09年、自民党《じみんとう》から政権《せいけん》が移《うつ》り、首相《しゅしょう》になった民主党《みんしゅとう》の鳩山由紀夫《はとやまゆきお》さんには「マニフェスト（政権公約《せいけんこうやく》）を守《まも》って」という声《こえ》や、学校《がっこう》の授業《じゅぎょう》の充実《じゅうじつ》への注文《ちゅうもん》などがあがりました。

7

安保法成立《あんぽほうせいりつ》、反対《はんたい》デモに若者《わかもの》も

仲間《なかま》の国《くに》が攻撃《こうげき》されたとき、ともに反撃《はんげき》できる集団的自衛権《しゅうだんてきじえいけん》の行使《こうし》には、若者《わかもの》からも反対《はんたい》の声《こえ》

2002（14）	9月、小泉純一郎《こいずみじゅんいちろう》首相《しゅしょう》が北朝鮮《きたちょうせん》で金正日《キムジョンイル》総書記《そうしょき》と会談《かいだん》。北朝鮮《きたちょうせん》は日本人《じん》を連《つ》れ去《さ》った「拉致《らち》」を認《みと》めた ❻
2009（21）	衆議院議員選挙《しゅうぎいんぎいんせんきょ》で政権交代《せいけんこうたい》。自民党《じみんとう》、公明党《こうめいとう》から、民主党《みんしゅとう》などの連立政権《れんりつせいけん》へ
2015（27）	9月、第《だい》2次安倍晋三内閣《じあべしんぞうないかく》のもと、集団的自衛権《しゅうだんてきじえいけん》を使《つか》うことを認《みと》めた安全保障関連法《あんぜんほしょうかんれんほう》が成立《せいりつ》 ❼
2016（28）	7月10日、18歳以上《さいいじょう》が投票《とうひょう》する初《はつ》の国政選挙《こくせいせんきょ》、参議院議員選挙《さんぎいんぎいんせんきょ》を実施《じっし》 ❽

年表の写真は、❽以外は©朝日新聞社

8

18歳選挙《さいせんきょ》スタート

若《わか》い人《ひと》の声《こえ》を政治《せいじ》に生《い》かすため、選挙権年齢《せんきょけんねんれい》が引《ひ》き下《さ》げられた。模擬投票《もぎとうひょう》に参加《さんか》する高校生《こうこうせい》も

1988年（昭和63年） 1月 3日　当時の新聞記事から抜粋

豆記者《まめきしゃ》ににっこり竹下首相《たけしたしゅしょう》

なんでも正直《しょうじき》にお答《こた》えしますよ

朝小《あさしょう》リポーター2人が、竹下《たけした》登《のぼる》首相《しゅしょう》を東京《とうきょう》の私邸《してい》にたずねました。首相《しゅしょう》は笑顔《えがお》で「なんでも正直《しょうじき》にお答《こた》えしますよ」。インタビューしたのは、稲益智子《いなますともこ》さん（4年《ねん》）と丹下裕康《たんげひろやす》くん（4年《ねん》）です。

きさくな首相は、裕康くんと腕ずもうで力くらべ。「真剣勝負」に、首相のひたいにうっすら汗がにじむほどでした＝東京都世田谷区

丹下《たんげ》くんの質問《しつもん》（以下《いか》、丹下《たんげ》）

徳川家康《とくがわいえやす》、織田信長《おだのぶなが》、豊臣秀吉《とよとみひでよし》のなかで、ぼくは家康《いえやす》が好《す》きですが、首相《しゅしょう》は？

首相《しゅしょう》　だれか、ぼくのことを家康《いえやす》に似《に》ているといった人《ひと》がいるねえ。

稲益《いなます》さんの質問《しつもん》（以下《いか》、稲益《いなます》）

子《こ》どものころから首相《しゅしょう》になりたかったのですか。

首相《しゅしょう》　政治家《せいじか》とか首相《しゅしょう》になるなんて、考《かんが》えていなかった。本当《ほんとう》は、医者《いしゃ》か、学校《がっこう》の先生《せんせい》になりたかった。先生《せんせい》は3年《ねん》4か月《げつ》やったよ。

稲益《いなます》　子《こ》どものころ、スポーツはよくできましたか。

首相《しゅしょう》　水泳《すいえい》が得意《とくい》で、川《かわ》で泳《およ》いでいた。中学《ちゅうがく》から柔道《じゅうどう》を始《はじ》めたけど、スポーツ少年《しょうねん》とはいえなかったね。

稲益《いなます》　私《わたし》は小《ちい》さいから、学校《がっこう》でよくからかわれますが、首相《しゅしょう》はどうでしたか。

首相《しゅしょう》　あったと思《おも》うねえ。でも、あまり気《き》にしないことだね。

丹下《たんげ》　これまででいちばんつらかったのは。

首相《しゅしょう》　長男《ちょうなん》が死《し》んだときだよ。生《う》まれて3週間《しゅうかん》ぐらいだった。しばらく泣《な》き声《ごえ》が耳《みみ》についてはなれなかったよ。

丹下《たんげ》　ぼくたち小学生《しょうがくせい》にのぞむことは、なんですか。

首相《しゅしょう》　おじさんたちはもう老人《ろうじん》。君《きみ》たちのような子《こ》どもが、これからの日本を支《ささ》えていく。今《いま》よりも、すばらしい日本にしてくれるんじゃないのかな。

稲益《いなます》　外国《がいこく》では戦争《せんそう》をしている国《くに》があります。日本は、絶対《ぜったい》に戦争《せんそう》なんかしてはいけないと思《おも》いますが、どうですか。

首相《しゅしょう》　その通《とお》り。宇宙飛行士《うちゅうひこうし》をめざしてがんばっている内藤《ないとう》（向井千秋《むかいちあき》）さんが「宇宙《うちゅう》に行《い》っても、帰《かえ》るところは地球《ちきゅう》しかない」と言《い》っていた。宇宙《うちゅう》から見《み》れば、地球《ちきゅう》はふるさと。そこで戦争《せんそう》をしてはいけないね。

豆記者ににっこり竹下首相
朝日小学生新聞

他《ほか》にもこんなニュースが…

カナダ・カルガリーと韓国《かんこく》・ソウルでの冬《ふゆ》と夏《なつ》のオリンピック開催《かいさい》を前《まえ》に、注目選手《ちゅうもくせんしゅ》を紹介《しょうかい》しているよ

1992年（平成4年） 1月 1日 当時の新聞記事から抜粋

宮沢首相《みやざわしゅしょう》はやさしかったよ

「政治家にならなかったら何になりたかったですか」と質問する山内雄介くん（左）と内山暁子さんに、逆に「君は何になりたいの」と質問を返すなど首相は楽しそうでした＝東京・永田町の首相官邸

じっくりと考《かんが》えて回答《かいとう》

朝小《あさしょう》リポーターの山内雄介《やまのうちゆうすけ》くん（6年《ねん》）と内山暁子《うちやまあきこ》さん（4年《ねん》）が、首相官邸《しゅしょうかんてい》で宮沢喜一《みやざわきいち》首相《しゅしょう》と会《あ》いました。質問《しつもん》に真剣《しんけん》に答《こた》えてくれた宮沢首相《みやざわしゅしょう》の姿《すがた》に、2人は「やさしいおじいちゃんだなあ」と感激《かんげき》していました。

Q《キュー》（リポーターの質問《しつもん》） 政治《せいじ》家《か》にならなかったら何《なに》になっていましたか。

A《エー》（首相《しゅしょう》の答《こた》え） 日本や中国《ちゅうごく》の文学《ぶんがく》が好《す》きだったので、学者《がくしゃ》になろうかなと考《かんが》えていたことがあります。でもお父《とう》さんが国《こっ》会議員《かいぎいん》だったのであとを継《つ》いだんだよ。

Q《キュー》 英語《えいご》が得意《とくい》だそうですが、どうやって勉強《べんきょう》したのですか。

A《エー》 何《なん》となく、わかっちゃったんだ。大丈夫《だいじょうぶ》。君《きみ》たちもアメリカなど英語《えいご》を使《つか》っている国《くに》に行《い》けばすぐ覚《おぼ》えますよ。

Q《キュー》 日本をどんな国《くに》にしたいと思《おも》っていますか。

A《エー》 君《きみ》たち子《こ》どもも老人《ろうじん》も、元気《げんき》で毎日《まいにち》楽《たの》しく暮《く》らしていけるようにしたいのです。

Q《キュー》 日本の学校《がっこう》はこれからどうなっていきますか。

A《エー》 週休《しゅうきゅう》2日制《かせい》が普及《ふきゅう》していくと思《おも》います。しかし塾《じゅく》が困《こま》るねえ。君《きみ》たちのお父《とう》さん、お母《かあ》さんは進学《しんがく》のことをいちばん心《しん》配《ぱい》しているんだろうけど。

Q《キュー》 世界《せかい》から戦争《せんそう》をなくすためにはどうしたらいいですか。

A《エー》 力《ちから》で相手《あいて》をやっつけて自《じ》分《ぶん》のしたいことをするのは悪《わる》いこと。世界《せかい》の人《ひと》がそう思《おも》えば戦《せん》争《そう》は起《お》こらない。日本は憲法《けんぽう》で決《き》めて46年間《ねんかん》そうやってきたからいいお手本《てほん》だよ。みなさんもあとのこと、お願《ねが》いしますよ。

Q《キュー》 私《わたし》たち子《こ》どもができる国《こく》際貢献《さいこうけん》は何《なん》でしょうか。

A《エー》 いろいろな機会《きかい》を利用《りよう》して外国《がいこく》の子《こ》どもたちと友情《ゆうじょう》を深《ふか》めたり、ユニセフ（国連児童基《こくれんじどうき》金《きん》）の活動《かつどう》に協力《きょうりょく》したりするのもいいね。みなさんが日本のことばかりでなく、世界《せかい》の困《こま》っている人々《ひとびと》のことを考《かんが》えるのはすばらしいことだと思《おも》います。

Q《キュー》 ぼくたちに新年《しんねん》のメッセージをいただけますか。

A《エー》 日記《にっき》をつけることをおすすめします。三日坊主《みっかぼうず》にならないように。1か月《げつ》も続《つづ》けば次《つぎ》の月《つき》も続《つづ》きます。1年書《ねんか》き続《つづ》ければその翌年《よくねん》もまた書《か》けるよ。

他《ほか》にもこんなニュースが…

「ミニ新幹線《しんかんせん》」と呼《よ》ばれる山形新幹《やまがたしんかん》線《せん》が、7月の開業《かいぎょう》を前《まえ》にテスト走行《そうこう》したようすを伝《つた》えたよ

1994年（平成６年）　１月12日　　当時の新聞記事から抜粋

かっこいいね、土井議長《どいぎちょう》

国会内《こっかいない》も案内《あんない》してもらう

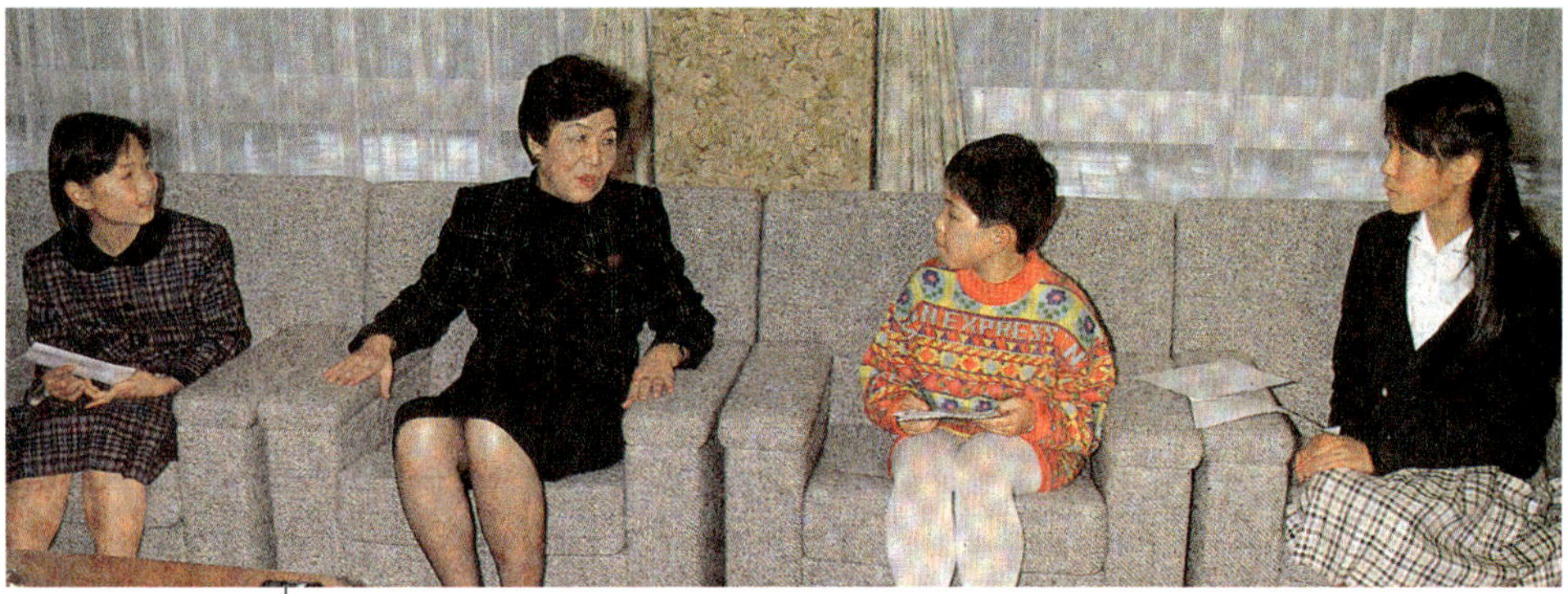

　土井《どい》たか子衆議院議長《こしゅうぎいんぎちょう》に手紙《てがみ》を書《か》いて、衆議院《しゅうぎいん》の見学《けんがく》を自由《じゆう》にできるようにしてください、とうったえた小学生《しょうがくせい》を覚《おぼ》えていますか。去年《きょねん》11月の朝小《あさしょう》で紹介《しょうかい》した佐藤《さとう》あゆみさん（和歌山《わかやま》県《けん》・４年《ねん》）が、東京《とうきょう》の衆議院議《しゅうぎいんぎ》長公邸《ちょうこうてい》であこがれの土井《どい》さんと対面《たいめん》を果《は》たしました。

　佐藤《さとう》さんとともに土井《どい》さんをたずねたのは、朝小《あさしょう》リポーターの久保田暁《くぼたあき》さん（６年《ねん》）と中村《なかむら》知恵《ともえ》さん（５年《ねん》）です。

「あなたがあゆみちゃん？　手紙《てがみ》読《よ》みました。会《あ》いたかったわ」。土井《どい》さんがにこやかに話《はな》しかけてくれました。

　佐藤《さとう》さんがまず、衆議院《しゅうぎいん》の見《けん》学《がく》が自由《じゆう》になる時期《じき》についてたずねると、土井《どい》さんは「国会《こっかい》がお休《やす》みになったら始《はじ》め、ゆくゆくは国会《こっかい》が開《ひら》かれている間《あいだ》のことも考《かんが》えます」と心強《こころづよ》い約束《やくそく》をしてくれました。

「ここは選挙《せんきょ》で選《えら》ばれた国民《こくみん》の代表者《だいひょうしゃ》が政治《せいじ》をする場所《ばしょ》です。仲《なか》のよいお友《とも》だちどうしが信《しん》じあっているように、政治《せいじ》が信《しん》じられるものにしなくては」と議長《ぎちょう》としての決意《けつい》も語《かた》りました。

「初《はつ》の女性衆議院議長《じょせいしゅうぎいんぎちょう》など、初《はつ》の女性《じょせい》○○と言《い》われることをどう思《おも》いますか」との質問《しつもん》には、「男性《だんせい》がなるのが当《あ》たり前《まえ》なら、女性《じょせい》がなるのも当《あ》たり前《まえ》にしなければ」と土井《どい》さんらしい答《こた》えが返《かえ》ってきました。

　久保田《くぼた》さんが「生《う》まれ変《か》わっても政治家《せいじか》になりたいですか」とたずねると、しばらく考《かんが》えてから「きっとなるだろうと思《おも》います」。「でも小《ちい》さいころはお医《い》者《しゃ》さんになりたかった」と打《う》ち明《あ》けました。

「小学生《しょうがくせい》に期待《きたい》することは」との質問《しつもん》には、「元気《げんき》が一番《いちばん》」。土《ど》井《い》さん自身《じしん》の元気《げんき》の秘密《ひみつ》は「くよくよしないで、自分《じぶん》がしたいと思《おも》うことを一生懸命《いっしょうけんめい》やること」だと教《おし》えてくれました。

「おしゃれで気《き》をつかう点《てん》は」という質問《しつもん》がとびだすと、「あら、私《わたし》はおしゃれじゃないんですよ」とびっくりしていました。

　インタビューの後《あと》、土井《どい》さんは国会《こっかい》の中《なか》を案内《あんない》してくれました。赤《あか》じゅうたんをふみしめ、議長応接室《ぎちょうおうせつしつ》や議員《ぎいん》のイスがずらりと並《なら》ぶ本会議場《ほんかいぎじょう》を見学《けんがく》。３人《にん》は「テレビで見《み》るより広《ひろ》くてきれい」と歓声《かんせい》をあげていました。

お友だちのするどい質問に、一つひとつていねいに答える土井たか子衆議院議長。（左から）中村さん、土井議長をはさんで佐藤さん、久保田さん＝東京都千代田区の衆議院議長公邸

他《ほか》にもこんなニュースが…
9月に開港予定《かいこうよてい》の関西国際空港《かんさいこくさいくうこう》に、初《はじ》めて飛行機《ひこうき》が着陸《ちゃくりく》したよ。離着陸《りちゃくりく》施設《しせつ》の検査《けんさ》だったんだって

2000年（平成12年） 1月 3日 当時の新聞記事から抜粋

ブッチホンは本当《ほんとう》だった

小渕首相《おぶちしゅしょう》にインタビュー

朝小《あさしょう》リポーター2人が、小渕恵三首相《おぶちけいぞうしゅしょう》を首相官邸《しゅしょうかんてい》にたずねました。とつぜん国民《こくみん》に電話《でんわ》をかける「ブッチホン」について、2歳《さい》の女《おんな》の子《こ》に電話《でんわ》した裏話《うらばなし》が明《あ》かされるなど、楽《たの》しい「特《とく》ダネ」を引《ひ》き出《だ》しました。

インタビューしたのは、吉田《よしだ》さとみさん（6年《ねん》）と鳥谷健一郎《とりたにけんいちろう》くん（5年《ねん》）。

「やあ、こんにちは」

小学生記者《しょうがくせいきしゃ》が待《ま》っている部屋《へや》に現《あらわ》れた小渕首相《おぶちしゅしょう》は、にこやかな顔《かお》で握手《あくしゅ》をかわしました。「テレビのニュースなどで見《み》たかぎりでは、かたい人《ひと》という印象《いんしょう》だったけれど、笑顔《えがお》があたたかかったので緊張《きんちょう》がとけました」と吉田《よしだ》さん。

吉田《よしだ》さんは、小渕首相《おぶちしゅしょう》がさまざまな人《ひと》に電話《でんわ》をかけまくることを表《あらわ》した「ブッチホン」という言葉《ことば》が流行語大賞《りゅうこうごたいしょう》に選《えら》ばれたことを知《し》ってから、どうして電《でん》話《わ》が好《す》きなのか、気《き》になっていました。

その疑問《ぎもん》をぶつけてみると、小渕首相《おぶちしゅしょう》から意外《いがい》な事実《じじつ》が明《あ》かされました。「きのうの夜《よる》、2歳《さい》の子《こ》どもさんに電話《でんわ》したら寝《ね》ていてね。かぜをひいたんだって」

流行語大賞《りゅうこうごたいしょう》を受《う》けて以来《いらい》、官《かん》邸《てい》に「うちにも電話《でんわ》してほしい」という手紙《てがみ》や電子《でんし》メールが数多《かずおお》くよせられるようになりました。その中《なか》から「娘《むすめ》に電話《でんわ》してほしい」と両親《りょうしん》が書《か》いた手紙《てがみ》を選《えら》んだといいます。

「電話《でんわ》してと手紙《てがみ》を書《か》く人《ひと》がいるのもおどろきだけど、首相《しゅしょう》が本当《ほんとう》に電話《でんわ》するなんて、もっとびっくり」と目《め》を白黒《しろくろ》させる吉田《よしだ》さんに、小渕首相《おぶちしゅしょう》は言《い》いました。

「人間《にんげん》は、直接声《ちょくせつこえ》を聞《き》いたり、握手《あくしゅ》をしたりすることで、ちがう感情《かんじょう》を持《も》つもの。民主主義《みんしゅしゅぎ》の政治家《せいじか》は、そういうことを大事《だいじ》にしなくてはいけないと思《おも》っているんだよ」

「バスの運賃《うんちん》やジュースの値《ね》段《だん》は上《あ》がるのに、ぼくのこづかいは上《あ》がりません。景気《けいき》はいつごろよくなりますか」。鳥谷《とりたに》くんの質問《しつもん》です。

「えっ、難《むずか》しいことを聞《き》くんだねえ」。このときだけは、小渕首《おぶちしゅ》相《しょう》も「今《いま》の不景気《ふけいき》は、世界《せかい》の歴《れき》史上《しじょう》でも四つの大《おお》きな一つに数《かぞ》えられるきびしいものだから、だんだんとよくしていかないといけない」と慎重《しんちょう》な口《くち》ぶりでした。

「あなたたちが感じた私の人となりを、たくさんの人に伝えてください」。インタビューを終えた朝小リポーターの鳥谷健一郎くん（中央）と吉田さとみさん（右）に、小渕恵三首相がやさしく語りかけました＝東京都千代田区の首相官邸

他《ほか》にもこんなニュースが…

2002年度《ど》から始《はじ》まる日本よりひと足早《あしはや》く、小学校《しょうがっこう》で英語《えいご》を教《おし》えている韓国《かんこく》のようすを伝《つた》えているよ

インタビュー

細川護熙《ほそかわもりひろ》さん

第《だい》79代内閣総理大臣《だいないかくそうりだいじん》　芸術家《げいじゅつか》

　小学生《しょうがくせい》のころは、大工《だいく》か植木職《うえきしょく》人《にん》になりたいと思《おも》っていました。自然《しぜん》に親《した》しみながら何《なに》かをつくることが小《ちい》さいころから好《す》きでした。

　高校《こうこう》2年生《ねんせい》のとき、軍人《ぐんじん》だった伯父《おじ》がシベリア（旧《きゅう》ソ連《れん》）の収容《しゅうよう》所《じょ》で亡《な》くなりました。まもなく帰《き》国《こく》できるはずだったそうです。政《せい》治《じ》の世界《せかい》で活躍《かつやく》することが伯父《おじ》の夢《ゆめ》でした。遺志《いし》を引《ひ》きつぎたいとの思《おも》いで、将来《しょうらい》の方向転換《ほうこうてんかん》をしました。

　8党派《とうは》の連立政権《れんりつせいけん》で首相《しゅしょう》を務《つと》めた8か月間《げつかん》は、ハードな日々《ひび》でした。毎晩明《まいばんあ》け方《がた》の3時《じ》、4時《じ》まで打《う》ち合《あ》わせ。8党《とう》に連絡《れんらく》をするだけでも時間《じかん》がかかるので、やむを得《え》なかったんです。発表記者会見《はっぴょうきしゃかいけん》を朝《あさ》にやることもしばしばでした。当時《とうじ》、社会党委員長《しゃかいとういいんちょう》だった村山富《むらやまとみ》市《いち》さんには、「明《あ》け方《がた》によくさわぐ男《おとこ》だ」と言《い》われました。

自然《しぜん》と親《した》しむ時間《じかん》を大切《たいせつ》に

　60歳《さい》になったのを機《き》に政治《せいじ》から完全《かんぜん》に身《み》を引《ひ》きました。晴耕雨読《せいこううどく》の生活《せいかつ》をしようと思《おも》っていたところ、友人《ゆうじん》の焼《や》き物《もの》の展覧会《てんらんかい》を見《み》ておもしろそうだと思《おも》ったことがきっかけで陶芸《とうげい》を始《はじ》めました。でもここ数年《すうねん》は、陶芸《とうげい》よりも絵《え》をかいている時間《じかん》の方《ほう》が長《なが》いです。

　今《いま》は薬師寺《やくしじ》（奈良市《ならし》）に奉納《ほうのう》するふすま絵《え》と壁画《へきが》を制作中《せいさくちゅう》です。三蔵法師《さんぞうほうし》が旅《たび》したシルクロードの風景《ふうけい》をえがいています。2019年の奉納《ほうのう》に向《む》け、6年《ねん》ほどかけて60面以上《めんいじょう》の作品《さくひん》を仕上《しあ》げます。

　14年の東京都知事選挙《とうきょうとちじせんきょ》に立候補《りっこうほ》しました。脱原発《だつげんぱつ》のアピールのために、世論《よろん》に一石《いっせき》を投《とう》じたかった。それだけなんです。政界《せいかい》にもどったということではありません。当《とう》選《せん》していたら絵《え》なんてかいていられなくなって、大変《たいへん》だったでしょうね。

　小学生《しょうがくせい》と中学生《ちゅうがくせい》の孫《まご》がいます。今《いま》の子《こ》どもたちはスマホをいじったり、おけいごとに明《あ》け暮《く》れたりで、自然《しぜん》と親《した》しむ機会《きかい》が少《すく》ないですね。それでは感性《かんせい》は養《やしな》われません。都会《とかい》では難《むずか》しいかもしれませんが、せめて休日《きゅうじつ》には木登《きのぼ》りをしたり、朝日《あさひ》を見《み》たりしてほしいですね。

プロフィル

- 1938年　東京都《とうきょうと》に生《う》まれる
- 1951年　神奈川県《かながわけん》・清泉女学院《せいせんじょがくいん》小学校《しょうがっこう》（当時《とうじ》）卒業《そつぎょう》
- 1992年　日本新党《にほんしんとう》を結成《けっせい》
- 1993年　日本新党《にほんしんとう》、新生党《しんせいとう》、社《しゃ》会党《かいとう》など8党派《とうは》による連立政権《れんりつせいけん》の首相《しゅしょう》に
- 1998年　政界《せいかい》を引退《いんたい》する

タイムスリップ朝小《あさしょう》

1994年（平成6年）　1月1日

当時の新聞記事から抜粋

細川首相《ほそかわしゅしょう》は気《き》さくで温《あたた》かかった

「創造的《そうぞうてき》な仕事《しごと》に魅力《みりょく》　一時《いちじ》は大工《だいく》さん志望《しぼう》」

朝小《あさしょう》リポーターの竹沢徳剛《たけざわのりたか》くん（6年《ねん》）と井上《いのうえ》さやかさん（6年《ねん》）が、新年《しんねん》にのぞみ、細川護《ほそかわもり》熙首相《ひろしゅしょう》にインタビューしました。ていねいな受《う》け答《こた》えに、細《ほそ》川首相《かわしゅしょう》への親《した》しみが深《ふか》まったようです。

東京《とうきょう》・永田町《ながたちょう》の首相官邸《しゅしょうかんてい》。大《だい》臣応接室《じんおうせつしつ》に、新聞社《しんぶんしゃ》やテレビ局《きょく》の人《ひと》たちがつめかけました。この日《ひ》のインタビューのようすを報道《ほうどう》するためです。「こんにちは。ようこそ」。予定時刻《よていじこく》ぴったりに細川首相《ほそかわしゅしょう》が応接室《おうせつしつ》へ。

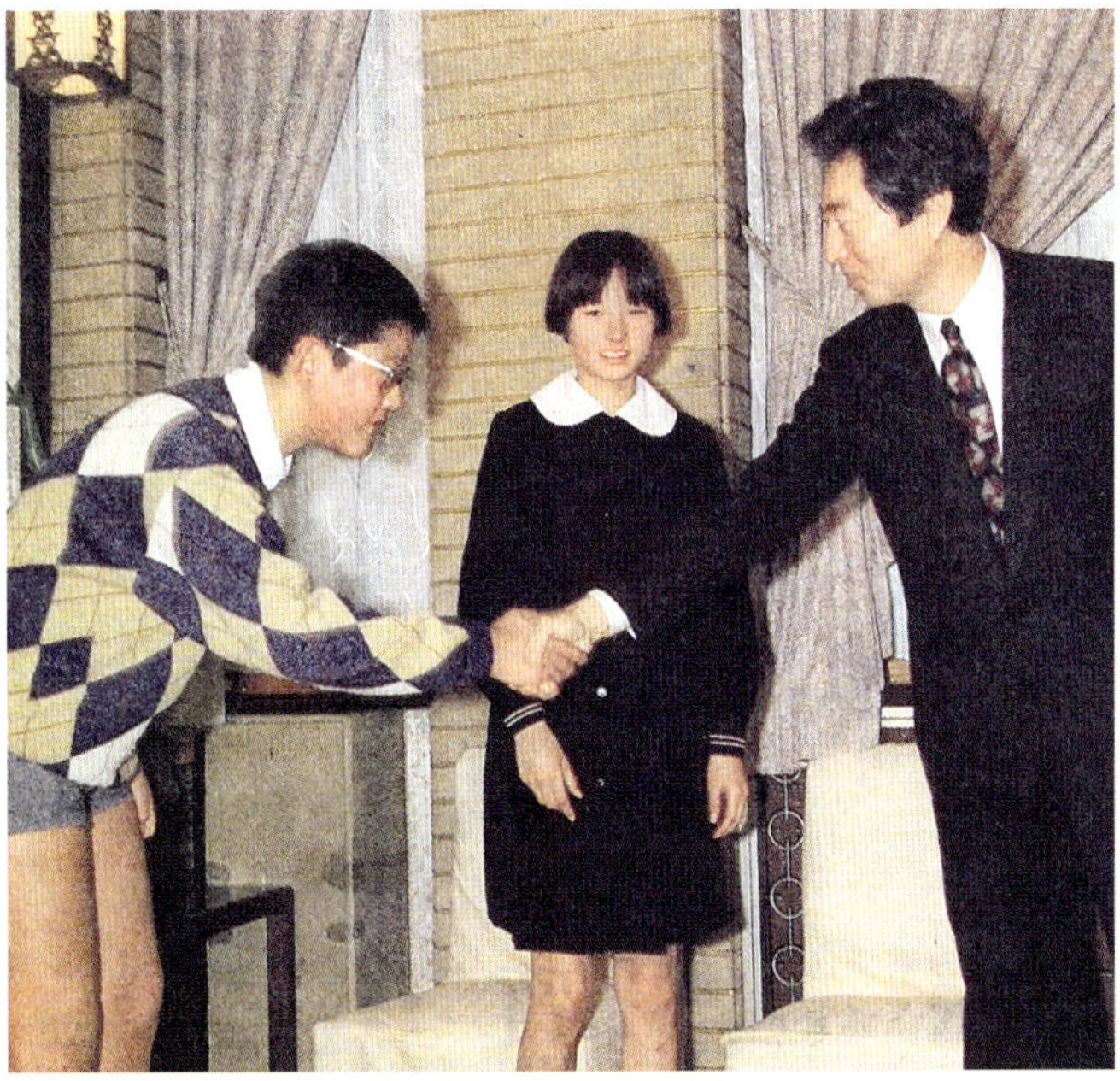

細川護熙首相と握手する竹沢徳剛くん（左）。「手が大きく、あたたかかった」と、井上さやかさん（中央）も感激していました＝東京都千代田区永田町の首相官邸

「小学生《しょうがくせい》のころ、わんぱくで好《こう》奇心《きしん》が強《つよ》い子《こ》どもだったとお聞《き》きしましたが、具体的《ぐたいてき》にはどんな遊《あそ》びをしましたか」。井上《いのうえ》さんが質問《しつもん》の口火《くちび》を切《き》りました。

「野球《やきゅう》、サッカー、ドッジボールなどをやっていました。それからチャンバラごっこをしょっちゅうやっていました」

「ほかに職業《しょくぎょう》につけるとしたら、『大工《だいく》さんになりたい』そうですが、それはなぜですか」と、今度《こんど》は竹沢《たけざわ》くんの質問《しつもん》です。

「自分《じぶん》でものをつくっていく楽《たの》しみ、喜《よろこ》びっていうものがあるでしょ。自分《じぶん》の創造力《そうぞうりょく》を働《はたら》かせ、それが実現《じつげん》し形《かたち》になっていくっていうことは大変《たいへん》すばらしいことだと思《おも》った」

首相《しゅしょう》はこのあとすぐ政府《せいふ》・与《よ》党首脳会議《とうしゅのうかいぎ》をひかえていました。インタビューの予定時間《よていじかん》は写真撮影《しゃしんさつえい》も入《い》れて10分間《ぶんかん》。夢《ゆめ》のような対面《たいめん》をはたした竹沢《たけざわ》くんは「ますます身近《みぢか》に感《かん》じました」。井上《いのうえ》さんも「やさしくて、ほがらかな人《ひと》という印象《いんしょう》を受《う》けました」と、すっかり「細川《ほそかわ》ファン」になったようすでした。

細川首相は気さくで温かかった
朝小リポーターがインタビュー
「創造的な仕事に魅力
一時は大工さん志望」
小学生時代の遊び、夢を語る

他《ほか》にもこんなニュースが…

冬季《とうき》オリンピックの開幕《かいまく》を間近《まぢか》にひかえたノルウェー・リレハンメルの街《まち》のようすを伝《つた》えています

細川内閣がスタートして、閣僚たちと乾杯する細川首相（左）＝1993年、首相官邸　©朝日新聞社

経済

日本経済《けいざい》山《やま》あり谷《たに》あり

急速《きゅうそく》に経済《けいざい》が成長《せいちょう》

質《しつ》の高《たか》い製品《せいひん》を作《つく》り、カラーテレビや自動車《じどうしゃ》の輸出《ゆしゅつ》もさかんになる一方《いっぽう》、公害《こうがい》も問題《もんだい》に

おこづかいも3％《パーセント》アップ？

初《はじ》めての消費税導入後《しょうひぜいどうにゅうご》、朝小《あさしょう》でも小学生記者《しょうがくせいきしゃ》がデパートや商店街《しょうてんがい》のようすをリポート

年	できごと
1955（昭和《しょうわ》30）	高度経済成長《こうどけいざいせいちょう》が始《はじ》まり、暮《く》らしが急速《きゅうそく》に豊《ゆた》かになった＝写真《しゃしん》1
1973（48）	第《だい》4次中東戦争《じちゅうとうせんそう》で、石油《せきゆ》の産油国《さんゆこく》が輸出《ゆしゅつ》を制限《せいげん》。高度経済成長期《こうどけいざいせいちょうき》が終《お》わる2
1986（61）ごろ	投資《とうし》で土地《とち》や株《かぶ》の値段《ねだん》が大幅《おおはば》に上《あ》がり、「バブル経済《けいざい》」と呼《よ》ばれた3
1989（平成元《へいせいがん》）	4月1日、モノを買《か》うときなどにかかる消費税《しょうひぜい》が税率《ぜいりつ》3％《パーセント》でスタート4
1991（3）ごろ	「バブル」崩壊《ほうかい》で、資産《しさん》の価格《かかく》が下《さ》がる5。不況《ふきょう》に
1997（9）	消費税《しょうひぜい》の税率《ぜいりつ》が3％から5％に
2007（19）	国《くに》がお金《かね》を出《だ》す日本郵政公社《にっぽんゆうせいこうしゃ》の仕事《しごと》（郵便《ゆうびん》、貯金《ちょきん》、生命保険《せいめいほけん》）を、新《あたら》しい民間会社《みんかんがいしゃ》が進《すす》める郵政民営化《ゆうせいみんえいか》スタート
2008（20）	アメリカの大手投資銀行《おおてとうしぎんこう》、リーマン・ブラザーズが破《は》たん。ゆるやかに景気《けいき》がよくなっていた日本にも影響《えいきょう》6
2013（25）	第《だい》2次安倍晋三内閣《じあべしんぞうないかく》が進《すす》める経済政策《けいざいせいさく》「アベノミクス」が注目《ちゅうもく》された。目的《もくてき》の一つは、モノの値段《ねだん》が下《さ》がり続《つづ》けるデフレーション（デフレ）の解消《かいしょう》7

オイルショック

物資不足《ぶっしぶそく》のうわさで、トイレットペーパーが買《か》い占《し》められた

「地上《じあ》げ」が問題《もんだい》に

土地《とち》が無理《むり》やり買収《ばいしゅう》され、空《あ》き地《ち》がめだつ地域《ちいき》も現《あらわ》れる

不況《ふきょう》で就職氷河期《しゅうしょくひょうがき》に

会社説明会《かいしゃせつめいかい》に長《なが》い列《れつ》。不況《ふきょう》で学生《がくせい》の就職《しゅうしょく》が難《むずか》しくなった

リーマン・ショック

世界経済《せかいけいざい》が危機《きき》に。日本の株式市場《かぶしきしじょう》も株価《かぶか》が大幅《おおはば》ダウン

タイムスリップ朝小《あさしょう》

1982年（昭和57年）　3月　11日

当時の新聞記事から抜粋

4月1日から500円硬貨《えんこうか》を発行《はっこう》

500円玉用の自動販売機はもう町に……（東京・渋谷で）

新500円硬貨（こうか）、上が表、下がうら

自動《じどう》販《はん》売《ばい》機《き》の準《じゅん》備《び》がたいへん

四月一日から全国いっせいに五百円硬貨がでまわることになりました。新しいコインがでるのは、四十二年二月の百円硬貨から十五年ぶり。一日に発行されるのは、五十六年度中につくった一億枚（五百億円）で、いま五億枚でまわっている五百円札の約二〇パーセントにあたり、これにともなって、自動販売機を使う業界も準備に大わらわです。

【五百円硬貨】大蔵省によると、五十七年度末までに、さらに二億枚がつくられ、五百円玉は全部で三億枚（千五百億円）になりますが、このうち、日銀に五千万枚ほどのこし、二億五千万枚ていどが町にでまわります。これによって、いま五億枚ほどの五百円札の約半分が、コインにきりかわることになります。

【自動販売機】自動販売機をつかう業界は、いま準備に大いそがしですが、五百円硬貨をよろこぶところと迷惑顔のところと、ふたつにわ

鉄道《てつどう》や飲料会社《いんりょうがいしゃ》は大《おお》いそがし

500円硬貨《えんこうか》は、500円紙幣《えんしへい》に代《か》わって1982年4月1日に登場《とうじょう》しました。発行《はっこう》が近《ちか》づくと、自動販売機《じどうはんばいき》を使《つか》う業界《ぎょうかい》は準備《じゅんび》に大《おお》いそがし。国鉄《こくてつ》（現《げん》・JR《ジェイアール》）や飲料会社《いんりょうがいしゃ》の対応《たいおう》を伝《つた》えました。自動販売機《じどうはんばいき》をつくる会社《かいしゃ》は、取《と》りあつかえる商品《しょうひん》が増《ふ》えるため売《う》り上《あ》げが伸《の》びると期待《きたい》をかけていました。

もっと知《し》りたい

モノを買《か》うときやサービスを受《う》けるときなどにかかる税金《ぜいきん》が消費税《しょうひぜい》です。日本で最初《さいしょ》に取《と》り入《い》れられたのは竹下登内閣《たけしたのぼるないかく》のときの1989年4月で、税率《ぜいりつ》は3%《パーセント》でした。第《だい》2次橋本龍太郎内閣《じはしもとりゅうたろうないかく》の97年4月に5%、第《だい》2次安倍晋三内閣《じあべしんぞうないかく》の2014年4月に8%になりました。

少子高齢化《しょうしこうれいか》に備《そな》え、年金《ねんきん》や医療《いりょう》、介護《かいご》といった社会保障《しゃかいほしょう》の財源《ざいげん》を確保《かくほ》し、財政《ざいせい》を立《た》て直《なお》すねらいがあります。消費税《しょうひぜい》は19年10月、税率《ぜいりつ》が10%に引《ひ》き上《あ》げられる予定《よてい》です。

消費税《しょうひぜい》は子《こ》どもにも影響《えいきょう》

1989年4月11日付《づけ》の朝小《あさしょう》の紙面《しめん》では、埼玉県《さいたまけん》の小学生《しょうがくせい》がデパートや商店街《しょうてんがい》で、消費税《しょうひぜい》について調《しら》べるようすを伝《つた》えています＝年表《ねんぴょう》の写真《しゃしん》❹。ノート、おかし、おもちゃなどの商品《しょうひん》が3%高《たか》くなり、「高《たか》くなるのはつらい」「1円玉《えんだま》が必要《ひつよう》」と話《はな》しています。

14年に税率《ぜいりつ》が5%から8%に引《ひ》き上《あ》げられる前《まえ》の紙面《しめん》では、朝小《あさしょう》リポーターへのアンケート結果《けっか》を紹介《しょうかい》。増税《ぞうぜい》に向《む》けて、お金《かね》の使《つか》い方《かた》を話《はな》し合《あ》った家庭《かてい》が多《おお》いことがわかりました。

❼ **デフレで商品《しょうひん》が安《やす》く**
690円《えん》のジーンズなど、安《やす》い商品《しょうひん》が売《う》り場《ば》に並《なら》ぶ

❽ **貿易《ぼうえき》さかんにします**
TPP《ティーピーピー》大筋合意《おおすじごうい》で12か国《こく》の首脳《しゅのう》が集合《しゅうごう》（2015年11月）

2014（26）
消費税《しょうひぜい》の税率《ぜいりつ》が5%から8%に

2015（27）
太平洋《たいへいよう》を囲《かこ》む国々《くにぐに》が協力《きょうりょく》を深《ふか》めて貿易《ぼうえき》をさかんにしようとする「環太平洋経済連携協定《かんたいへいようけいざいれんけいきょうてい》（TPP《ティーピーピー》）」が大筋合意《おおすじごうい》❽
中国人観光客《ちゅうごくじんかんこうきゃく》が日本で大量《たいりょう》にモノを買《か》う「爆買《ばくが》い」が話題《わだい》に❾

2016（28）
2月16日、日本銀行《にっぽんぎんこう》が銀行《ぎんこう》から預《あず》かるお金《かね》の一部《いちぶ》にマイナスの金利《きんり》をつける政策《せいさく》をスタート❿

2017（29）
1月、アメリカがTPP《ティーピーピー》から離脱《りだつ》

❾ **日本へ「爆買《ばくが》い」の旅《たび》**
薬《くすり》や化粧品《けしょうひん》を大量《たいりょう》に買《か》いこむ中国人観光客《ちゅうごくじんかんこうきゃく》たち

❿ **お金《かね》は家《いえ》で保管《ほかん》？**
銀行《ぎんこう》の利息《りそく》がつかないので家庭用《かていよう》の金庫《きんこ》が売《う》れた

年表の写真は、❹以外はすべて©朝日新聞社

国際

新聞《しんぶん》記事《きじ》がつみ重《かさ》なって歴史《れきし》に

1

米大統領《べいだいとうりょう》が暗殺《あんさつ》される

車《くるま》で移動中《いどうちゅう》に銃《じゅう》でうたれる。今《いま》でもなぞが多《おお》い事件《じけん》

5

ベルリンの壁《かべ》が崩壊《ほうかい》

東西《とうざい》ドイツを分《わ》けていた壁《かべ》を民衆《みんしゅう》が壊《こわ》し、行《い》き来《き》が自由《じゆう》に

2

中東《ちゅうとう》でイスラム革命《かくめい》

米国《べいこく》と親《した》しい国王《こくおう》が追《お》い出《だ》され、学者《がくしゃ》がトップに立《た》つ国《くに》に

6

大国《たいこく》・ソ連《れん》が解体《かいたい》

モスクワのクレムリンにもロシアの旗《はた》(右《みぎ》)が立《た》った

年	できごと
1962(昭和《しょうわ》37)	キューバでアメリカ(米国《べいこく》)とソビエト連邦《れんぽう》(ソ連《れん》)が核戦争《かくせんそう》の危機《きき》に
1963(38)	米国《べいこく》のケネディ大統領《だいとうりょう》が暗殺《あんさつ》される＝写真《しゃしん》①
1972(47)	米国《べいこく》のニクソン大統領《だいとうりょう》が中国《ちゅうごく》を電撃訪問《でんげきほうもん》、国交正常化《こっこうせいじょうか》へ
1979(54)	中東《ちゅうとう》のイランでイスラム教指導者《きょうしどうしゃ》による革命《かくめい》が起《お》きる②
1981(56)	イギリスのチャールズ皇太子《こうたいし》がダイアナさんと結婚《けっこん》③
1986(61)	ソ連《れん》(今《いま》のウクライナ)のチェルノブイリ原子力発電所《げんしりょくはつでんしょ》で事故《じこ》
1989(平成元《へいせいがん》)	中国《ちゅうごく》・北京《ペキン》で天安門事件《てんあんもんじけん》が起《お》きる④ ドイツでベルリンの壁《かべ》が崩壊《ほうかい》⑤
1991(3)	ソ連《れん》がなくなり、ロシアなどの国々《くにぐに》に分《わ》かれる⑥
1994(6)	人種隔離政策《じんしゅかくりせいさく》をやめた南《みなみ》アフリカでネルソン・マンデラさんが大統領《だいとうりょう》に⑦
2000(12)	韓国《かんこく》の金大中《キムデジュン》大統領《だいとうりょう》と北朝鮮《きたちょうせん》の金正日《キムジョンイル》朝鮮労働党総書記《ちょうせんろうどうとうそうしょき》が初会談《はつかいだん》⑧

3

世紀《せいき》の結婚式《けっこんしき》

のちに離婚《りこん》したダイアナさんは、1997年に交通事故死《こうつうじこし》

7

マンデラ大統領誕生《だいとうりょうたんじょう》

黒人解放運動《こくじんかいほううんどう》のリーダーで、27年間刑務所《ねんかんけいむしょ》で暮《く》らした

4

学生《がくせい》と軍《ぐん》が衝突《しょうとつ》

民主化《みんしゅか》を求《もと》める学生《がくせい》を軍《ぐん》が制圧《せいあつ》。多《おお》くの死傷者《ししょうしゃ》を出《だ》した

8

南北両首脳《なんぼくりょうしゅのう》が初会談《はつかいだん》

国《くに》が分《わ》かれた1948年以来《いらい》。北朝鮮《きたちょうせん》の平壌《ピョンヤン》で実現《じつげん》した

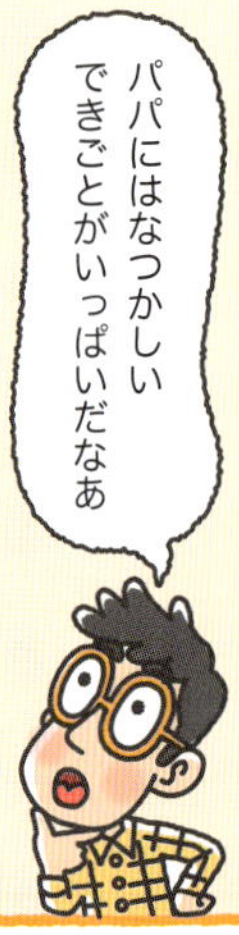
パパにはなつかしい
できごとがいっぱいだなあ

タイムスリップ朝小《あさしょう》

2003年(平成15年) 5月15日

当時の新聞記事から抜粋

SARS《サーズ》 日本人学校《じんがっこう》にも大《おお》きな痛手《いたで》

香港と中国の北京などで、たくさんの患者が出た新型肺炎「SARS」。現地の日本人学校は休校し、子どもたちは外にほとんど出られなかったり、帰国することになったりと、不自由な思いをしています。一か月おくれで始業式をむかえ、友だちどうし再会をよろこびあった香港の日本人学校でも、まだ感染対策をおこたれない状況です。

香港 1か月遅れてようやく新学期 毎朝体温測り授業中もマスク

北京 21日まで休校予定/小中学生266人が帰国

海外《かいがい》の日本人小学生《じんしょうがくせい》にも影響《えいきょう》

38度《ど》以上《いじょう》の熱《ねつ》が出《で》て、重症化《じゅうしょうか》することもある新型肺《しんがたはい》炎《えん》「SARS《サーズ》」がアジアを中心《ちゅうしん》に流行《りゅうこう》しました。発生《はっせい》源《げん》になった中国《ちゅうごく》では、各地《かくち》の日本人学校《じんがっこう》が一定期間《いっていきかん》休《きゅう》校《こう》に。子《こ》どもたちは取材《しゅざい》に「近《ちか》くに患者《かんじゃ》が出《で》たとか、本当《ほんとう》かどうかわからないので不安《ふあん》になる」「マスクや消《しょう》毒《どく》をすれば大丈夫《だいじょうぶ》」と話《はな》しました。

もっと知《し》りたい

とつぜん消《き》えた大国《たいこく》・ソ連《れん》

第《だい》2次世界大戦後《じせかいたいせんご》は、冷《つめ》たい戦争《せんそう》の時代《じだい》が続《つづ》きました。米国《べいこく》や日本など西側《にしがわ》の国《くに》と、ソ連《れん》を中心《ちゅうしん》とする東側《ひがしがわ》の国《くに》がにらみあう「冷戦《れいせん》」です。ソ連《れん》は当時《とうじ》、国《こく》際《さい》ニュースの中心《ちゅうしん》でした。

1968年9月27日付《づけ》の朝小《あさしょう》には、夏休《なつやす》みにソ連《れん》を旅《たび》した小《しょう》学校《がっこう》の先生《せんせい》のリポートがのっています。小学校《しょうがっこう》は「第《だい》千百十五小学《しょうがく》」というように番号《ばんごう》で呼《よ》ばれ、両親《りょうしん》ともに働《はたら》く子《こ》どものため、朝《あさ》も給食《きゅうしょく》が出《で》たといいます。日本の60倍《ばい》といわれる国土《こくど》をおおう森《もり》の美《うつく》しさが心《こころ》に残《のこ》り、親《しん》切《せつ》な人々《ひとびと》のおかげで心地《ここち》よい旅《たび》ができたとまとめています。

88年4月28日付《づけ》の紙面《しめん》では、ソ連《れん》への親善旅行《しんぜんりょこう》に参加《さんか》した東《とう》京《きょう》の6年生《ねんせい》の声《こえ》を紹介《しょうかい》。現地《げんち》の子《こ》どもに「塾《じゅく》はあるの?」と聞《き》いたら「ない」と言《い》われたことや、首都《しゅと》モスクワには東京《とうきょう》とちがい、古《ふる》い建物《たてもの》がたくさん残《のこ》っていたことを話《はな》しています。

その国《くに》が91年、ロシアなどに分《わ》かれて地図《ちず》から消《き》え、冷戦《れいせん》も終《お》わりました。この小学生《しょうがくせい》にとっては、まさかのできごとだったかもしれません。

9 **SARS《サーズ》、世界《せかい》で流行《りゅうこう》**
中国《ちゅうごく》から広《ひろ》がり、日本の空港《くうこう》でも患者《かんじゃ》のチェックを強化《きょうか》

10 **スーチーさん解放《かいほう》**
軍事政権《ぐんじせいけん》によって、自宅《じたく》に15年《ねん》ほど閉《と》じこめられていた

2003(15)	新型肺炎《しんがたはいえん》「SARS《サーズ》」が世界《せかい》で流行《りゅうこう》 9
2009(21)	バラク・オバマさんが黒人初《こくじんはつ》の米大統《べいだいとう》領《りょう》に就任《しゅうにん》
2010(22)	ミャンマーの民主化運動指導者《みんしゅかうんどうしどうしゃ》アウンサンスーチーさんが軟禁《なんきん》から解放《かいほう》 10 中東《ちゅうとう》などの国々《くにぐに》で民主化運動《みんしゅかうんどう》「アラブの春《はる》」が始《はじ》まる 11
2015(27)	米国《べいこく》とキューバが国交《こっこう》を回復《かいふく》し、翌年《よくねん》オバマ米大統領《べいだいとうりょう》がキューバを訪問《ほうもん》 12
2017(29)	ドナルド・トランプさんが第《だい》45代米大《だいべいだい》統領《とうりょう》に就任《しゅうにん》

年表の写真は、❶EPA時事、❷❽AFP時事、❸❹❺❻❼❾❿⓫⓬©朝日新聞社

11 **民主化運動《みんしゅかうんどう》が高《たか》まる**
中東《ちゅうとう》や北《きた》アフリカなどの国々《くにぐに》で、デモで独裁者《どくさいしゃ》を追《お》い出《だ》す

12 **米《べい》とキューバ仲直《なかなお》り**
1961年に国交《こっこう》がとだえた隣国同士《りんごくどうし》のトップが握手《あくしゅ》

世界の紛争

絶《た》えない争《あらそ》い なくす努力《どりょく》を

アメリカとソ連《れん》の「代理戦争《だいりせんそう》」

米国《べいこく》とソ連《れん》（今《いま》のロシアなど）の「代理戦争《だいりせんそう》」と呼《よ》ばれた。写真《しゃしん》は、北朝鮮側《きたちょうせんがわ》の中国人民志願軍《ちゅうごくじんみんしがんぐん》

湾岸戦争《わんがんせんそう》、周辺国《しゅうへんこく》にも被害《ひがい》

多国籍軍《たこくせきぐん》の空爆《くうばく》を受《う》けた翌日《よくじつ》、イラク軍《ぐん》の攻撃《こうげき》でこわされたイスラエルの民家《みんか》

年	できごと
1950（昭和《しょうわ》25）	もとは一つだった韓国《かんこく》と北朝鮮《きたちょうせん》の間《あいだ》で朝鮮戦争《ちょうせんせんそう》が始《はじ》まる。北緯《ほくい》38度近《どちか》くに軍事境界線《ぐんじきょうかいせん》ができ、53年休戦《きゅうせん》＝写真《しゃしん》❶
1960（35）ごろ	ベトナムで南北統一《なんぼくとういつ》と独立《どくりつ》をめぐる内戦《ないせん》（ベトナム戦争《せんそう》）。南《みなみ》ベトナムを支援《しえん》するアメリカ（米国《べいこく》）が軍隊《ぐんたい》を進《すす》める。75年、南《みなみ》ベトナム政府《せいふ》がたおれ、終戦《しゅうせん》❷
1970（45）	カンボジアで内戦《ないせん》が始《はじ》まる。ポル・ポト政権《せいけん》が多《おお》くの国民《こくみん》を殺《ころ》すなど、戦乱《せんらん》が続《つづ》いた。91年に和平合意《わへいごうい》
1973（48）	第《だい》4次中東戦争《じちゅうとうせんそう》。ユダヤ人《じん》による48年のイスラエル建国《けんこく》をきっかけに、アラブ諸国《しょこく》とイスラエルとの間《あいだ》に起《お》きた
1980（55）	石油輸出《せきゆゆしゅつ》の要《かなめ》である川《かわ》の近《ちか》くの土地《とち》をめぐって、イラクがイランに攻撃《こうげき》（イラン・イラク戦争《せんそう》）。88年に停戦《ていせん》
1991（平成《へいせい》3）	1月、米国《べいこく》などの多国籍軍《たこくせきぐん》がイラクを攻撃《こうげき》（湾岸戦争《わんがんせんそう》）。前年《ぜんねん》、イラク軍《ぐん》がクウェートに攻《せ》め入《い》ったため。2月末《まつ》に米国側《べいこくがわ》が勝利宣言《しょうりせんげん》❸
1998（10）	旧《きゅう》ユーゴスラビアのセルビアのコソボ自治州《じちしゅう》で、独立《どくりつ》をめざすコソボ解放軍《かいほうぐん》とセルビア治安部隊《ちあんぶたい》との紛争《ふんそう》が激化《げきか》

住宅地《じゅうたくち》も戦場《せんじょう》に

南《みなみ》ベトナムの首都《しゅと》サイゴン（今《いま》のホーチミン）の住宅街《じゅうたくがい》は戦《たたか》いで廃虚《はいきょ》に。穴《あな》は銃弾《じゅうだん》の跡《あと》

米国《べいこく》の「権威《けんい》」くずれる

米《べい》・ニューヨークの世界貿易《せかいぼうえき》センタービルに航空機《こうくうき》が衝突《しょうとつ》し、白煙《はくえん》とともにくずれた

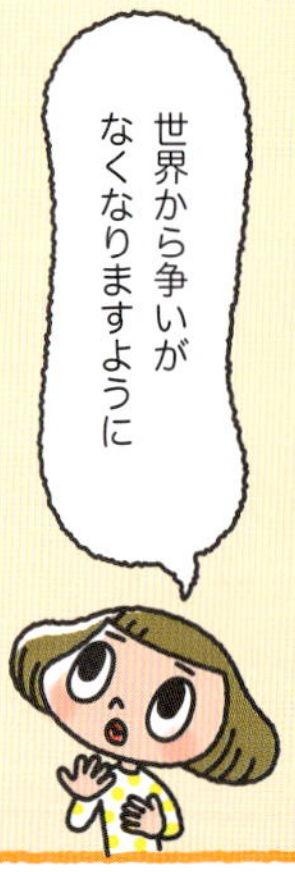

タイムスリップ朝小 あさしょう

1991年（平成3年） 2月28日

当時の新聞記事から抜粋

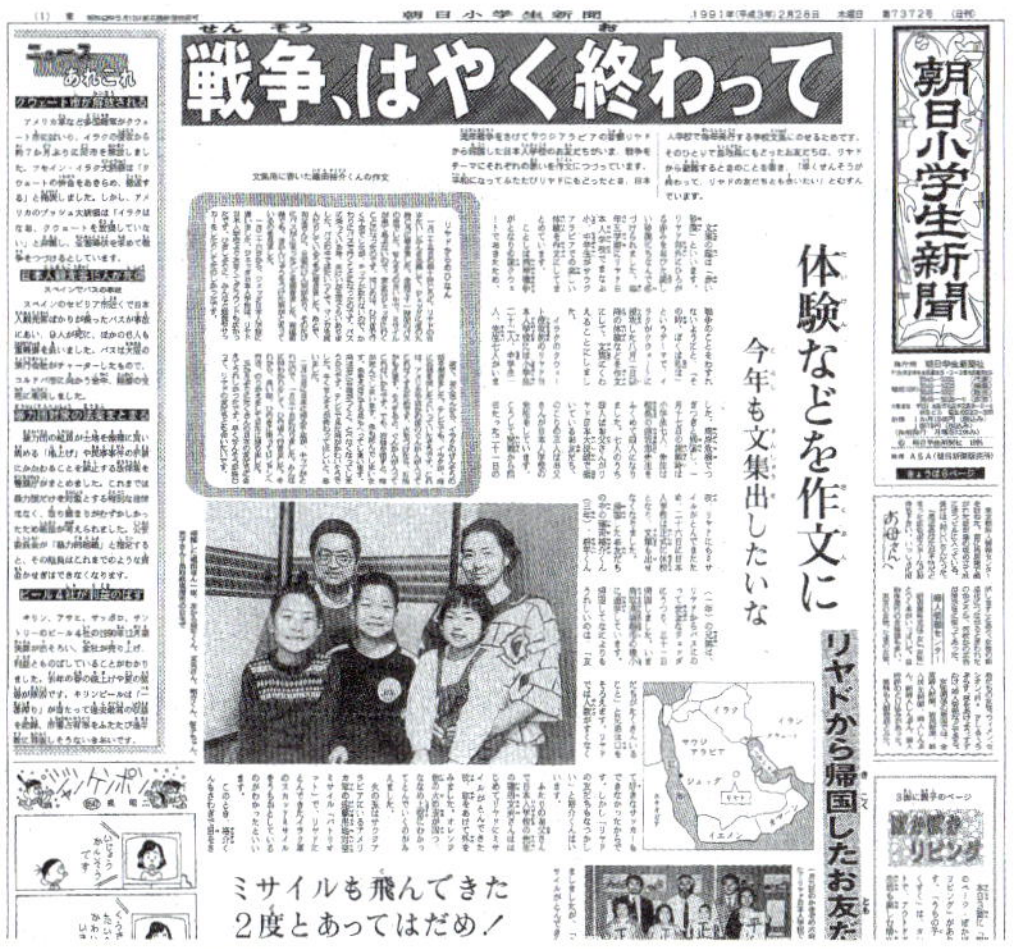
朝日小学生新聞

戦争《せんそう》、はやく終わって

体験などを作文に
今年も文集出したいな

リヤドから帰国したお友だち

ミサイルも飛んできた
2度とあってはだめ！

リヤドから帰国《きこく》したお友《とも》だち

湾岸戦争《わんがんせんそう》のさなか、イラクの隣国《りんごく》サウジアラビアの首都《しゅと》リヤドから戦争《せんそう》をさけて帰国《きこく》した小学《しょうがく》3年生《ねんせい》の作《さく》文《ぶん》がのりました。リヤドにもミサイルが飛《と》んできて、攻撃《こうげき》を受《う》けたら逃《に》げられるよう、家族《かぞく》が一つの部屋《へや》で寝《ね》ていたそうです。テレビで見《み》た石油《せきゆ》まみれの水鳥《みずどり》を思《おも》い「早《はや》く戦争《せんそう》が終《お》わってほしい」とつづりました。

「大義《たいぎ》なき戦争《せんそう》」で多《おお》くの犠牲者《ぎせいしゃ》
イラク中部《ちゅうぶ》の戦地《せんち》で亡《な》くなった仲間《なかま》をとむらうアメリカ海兵隊員《かいへいたいいん》

（コソボ紛争《ふんそう》）。99年に和平成立《わへいせいりつ》

2001（13） 9月11日、イスラム過激派《かげきは》テロ組織《そしき》「アルカイダ」が乗《の》っ取《と》った飛行機《ひこうき》が米《べい》・ニューヨークのビルなどに突《つ》っこむテロが発生《はっせい》（米同時多発《べいどうじたはつ》テロ）❹

2003（15） イラクのフセイン政権《せいけん》をたおすため、米国《べいこく》とイギリスが攻撃《こうげき》をしかけた（イラク戦争《せんそう》）。武力行使《ぶりょくこうし》を認《みと》める国連安《こくれんあん》全保障理事会決議《ぜんほしょうりじかいけつぎ》がないまま強行《きょうこう》❺

2011（23） シリアで政府軍《せいふぐん》と反体制派《はんたいせいは》の争《あらそ》いが激化《げきか》（シリア内戦《ないせん》）。16年8月までに480万人以上《まんにんいじょう》が国外《こくがい》に逃《のが》れ、難民《なんみん》に❻

シリア内戦《ないせん》が生《う》んだ難民《なんみん》
難民《なんみん》は周辺国《しゅうへんこく》などへ命《いのち》がけで逃《のが》れた。写真《しゃしん》は、イラク北部《ほくぶ》のキャンプで配給《はいきゅう》を待《ま》つ人々《ひとびと》

年表の写真は、❶❷❸❺❻©朝日新聞社、❹AFP時事

もっと知《し》りたい

戦場《せんじょう》のジャーナリストたち

危険《きけん》な地域《ちいき》に足《あし》を運《はこ》び、取材《しゅざい》し、伝《つた》える日本人《じん》のジャーナリストもいます。

2012年、内戦《ないせん》の続《つづ》くシリアで政府軍《せいふぐん》の銃撃《じゅうげき》を受《う》けて亡《な》くなった山本美香《やまもとみか》さん。地雷《じらい》をふんで両足《りょうあし》を失《うしな》った子や、空爆《くうばく》で親《おや》を亡《な》くした子など、戦場《せんじょう》の子どもの苦《くる》しみを伝《つた》えました。

子どものころから「見《み》たことのない世界《せかい》に行《い》き、誰《だれ》も知《し》らないことを知りたい」という思《おも》いが強《つよ》かった山本《やまもと》さん。危険《きけん》と隣《とな》り合《あ》わせの取材《しゅざい》を続《つづ》けた理由《りゆう》を、11年8月の朝小《あさしょう》の取材《しゅざい》にこう答《こた》えていました。「報道《ほうどう》には世《よ》の中《なか》を変《か》える力《ちから》があると信《しん》じています」

15年、過激派組織《かげきはそしき》「イスラム国《こく》」（IS《アイエス》）の人質《ひとじち》となり、シリアで殺《ころ》された後藤健二《ごとうけんじ》さん。2003年8月、朝小読者《あさしょうどくしゃ》の6人《にん》が後藤《ごとう》さんにインタビューし、イラク戦争《せんそう》について語《かた》り合《あ》いました。戦争《せんそう》をなくすため小学生《しょうがくせい》にできることを聞《き》くと、「自分《じぶん》で調《しら》べて意見《いけん》を持《も》つことで、彼《かれ》らの苦《くる》しさについて、いっしょに考《かんが》えてあげること」と話《はな》していました。

2015年（平成27年）　1月28日　　当時の新聞記事から抜粋

紛争地《ふんそうち》、誰《だれ》かが伝《つた》えないと…

ジャーナリスト・佐藤和孝《さとうかずたか》さんに聞《き》く

紛争地《ふんそうち》の取材《しゅざい》を続《つづ》けてきた独《どく》立系通信社《りつけいつうしんしゃ》「ジャパンプレス」代表《だいひょう》のジャーナリストの佐藤和《さとうかず》孝《たか》さん（58歳《さい》）は「私《わたし》たちは、苦《くる》しみの中《なか》で生《い》きる人《ひと》たちのことを世界《せかい》に知《し》らせる必要《ひつよう》がある」と話《はな》します。

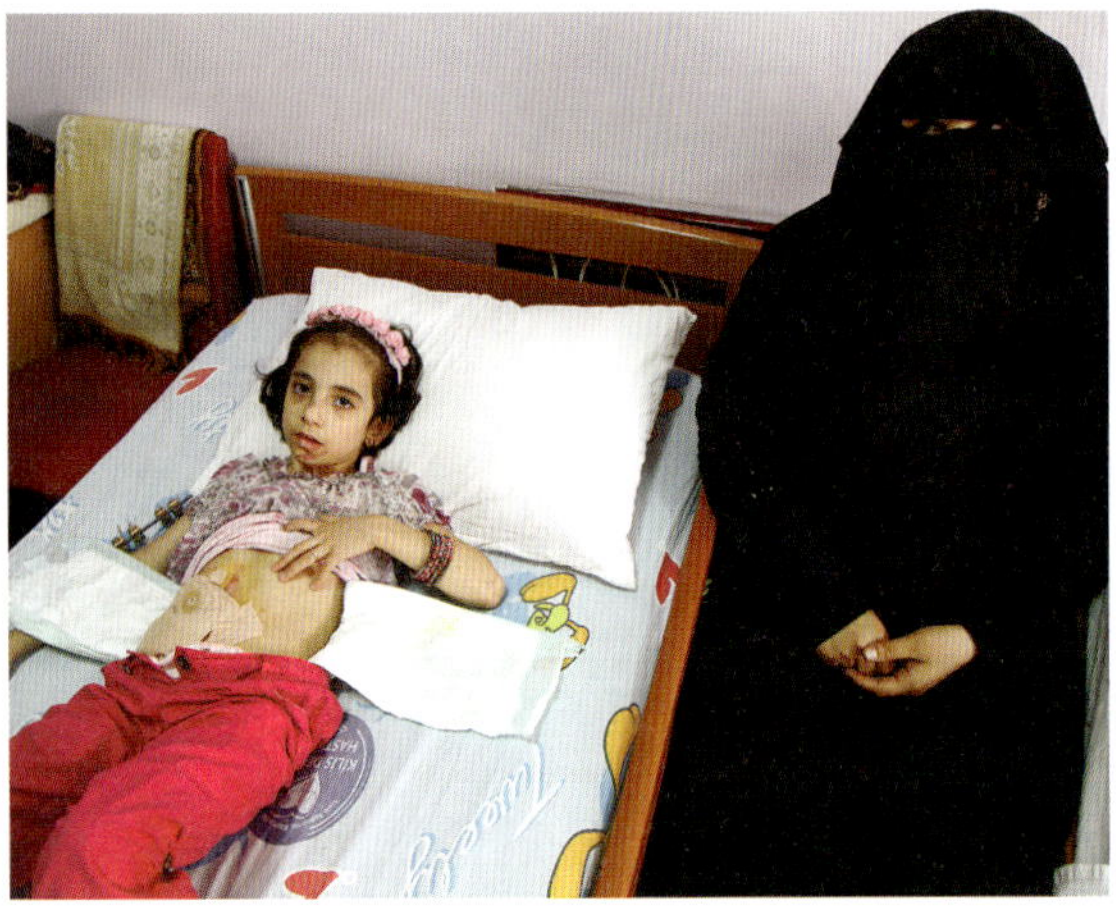

トルコ・キリスの病院に担ぎこまれた、シリアでの爆撃に巻きこまれた子ども（左）とお母さん＝2012年8月、ジャパンプレス提供

佐藤《さとう》さんは、これまでにイラクなど20か国以上《こくいじょう》の紛争地《ふんそうち》を取《しゅ》材《ざい》してきました。2003年のイラク戦争《せんそう》では、戦中《せんちゅう》も首都《しゅと》バグダッドから報道《ほうどう》を続《つづ》けました。

「戦争《せんそう》の最前線《さいぜんせん》では、こわいと思《おも》う気持《きも》ちはもちろんある。でも、こわいと思《おも》っていたら、一歩《いっぽ》も前《まえ》に進《すす》むことができない」

取材《しゅざい》のときは、現地《げんち》の情報《じょうほう》を集《あつ》め、いっしょに行動《こうどう》するガイドが信用《しんよう》できるか見極《みきわ》めるなどして、命《いのち》を落《お》とさないために最善《さいぜん》の努力《どりょく》をします。「それでも死《し》んでしまったら仕方《しかた》がないと思《おも》っています」

佐藤《さとう》さんは12年、パートナーだったジャーナリストの山本美香《やまもとみか》さん（当時《とうじ》45歳《さい》）を銃撃《じゅうげき》戦《せん》で亡《な》くしました。いっしょにシリアの内戦《ないせん》を取材《しゅざい》しているときでした。山本《やまもと》さんの死後《しご》、「命《いのち》をかけてやる仕事《しごと》なのだろうか」と、自分《じぶん》の仕事《しごと》を見《み》つめ直《なお》しました。

戦場の取材について話す佐藤さん＝26日、東京都杉並区

そして、イギリスやフランスなどに行《い》き、戦地《せんち》で亡《な》くなった記者《きしゃ》の仲間《なかま》やその家族《かぞく》に会《あ》って話《はなし》を聞《き》きました。「惨劇《さんげき》を発信《はっしん》すること、伝《つた》えることで、残虐《ざんぎゃく》な行為《こうい》をする独裁者《どくさいしゃ》に殺《さつ》りくをやめるように圧力《あつりょく》をかけることができる」「この仕事《しごと》は、権力《けんりょく》で人々《ひとびと》を押《お》さえつけようとする者《もの》たちに対《たい》する反対勢力《はんたいせいりょく》。この仕《し》事《ごと》がなくなれば民主主義《みんしゅしゅぎ》はなくなってしまう」――。

佐藤《さとう》さんも彼《かれ》らと同《おな》じ思《おも》いであることを再《ふたた》び認識《にんしき》しました。以後《いご》も紛争地《ふんそうち》での取材《しゅざい》を続《つづ》けています。国全体《くにぜんたい》が危険《きけん》な場所《ばしょ》というアフガニスタンも昨年訪《さくねんおとず》れ、大統領選挙《だいとうりょうせんきょ》を取材《しゅざい》しました。

山本《やまもと》さんもこんな言葉《ことば》を残《のこ》しています。「どんな強大《きょうだい》な力《ちから》を持《も》っていても、すべてのジャーナリストの口《くち》を止《と》めることはできない。きっと誰《だれ》かが立《た》ち向《む》かっていくだろう」

ジャーナリストが危険《きけん》をおかすことに批判《ひはん》の声《こえ》があがることもあります。「なぜ、そんな危《き》険《けん》な場所《ばしょ》に行《い》ったのか、と批判《ひはん》する人《ひと》もいる。でもその人《ひと》はなぜそこが『危険《きけん》な場所《ばしょ》』だとわかったのでしょうか。誰《だれ》かが伝《つた》えたからこそ、知《し》ることができたのです」

他《ほか》にもこんなニュースが…

第《だい》189回通常国会《かいつうじょうこっかい》が26日に開会《かいかい》したと伝《つた》えています

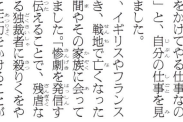

2003年（平成15年） 8月 15日 当時の新聞記事から抜粋

とどけよう平和《へいわ》への願《ねが》い

国際援助団体《こくさいえんじょだんたい》の佐藤《さとう》さんとともに

朝小《あさしょう》の子《こ》ども記者《きしゃ》6人《にん》が、イラクで活動《かつどう》をつづける国際援助団体《こくさいえんじょだんたい》の職員《しょくいん》・佐藤真紀《さとうまき》さんを取材《しゅざい》しました。佐藤《さとう》さんは、イラクの子《こ》どもたちがかいた絵《え》を持《も》って帰国《きこく》しました。佐藤《さとう》さんに、子《こ》どもたちの思《おも》いやくらしぶりを聞《き》いた6人《にん》は、イラクの子《こ》どもたちにとどけてもらおうと、平和《へいわ》を願《ねが》う絵《え》とメッセージをかきました。

戦後の混乱で、イラク人の強盗にお兄さんを殺されたハイダル・アリ・ハイランくんの絵。「大きくなったら、警察官になってみんなを守るんだ」

米軍に攻撃される街＝上＝をかいたレイス・ルイ・ハサンくんは、「いつも感じているんだ。アメリカはぼくたちの自由、幸せを取っているんだって。アメリカは、ぼくたちみたいな子どもや若者を殺しているだけなんだ」。一方で、ヤスミーン・イブラヒームさんは、米兵に花束をわたす子をえがきました＝下

ヌハッド・サアドさんは、戦争を始めた大人たちに手紙を書きました。「どうして戦争を始めたのですか？　わたしたちは戦争なんて望んでいません。ほかの国の人たちと平和でいたいのです。どうか疑問に答えてください。わたしたちは、とてもおこっています」

日本国際《にほんこくさい》ボランティアセンターの佐藤真紀《さとうまき》さんは、イラクのバグダッドで6月中旬《ちゅうじゅん》から約《やく》1か月半《はん》、戦争《せんそう》で傷《きず》ついた子《こ》どもたちをはげますために絵《え》や歌《うた》のワークショップを行《おこな》いました。佐藤《さとう》さんの取材《しゅざい》には、子《こ》ども記《き》者《しゃ》のほか、イラク問題《もんだい》に関心《かんしん》のある7人《にん》の読者《どくしゃ》も参加《さんか》しました。

イラクの子《こ》の絵《え》を見《み》せながら、佐藤《さとう》さんはいいます。「フセインはひどいことをいっぱいしたから、いなくなってよかったという子《こ》もいる。でも、戦争《せんそう》で被害《ひがい》にあった子《こ》はアメリカ軍《ぐん》をにくいと思《おも》っているんだ。いろんな考《かんが》えがあるのは大人《おとな》も同《おな》じ。それをまとめないといけないから、新《あたら》しい国《くに》づくりは大変《たいへん》だと思《おも》う」

「日本の小学生《しょうがくせい》にできることは？」との質問《しつもん》に、「イラクの子《こ》たちは世界《せかい》の人《ひと》とつながりたいと思《おも》っている。きみたちがはげましてあげて」と佐藤《さとう》さんは答《こた》えました。

みんなで大《おお》きな布《ぬの》に、自画像《じがぞう》とイラクの子《こ》へのメッセージをかきました。「Peace《ピース》」「平和《へいわ》はきっとおとずれる」。英語《えいご》や日本語《ご》、アラビア語《ご》で自分《じぶん》の名前《なまえ》を書《か》いた子《こ》もいました。

絵《え》は未完成《みかんせい》です。佐藤《さとう》さんにたくし、イラクの子《こ》どもたちにしあげてもらう予定《よてい》です。

一番大切なものは「お友だち」というハディール・サアドさん。「どんな時間が楽しい？」「朝がとても楽しいです。だって、とてもきれいだから」。「尊敬する人は？」「自分より年上の人を尊敬しています」

※佐藤真紀さんは現在、日本イラク医療支援ネットワーク・事務局長です。

他《ほか》にもこんなニュースが…

とがった鼻《はな》に細長《ほそなが》い目《め》が特徴《とくちょう》の2代《だい》目《め》新幹線《しんかんせん》「100系《けい》」が9月で引退《いんたい》することが伝《つた》えられています

わたしたちの未来
日本と世界のすがた
科学、技術の進歩
学び・くらし・遊び
感動くれたスポーツ
夢かなえた先輩たち

社会をゆるがした事件・事故

悲《かな》しいできごとをどう生《い》かすか

1

テレビ中継《ちゅうけい》された「あさま山荘事件《さんそうじけん》」

連合赤軍《れんごうせきぐん》のメンバーが人質《ひとじち》をとって10日間立《かかんた》てこもる。警察官《けいさつかん》2人と民間人《みんかんじん》1人が死亡《しぼう》

3

多《おお》くの一般市民《いっぱんしみん》が標的《ひょうてき》に

朝《あさ》の通勤《つうきん》ラッシュの地下鉄《ちかてつ》が標的《ひょうてき》に。負傷者《ふしょうしゃ》は6千人《にん》を超《こ》え、社会《しゃかい》に大《おお》きな衝撃《しょうげき》を与《あた》えた

年	できごと
1968（昭和《しょうわ》43）	東京都府中市《とうきょうとふちゅうし》で現金輸送車《げんきんゆそうしゃ》に積《つ》まれた約《やく》3億円《おくえん》が盗《ぬす》まれる。未解決事件《みかいけつじけん》
1970（45）	赤軍派《せきぐんは》と呼《よ》ばれる過激派《かげきは》グループ9人《にん》が、日本航空機《にほんこうくうき》「よど号《ごう》」を乗《の》っ取《と》る
1972（47）	長野《ながの》・軽井沢《かるいざわ》の「あさま山荘《さんそう》」にテロ組織《そしき》「連合赤軍《れんごうせきぐん》」が立《た》てこもる＝写真《しゃしん》1
1982（57）	東京《とうきょう》・赤坂《あかさか》の「ホテルニュージャパン」で火災《かさい》が発生《はっせい》し、33人《にん》が死亡《しぼう》
1984（59）	江崎《えざき》グリコの社長《しゃちょう》が誘拐《ゆうかい》される。その後《ご》、犯人《はんにん》は森永製菓《もりながせいか》なども脅迫《きょうはく》
1985（60）	日本航空《にほんこうくう》123便《びん》が群馬県《ぐんまけん》の上野村《うえのむら》に墜落《ついらく》。乗員乗客《じょういんじょうきゃく》520人《にん》が死亡《しぼう》2
1995（平成《へいせい》7）	東京都心《とうきょうとしん》の地下鉄《ちかてつ》に猛毒《もうどく》のサリンがまかれ、13人《にん》が死亡《しぼう》。宗教団体《しゅうきょうだんたい》「オウム真理教《しんりきょう》」の犯行《はんこう》3
1997（9）	兵庫県神戸市《ひょうごけんこうべし》で、当時《とうじ》14歳《さい》の中学生《ちゅうがくせい》が複数《ふくすう》の小学生《しょうがくせい》を殺傷《さっしょう》する
1999（11）	茨城県《いばらきけん》の東海村《とうかいむら》のウラン加工施設《かこうしせつ》「JCO《ジェイシーオー》」で※臨界事故《りんかいじこ》が発生《はっせい》4
2001（13）	大阪教育大学附属池田小学校《おおさかきょういくだいがくふぞくいけだしょうがっこう》に刃物《はもの》を持《も》った男《おとこ》が乱入《らんにゅう》。児童《じどう》8人《にん》が死亡《しぼう》5

※連鎖的に核分裂が続き、大量の熱や放射線が出て、コントロールできなくなった状態

2

航空機《こうくうき》の単独事故《たんどくじこ》では世界最大規模《せかいさいだいきぼ》

生存者《せいぞんしゃ》はわずか4人《にん》。航空機《こうくうき》の単独事故《たんどくじこ》では、世界《せかい》をみても最大《さいだい》の規模《きぼ》だった

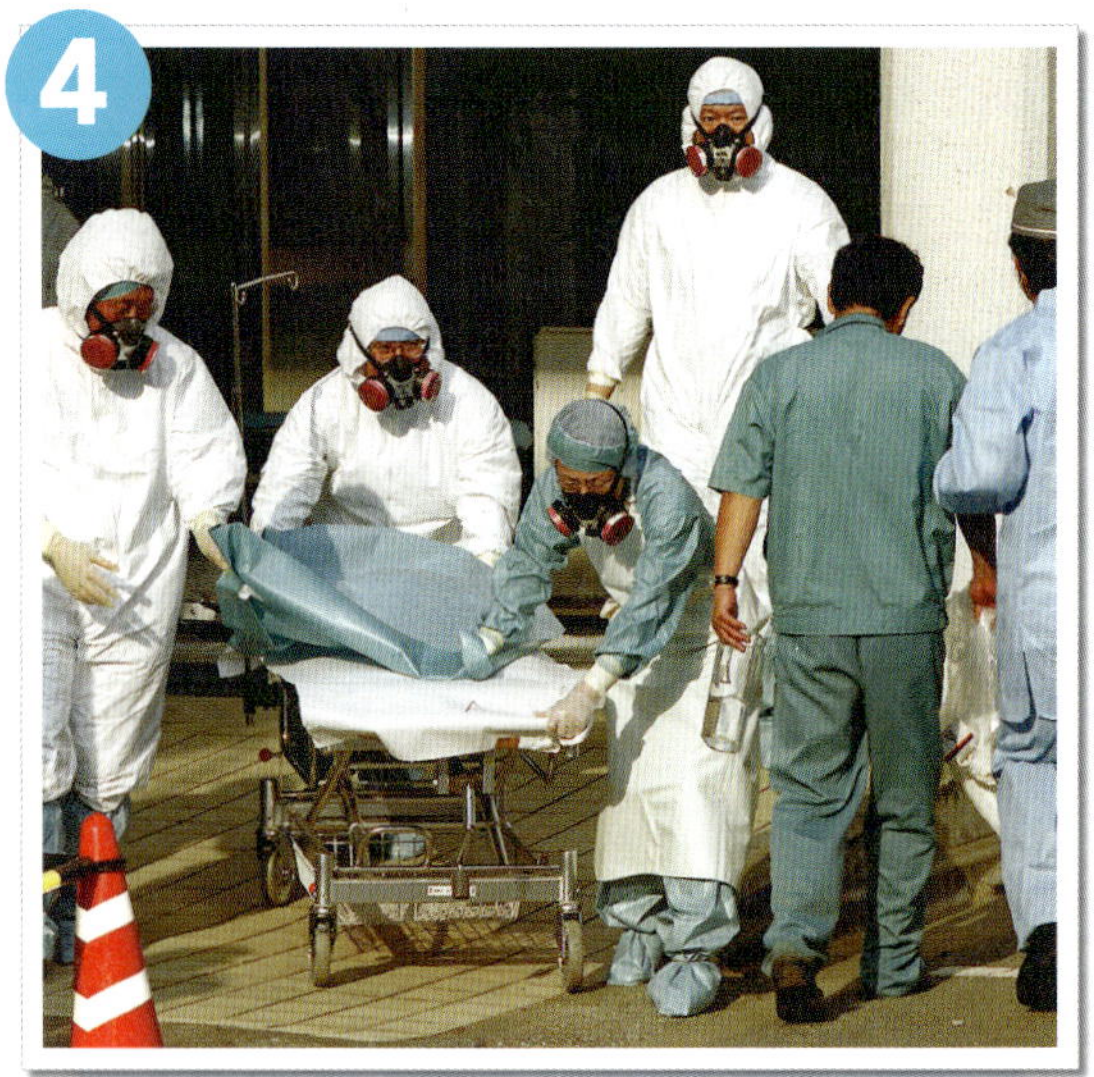

4

周辺住民《しゅうへんじゅうみん》らも避難《ひなん》

核燃料加工《かくねんりょうかこう》の作業員《さぎょういん》2人が被《ひ》ばくして死亡《しぼう》。近《ちか》くの住民《じゅうみん》らも避難《ひなん》し、放射線測定《ほうしゃせんそくてい》などを行《おこな》った

タイムスリップ朝小《あさしょう》

2001年（平成13年） 6月13日

当時の新聞記事から抜粋

遠《とお》くからも見守《みまも》ってるよ

池田小《いけだしょう》のお友《とも》だちへ　はげましの声続《こえつづ》ぞく

児童八人が亡くなる事件にあった大阪教育大学教育学部付属池田小学校（大阪府池田市）のお友だちへのお見舞いとはげましのおたよりをつのったところ、メール、ファクス、手紙などが続ぞくと編集部にとどいています。「遠くはなれたところでも、みんなのことを見守っているよ」。突然の悲劇にみまわれたお友だちへの、心のこもったメッセージです。

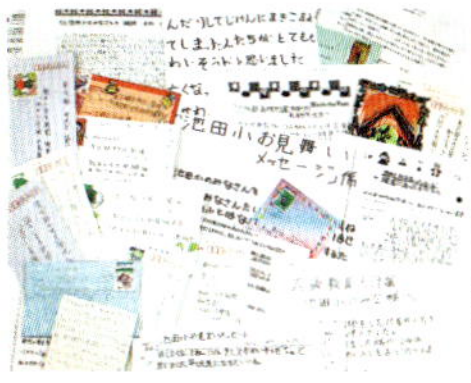
よせられたメッセージの一部

ゆめの分までがんばって 心の中で生きています

人ごとと思えません 友だちや先生と話し合った
福島、愛媛、静岡県の仲間からもたより

「人《ひと》ごとと思《おも》えない」と反響《はんきょう》

児童《じどう》8人《にん》が亡《な》くなった大阪教育大学附属池田小学校《おおさかきょういくだいがくふぞくいけだしょうがっこう》の事件後《じけんご》、編集部《へんしゅうぶ》では池田小《いけだしょう》の子どもたちへお見舞《みま》いとはげましのお便《たよ》りをつのりました。手紙《てがみ》やメールは全国《ぜんこく》から届《とど》きました。同《おな》じ小学生《しょうがくせい》の立場《たちば》で「人《ひと》ごとと思《おも》えない」と、友《とも》だちや先生《せんせい》、家族《かぞく》と話《はな》し合《あ》ったようすが伝《つた》わります。手紙《てがみ》は後日《ごじつ》、学校《がっこう》へ届《とど》けられました。

もっと知《し》りたい

2001年に大阪教育大学附属池田小学校《おおさかきょういくだいがくふぞくいけだしょうがっこう》で起《お》きた事件《じけん》は、安全《あんぜん》なはずの学校《がっこう》で多《おお》くの児童《じどう》が犠牲《ぎせい》になった悲《かな》しいできごとでした。その後《ご》も、04年、05年と小学《しょうがく》1年《ねん》の女《おんな》の子《こ》が誘拐《ゆうかい》される事件《じけん》が続《つづ》きました。

かけがえのない子《こ》どもたちの命《いのち》を守《まも》るにはどうしたらいいのか――。小学生《しょうがくせい》のみなさんが読《どく》者《しゃ》の朝小《あさしょう》にとっては、とても大《おお》きなテーマです。

大人《おとな》の新聞《しんぶん》とちがって、事件《じけん》そのものより、どうしたら防《ふせ》ぐことができるのかということに

親子《おやこ》での防犯対策《ぼうはんたいさく》など特集《とくしゅう》

重点《じゅうてん》を置《お》いた報道《ほうどう》を続《つづ》けてきました。親子《おやこ》でできる防犯対策《ぼうはんたいさく》や先進的《せんしんてき》な学校《がっこう》の取《と》り組《く》みの紹介《しょうかい》などです。

1985年8月12日に起《お》きた日航機墜落事故《にっこうきついらくじこ》を伝《つた》えたときは、編集部《へんしゅうぶ》あてに命《いのち》をとりとめた小《しょう》学生《がくせい》の女《おんな》の子《こ》へのはげましのお便《たよ》りが全国《ぜんこく》からたくさん届《とど》きました。女《おんな》の子《こ》からも「早《はや》く元気《げんき》になります。みんなありがとう」などと書《か》かれたお礼《れい》の手紙《てがみ》が届《とど》き、同年《どうねん》9月13日付《づけ》の紙面《しめん》で紹介《しょうかい》。読者《どくしゃ》との交流《こうりゅう》の場《ば》になりました。

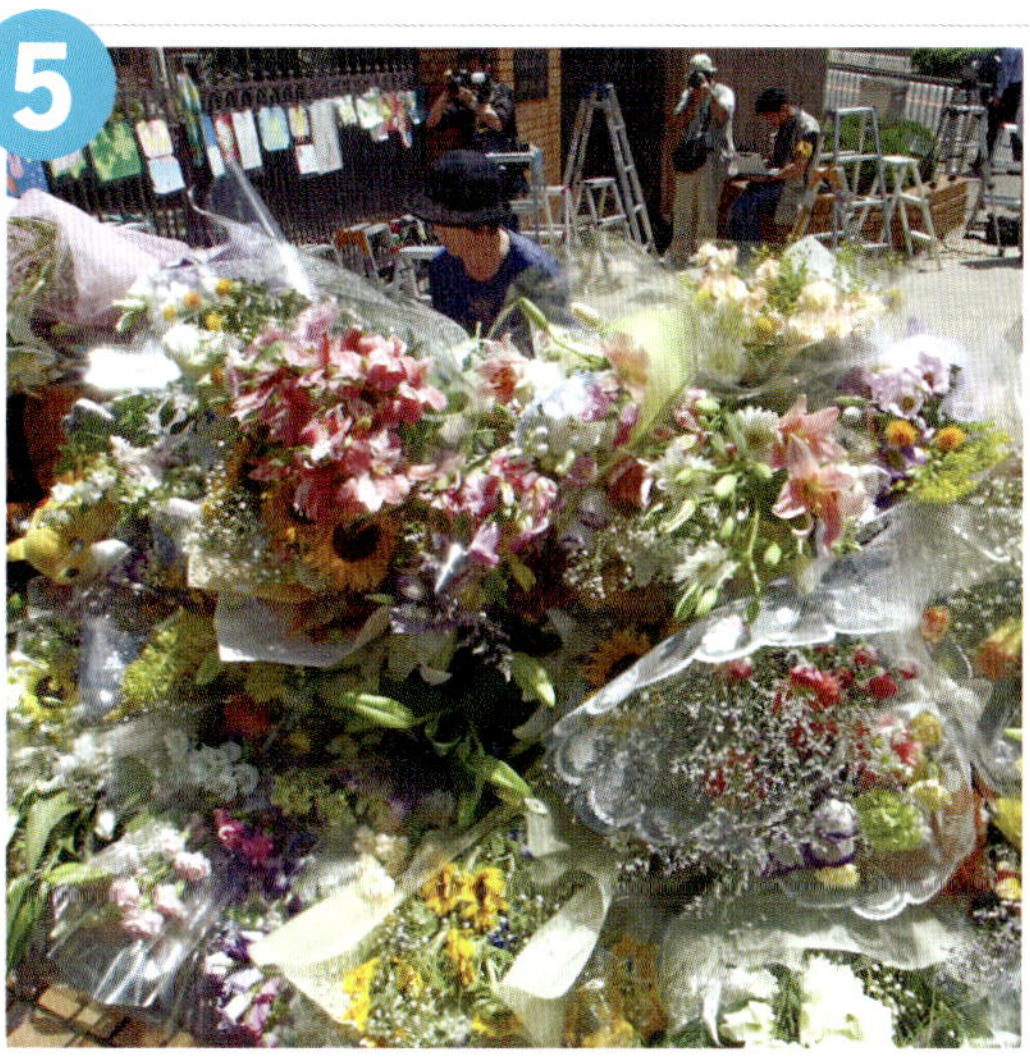

学校《がっこう》の安全《あんぜん》がおびやかされる
学校《がっこう》に届《とど》いた花束《はなたば》。事件後《じけんご》は全国《ぜんこく》で小学校《しょうがっこう》の安《あん》全対策《ぜんたいさく》を見直《みなお》す動《うご》きが広《ひろ》がった

2004（16）	長崎県佐世保市《ながさきけんさせぼし》で、小学《しょうがく》6年《ねん》の女児《じょじ》が同級生《どうきゅうせい》を教室《きょうしつ》で殺害《さつがい》
	奈良市《ならし》で帰宅途中《きたくとちゅう》の小学《しょうがく》1年《ねん》の女児《じょじ》が誘拐《ゆうかい》、殺害《さつがい》される。05年にも、広島県《ひろしまけん》と栃木県《とちぎけん》で小学《しょうがく》1年《ねん》の女児《じょじ》が犠牲《ぎせい》になる事件《じけん》が続《つづ》く
2005（17）	JR《ジェイアール》福知山線《ふくちやません》の電車《でんしゃ》が脱線《だっせん》し、運転士《うんてんし》と乗客《じょうきゃく》合《あ》わせて107人《にん》が死亡《しぼう》 6
2016（28）	長野《ながの》・軽井沢《かるいざわ》でスキーのツアーバスが転落《てんらく》し、乗員乗客《じょういんじょうきゃく》15人《にん》が死亡《しぼう》

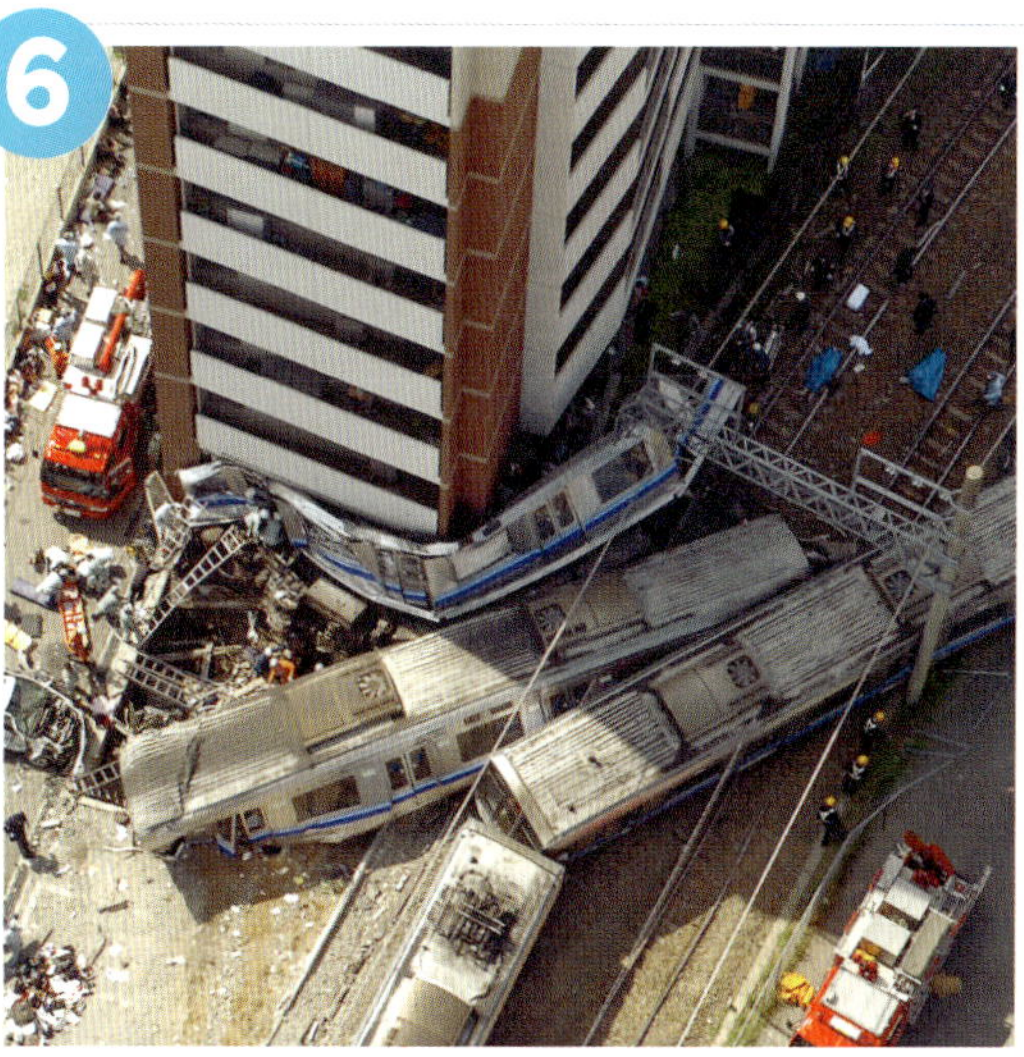

スピード出《だ》し過《す》ぎで脱線《だっせん》
兵庫県尼崎市《ひょうごけんあまがさきし》で、速度《そくど》を出《だ》し過《す》ぎた快速電車《かいそくでんしゃ》がカーブを曲《ま》がり切《き》れず脱線《だっせん》

年表の写真は、すべて©朝日新聞社

自然災害

未来《みらい》に伝《つた》え 生《い》かそう過去《かこ》の天災《てんさい》

明治以降《めいじいこう》、最大規模《さいだいきぼ》の台風被害《たいふうひがい》
台風《たいふう》が過《す》ぎて1か月後《げつご》の愛知県名古屋市《あいちけんなごやし》。貯木《ちょぼく》場《じょう》の丸太《まるた》が流《なが》れて家々《いえいえ》をおそい、被害《ひがい》が拡大《かくだい》

太平洋《たいへいよう》わたる津波《つなみ》
岩手県大船渡市《いわてけんおおふなとし》のようす。津《つ》波《なみ》は北海道《ほっかいどう》から沖縄《おきなわ》まで到達《とうたつ》

日本海沿岸《かいえんがん》で被害《ひがい》
秋田県《あきたけん》の海岸《かいがん》。青森県《あおもりけん》や山形《やまがた》県《けん》などにも津波《つなみ》が到達《とうたつ》

年	できごと
1958（昭和《しょうわ》33）	9月、狩野川台風《かのがわたいふう》が神奈川県《かながわけん》に上陸《じょうりく》○死者《ししゃ》・行方不明者《ゆくえふめいしゃ》1269人《にん》
1959（34）	9月、伊勢湾台風《いせわんたいふう》が和歌山県《わかやまけん》に上陸《じょうりく》○同《どう》・5098人《にん》＝写真《しゃしん》1
1960（35）	チリ地震津波《じしんつなみ》。5月23日（日本時間《じかん》）に南《みなみ》アメリカ・チリ沖《おき》が震源《しんげん》の地震《じしん》（地《じ》震《しん》の規模《きぼ》を示《しめ》すマグニチュード〈M〉は9・5）が起《お》き、翌日《よくじつ》、津波《つなみ》が日本へ到《とう》達《たつ》○同《どう》・142人《にん》2
1983（58）	5月26日、日本海中部《かいちゅうぶ》地震《じしん》。震源《しんげん》は秋《あき》田県沖《たけんおき》、M7・7、津波《つなみ》が発生《はっせい》○同《どう》・104人《にん》3
1986（61）	11月15日、東京《とうきょう》・伊豆大島《いずおおしま》の三原山《みはらやま》の噴火《ふんか》が始《はじ》まる4
1991（平成《へいせい》3）	6月3日、前《まえ》の年《とし》に噴火《ふんか》した雲仙《うんぜん》・普《ふ》賢岳《げんだけ》（長崎県《ながさきけん》）で大規模《だいきぼ》な火砕流《かさいりゅう》が発生《はっせい》○同《どう》・44人《にん》5
1993（5）	7月12日、北海道南西沖地震《ほっかいどうなんせいおきじしん》。M7・8、奥尻島《おくしりとう》などで津波《つなみ》の被害《ひがい》○同《どう》・230人《にん》6
1995（7）	1月17日、阪神《はんしん》・淡路大震災《あわじだいしんさい》。震源《しんげん》は兵庫県《ひょうごけん》の淡路島北部《あわじしまほくぶ》、M7・3○同《どう》・6437人《にん》7

島《しま》の全住民《ぜんじゅうみん》が避難《ひなん》
全住民約《ぜんじゅうみんやく》1万《まん》2千人《にん》が、島外《とうがい》に約《やく》1か月間避難《げつかんひなん》した

大火砕流《だいかさいりゅう》が発生《はっせい》
記者《きしゃ》、消防団員《しょうぼうだんいん》らも犠牲《ぎせい》に。写真《しゃしん》は火砕流《かさいりゅう》で燃《も》える家《いえ》など

島《しま》をおそった津波《つなみ》
津波《つなみ》におそわれ、火災《かさい》も発生《はっせい》した北海道奥尻島《ほっかいどうおくしりとう》の青苗地区《あおなえちく》

登山者《とざんしゃ》が犠牲《ぎせい》に
煙《けむり》を上《あ》げる御嶽山《おんたけさん》。山頂付近《さんちょうふきん》にいた登山客《とざんきゃく》が巻《ま》きこまれた

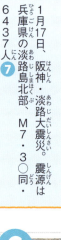

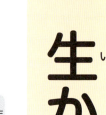

日本はいろいろな災害を乗り越えてきたんだね

タイムスリップ朝小《あさしょう》

1995年（平成7年） 1月19日

当時の新聞記事から抜粋

暗《くら》やみの中《なか》 恐怖《きょうふ》におののく

避難先の神戸市役所で不安な夜を過ごす家族
＝17日夜、神戸市中央区　©朝日新聞社

阪神大震災直後《はんしんだいしんさいちょくご》、子《こ》どもたちは

阪神《はんしん》・淡路大震災《あわじだいしんさい》が起《お》きた朝《あさ》のようすを、関西《かんさい》に住《す》む小学生《しょうがくせい》の朝小《あさしょう》リポーターたちが報告《ほうこく》しました。「私《わたし》のベッドに向《む》かって本棚《ほんだな》がたおれてきたけれど、間《あいだ》にある机《つくえ》に引《ひ》っかかって助《たす》かりました」「こわくてゆれがおさまるまでふとんをかぶってじっとしていました」などと、おそろしかった体験《たいけん》を語《かた》りました。

もっと知《し》りたい

戦後《せんご》の自然災害《しぜんさいがい》をふり返《かえ》ると、2011年3月11日の東日本大《ひがしにほんだい》震災《しんさい》は、規模《きぼ》も被害《ひがい》にあった方々《かたがた》の数《かず》も最悪《さいあく》でした。

発生直後《はっせいちょくご》、朝小《あさしょう》の紙面《しめん》には毎日《まいにち》、大《おお》きな見出《みだ》しで地震《じしん》や津波《つなみ》、原子力発電所《げんしりょくはつでんしょ》の事故《じこ》のニュースがのりました。編集部《へんしゅうぶ》には「もっとくわしく伝《つた》えてほしい」という声《こえ》と「おそろしいので伝《つた》えないでほしい」という両方《りょうほう》の意見《いけん》が寄《よ》せられました。小学生新聞《しょうがくせいしんぶん》として何《なに》を届《とど》けるべきか、悩《なや》みながら紙面《しめん》を作《つく》り続《つづ》けた日々《ひび》でした。

全国《ぜんこく》から被災地《ひさいち》におたよりが

震災《しんさい》5日後《かご》、3月16日の紙面《しめん》では、宮城県《みやぎけん》や岩手県《いわてけん》に住《す》む朝《あさ》小《しょう》リポーターたちが避難所《ひなんじょ》でボランティア活動《かつどう》をしていると報《ほう》告《こく》したり、水《みず》や食料《しょくりょう》が足《た》りないと支援《しえん》をうったえたりしました。この日以降《ひいこう》、編集部《へんしゅうぶ》には全国《ぜんこく》の読者《どくしゃ》から被災地《ひさいち》の子《こ》どもたちへのおたよりや絵《え》が届《とど》くようになりました。

災害《さいがい》はつらいできごとですが、それをきっかけに人々《ひとびと》がつながりを深《ふか》め、学《まな》びあうことで、未《み》来《らい》の命《いのち》を守《まも》ることができるはずです。

観測史上初《かんそくしじょうはつ》の震度《しんど》7

地震《じしん》でたおれた兵庫県神戸《ひょうごけんこうべ》市《し》の阪神高速道路《はんしんこうそくどうろ》。住宅地《じゅうたくち》では木造家屋《もくぞうかおく》がくずれ火災《かさい》に

2004（16）
10月23日、新潟県中越地震《にいがたけんちゅうえつじしん》。震源《しんげん》は川口町《かわぐちまち》（今《いま》の長岡市《ながおかし》）、M6・8○同《どう》・68人《にん》

2011（23）
3月11日、東日本大震災《ひがしにほんだいしんさい》。震源《しんげん》は東北《とうほく》・三陸沖《さんりくおき》、M9・0、巨大津波《きょだいつなみ》が発生《はっせい》した。東京電力福島第一原子力発電所《とうきょうでんりょくふくしまだいいちげんしりょくはつでんしょ》で事故《じこ》○同《どう》・1万《まん》8446人《にん》（17年3月10日現在《げんざい》）8

2014（26）
9月27日、御嶽山《おんたけさん》（長野県《ながのけん》・岐阜県《ぎふけん》）噴火《ふんか》○同《どう》・63人《にん》 9

2016（28）
4月14日と16日、熊本地震《くまもとじしん》。最大《さいだい》M7・3○同《どう》・50人《にん》（直接死《ちょくせつし》）

戦後最大規模《せんごさいだいきぼ》の自然災害《しぜんさいがい》

最大震度《さいだいしんど》7を観測《かんそく》。東《ひがし》日本太平洋岸《たいへいようがん》を津波《つなみ》がおそい、岩手県宮古《いわてけんみやこ》市《し》では船《ふね》が陸地《りくち》に乗《の》り上《あ》げた

年表の写真は、89以外は©朝日新聞社

2011年（平成23年）　3月13日　当時の新聞記事から抜粋

東《ひがし》日本大震災《だいしんさい》

震度《しんど》7　M《マグニチュード》8.8

大津波《おおつなみ》、死者多数《ししゃたすう》　世界最大級《せかいさいだいきゅう》

十一日午後《ごご》二時《じ》四十六分《ぷん》ごろ発生《はっせい》した東北《とうほく》・三陸沖《さんりくおき》を震源《しんげん》とする巨大地震《きょだいじしん》は、宮城《みやぎ》県栗原市《けんくりはらし》で震度《しんど》7を観測《かんそく》。北海道《ほっかいどう》から九州《きゅうしゅう》にかけての広《ひろ》い範囲《はんい》で震度《しんど》6強《きょう》の揺《ゆ》れと、津波《つなみ》にみまわれ、死者《ししゃ》・行方不明者《ゆくえふめいしゃ》は東北地方《とうほくちほう》を中心《ちゅうしん》に千人《にん》を超《こ》えました。地震《じしん》の規模《きぼ》を示《しめ》すマグニチュード（M）は8・8で、記録《きろく》が残《のこ》る一九二三年以降国内最大《いこうこくないさいだい》。去年《きょねん》二月のチリ大地震《おおじしん》（M8・8）に並《なら》ぶ世界最大級《せかいさいだいきゅう》の地震《じしん》になりました。

宮城県仙台市若林区《みやぎけんせんだいしわかばやしく》で、津波《つなみ》による水死《すいし》とみられる二百～三百人《にん》の遺体《いたい》が見《み》つかるなど、被害《ひがい》の状況《じょうきょう》が少《すこ》しずつ明《あき》らかになってきました。

気象庁《きしょうちょう》は今回《こんかい》の地震《じしん》を「平成《へいせい》二十三年（二〇一一年）東北地方太平洋沖地震《とうほくちほうたいへいようおきじしん》」と命名《めいめい》しました。専門家《せんもんか》によると、今回《こんかい》の地震《じしん》エネルギーは関東大震災《かんとうだいしんさい》の約《やく》三十倍《ばい》に相当《そうとう》するといいます。

政府《せいふ》は東京電力《とうきょうでんりょく》の福島第《ふくしまだい》一原子力発電所《げんしりょくはつでんしょ》と第《だい》二原子力発電所《げんしりょくはつでんしょ》（どちらも福島県《ふくしまけん》）に対《たい》して原子力災害緊急事態《げんしりょくさいがいきんきゅうじたい》を宣言《せんげん》。第《だい》一原発《げんぱつ》から半径《はんけい》十キロの住民《じゅうみん》に避難《ひなん》を、第《だい》二原発《げんぱつ》から半径《はんけい》三キロ以内《いない》の住民《じゅうみん》には避難《ひなん》を、十キロ以内《いない》の住民《じゅうみん》には屋内避難《おくないひなん》をそれぞれ指示《しじ》しました。

第《だい》一原発《げんぱつ》の一号機《ごうき》で原子炉《げんしろ》がある建物《たてもの》の中《なか》の放射線量《ほうしゃせんりょう》が通常《つうじょう》の一千倍《ばい》に達《たっ》していることがわかりました。経済産業省《けいざいさんぎょうしょう》の原子力安全《げんしりょくあんぜん》・保安院《ほあんいん》は、放射性物質《ほうしゃせいぶっしつ》がもれ出《で》ている可能性《かのうせい》もあるとみています。

津波がおしよせ、住宅などが流されました＝12日午前7時35分、宮城県東松島市で

©朝日新聞社

【震度７】宮城県栗原市
【震度６強】
宮城県／仙台市宮城野区、登米市、大崎市、名取市、東松島市、塩釜市
福島県／白河市、須賀川市、二本松市
茨城県／日立市、笠間市、筑西市、鉾田市
栃木県／宇都宮市、大田原市、真岡市

プレートの境界《きょうかい》

今回《こんかい》の地震《じしん》は太平洋《たいへいよう》プレート（岩板《がんばん》）が陸側《りくがわ》のプレートにしずみこむ境界《きょうかい》で起《お》きた地震《じしん》とみられます。大《おお》きな津波《つなみ》が起《お》きやすいインドネシア・スマトラ沖地震《おきじしん》（二〇〇四年）などと同《おな》じタイプで、東北地方《とうほくちほう》で想定《そうてい》されてきた以上《いじょう》の地震《じしん》でした。

当初《とうしょ》の震源《しんげん》は宮城県沖《みやぎけんおき》でしたが、福島県沖《ふくしまけんおき》や茨城県《いばらきけん》沖《おき》でも余震《よしん》とみられる地震《じしん》が起《お》きています。気象庁《きしょうちょう》は岩手県北部《いわてけんほくぶ》から福島県《ふくしまけん》、茨城《いばらき》県《けん》の県境《けんざかい》まで長《なが》さ約《やく》四百キロにわたって断層《だんそう》が破壊《はかい》したとみています。

宮城県《みやぎけん》の沖《おき》では、日本列島《れっとう》が乗《の》っているプレートの下《した》に太平洋《たいへいよう》プレートがしずみこみ、境界面《きょうかいめん》にはエネルギーが日々蓄積《ひびちくせき》しています。ひずみが限界《げんかい》に達《たっ》すると、プレートの境界《きょうかい》が急《きゅう》にずれてはね上《あ》がり、海水《かいすい》が持《も》ち上《あ》げられて津波《つなみ》になります。今回《こんかい》の地震《じしん》では、南北数百《なんぼくすうひゃく》キロで境界面《きょうかいめん》が破壊《はかい》された可能性《かのうせい》があり、大規模《だいきぼ》な津波《つなみ》が発生《はっせい》したとみられます。

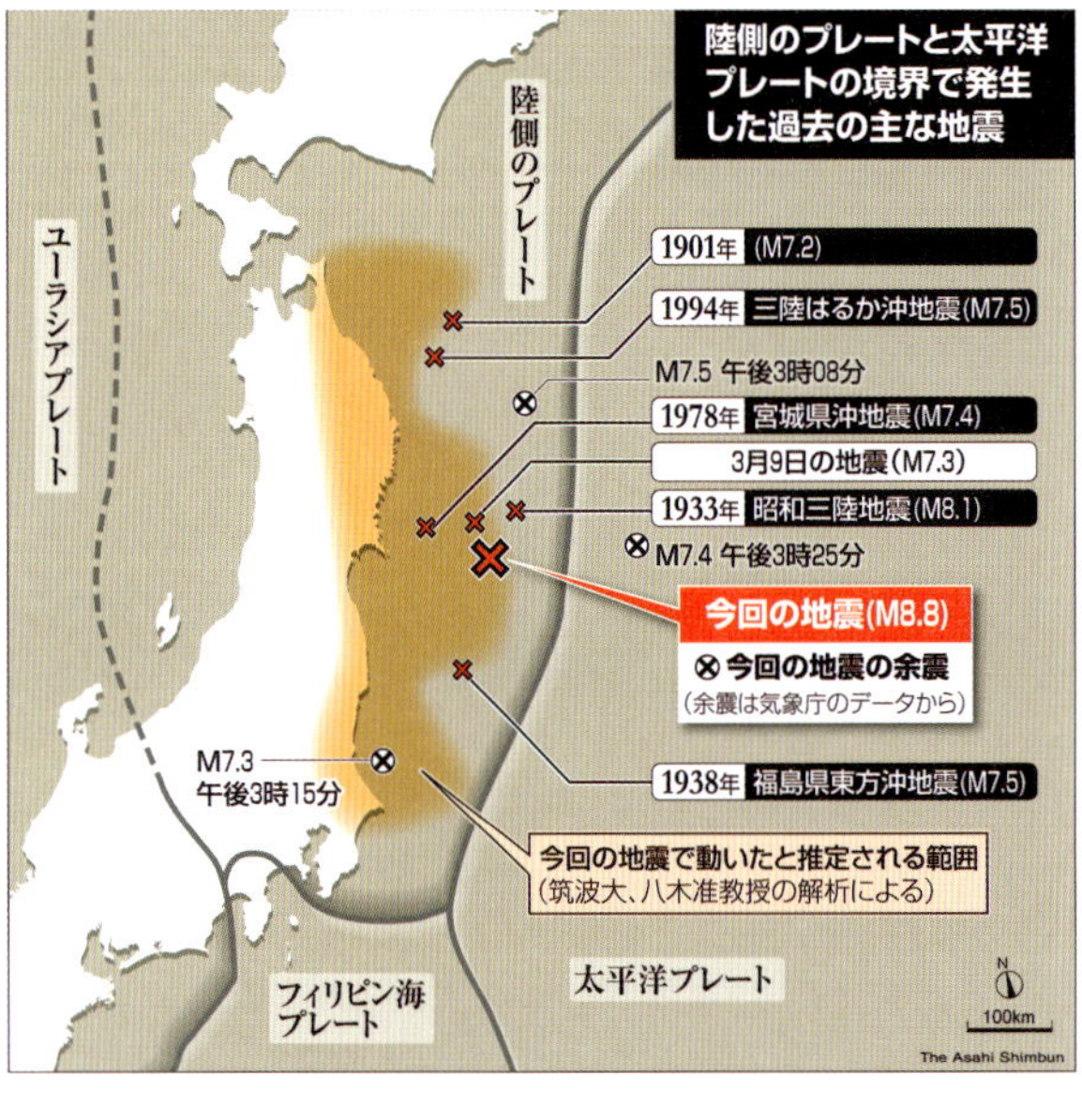

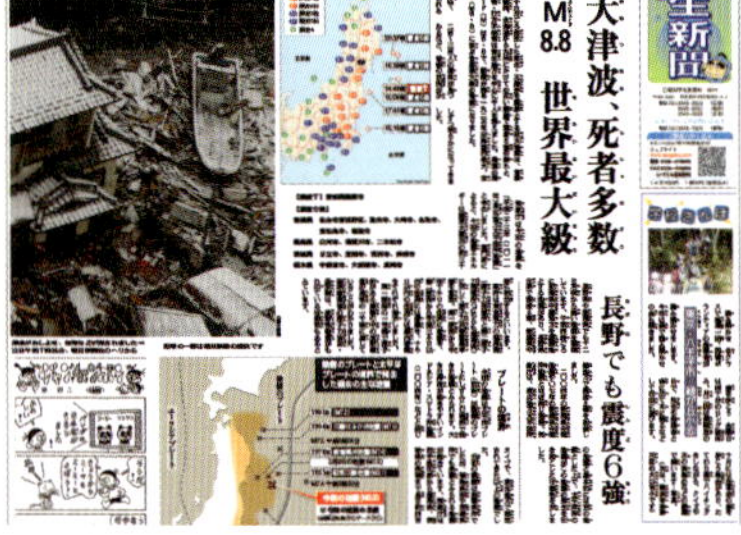

記事の一部は朝日新聞社の提供です

※東日本大震災のマグニチュードや震度、死者・行方不明者の数値はその後の報道で修正されました。

1995年（平成7年） 3月16日　当時の新聞記事から抜粋

今《いま》もテントや教室《きょうしつ》で生活《せいかつ》

阪神大震災《はんしんだいしんさい》から2か月《げつ》 被害《ひがい》はげしい地域《ちいき》では…

　阪神大震災《はんしんだいしんさい》から2か月《げつ》。被災《ひさい》地《ち》では学校《がっこう》も再開《さいかい》され、少《すこ》しずつ以前《いぜん》の生活《せいかつ》がもどりつつあります。しかし、被害《ひがい》のはげしかった地域《ちいき》では、今《いま》も8万人《まんにん》以上《いじょう》が避難所《ひなんじょ》などで不自由《ふじゆう》なくらしをつづけています。被災地《ひさいち》の小《しょう》学生《がくせい》をたずねました。

■芦屋市津知町《あしやしつちちょう》

　神戸市《こうべし》とのさかいにある芦屋《あしや》市津知町《しつちちょう》は、地震《じしん》で大《おお》きな被害《ひがい》をうけた地域《ちいき》のひとつです。ほとんどの家《いえ》がつぶれてしまい、昼間《ひるま》は空《そら》の面積《めんせき》がやけに広《ひろ》く感《かん》じられます。

　精道小《せいどうしょう》4年《ねん》の杉本真一《すぎもとしんいち》くんの家族《かぞく》5人《にん》は地震以来《じしんいらい》、昼間《ひるま》は自《じ》宅《たく》、夜《よる》は公園《こうえん》のテントでの生活《せいかつ》をつづけています。お父《とう》さんが経営《けいえい》する工場《こうじょう》と自宅《じたく》をかねた4階建《かいだ》てのビルは、たおれはしなかったものの、ガスやトイレが今《いま》も使《つか》えないためです。

　ビルから見下《みお》ろせる公園《こうえん》に約《やく》80人《にん》がくらすテント村《むら》があります。杉本《すぎもと》くん家族《かぞく》のテントは、6畳《じょう》ほど。夕方《ゆうがた》になると、一家《いっか》は自宅《じたく》からここに移動《いどう》してきます。

　食事《しょくじ》は朝《あさ》は配給《はいきゅう》のパンと牛《ぎゅう》乳《にゅう》、夜《よる》はかんたんなおかずがついたお弁当《べんとう》です。おかずは白身《しろみ》魚《ざかな》のフライや、からあげのくり返《かえ》し。杉本《すぎもと》くんはそれが不満《ふまん》ですが、「ここはたき出《だ》しをしてくれるし、めぐまれている方《ほう》」とお母《かあ》さんの紀子《のりこ》さんはいいます。テントに電気《でんき》がつき、たたみが入《はい》り、テント村《むら》にトイレやふろができたりと、くらしは少《すこ》しずつよくなってきました。「いつまでもこの生活《せいかつ》がつづくわけではない」と話《はな》すお父《とう》さんの英《ひで》人《と》さんは、工場《こうじょう》をなんとしても再開《さいかい》させたいと考《かんが》えています。

　杉本《すぎもと》くんは地震《じしん》で親友《しんゆう》を亡《な》くしました。学校《がっこう》の友《とも》だちは半分《はんぶん》近《ちか》く疎開《そかい》したまま。テント村《むら》の小学生《しょうがくせい》は杉本《すぎもと》くんひとりです。「学校《がっこう》の休《やす》み時間《じかん》にトランプや、おにごっこをしているときがいちばん楽《たの》しい」と話《はな》します。

■神戸市東灘区《こうべしひがしなだく》

　神戸《こうべ》市《し》東灘区《ひがしなだく》の本山南小《もとやまみなみしょう》6年《ねん》の大慈加恵《おおじかえ》さんにとっては、地《じ》震以来《しんいらい》、3年《ねん》2組《くみ》の教室《きょうしつ》が「自《じ》宅《たく》」です。今《いま》、その教室《きょうしつ》で大慈《おおじ》さんの家族《かぞく》5人《にん》とお年《とし》よりの夫《ふう》婦《ふ》がくらしています。

　本山南小《もとやまみなみしょう》にはまだ700人《にん》が避難《ひなん》しているため、べつの小学《しょうがっ》校《こう》で授業《じゅぎょう》をしていましたが、今《こん》月《げつ》11日、ようやく運動場《うんどうじょう》にプレハブの校舎《こうしゃ》が開校《かいこう》しました。「便《べん》利《り》になったけど、自分《じぶん》の学校《がっこう》の教室《きょうしつ》から教室《きょうしつ》へ通学《つうがく》するのはちょっとへんな気分《きぶん》」と大慈《おおじ》さん。

　大慈《おおじ》さん家族《かぞく》が住《す》んでいた市《し》営住宅《えいじゅうたく》は来月《らいげつ》から取《と》りこわされ、住《す》めるあてはありません。

テントでごはんを食べる杉本くんの家族＝芦屋市津知町で

朝日小学生新聞
阪神大震災から2か月
被害はげしい地域では…
いまもテントや教室で生活
神戸市東灘区 大慈加恵さん
サッカー なわとびが人気

他《ほか》にもこんなニュースが…

太平洋戦争《たいへいようせんそう》の激戦地《げきせんち》・硫黄島《いおうとう》で、戦《せん》後《ご》50周年《しゅうねん》にあたり、日米合同《にちべいごうどう》の慰《い》霊追悼式《れいついとうしき》がおこなわれました

人類共通《じんるいきょうつう》の宝《たから》 日本に今《いま》20件《けん》

国内第《こくないだい》1号《ごう》は4つ
姫路城《ひめじじょう》をはじめ4か所《しょ》が同時《どうじ》登録《とうろく》

外国人《がいこくじん》にも人気《にんき》
外国人観光客《がいこくじんかんこうきゃく》が急増《きゅうぞう》。白川郷《しらかわごう》には26万人《まんにん》が訪問《ほうもん》

琉球《りゅうきゅう》の文化《ぶんか》伝《つた》える
独自《どくじ》の文化《ぶんか》を育《はぐく》んだ王国《おうこく》。首《しゅ》里城《りじょう》など九つの遺産《いさん》で構成《こうせい》

ヒグマとともに生《い》きる
多《おお》くのヒグマが暮《く》らす地域《ちいき》。自然《しぜん》の利用《りよう》と保護《ほご》をめざす

年	できごと
1972（昭和《しょうわ》47）	ユネスコ（国連教育科学文化機関《こくれんきょういくかがくぶんかきかん》）の総《そう》会《かい》で「世界遺産条約《せかいいさんじょうやく》」が採択《さいたく》される
1993（平成《へいせい》5）	前年《ぜんねん》に日本が条約《じょうやく》に加《くわ》わり、法隆寺地《ほうりゅうじち》域《いき》の仏教建造物《ぶっきょうけんぞうぶつ》（奈良《なら》）、姫路城《ひめじじょう》（兵庫《ひょうご》）1、☆屋久島《やくしま》（鹿児島《かごしま》）、☆白神山地《しらかみさんち》（青森《あおもり》、秋田《あきた》）が初《はじ》めて登録《とうろく》される
1994（6）	古都京都《ことままうと》の文化財登録《ぶんかざいとうろく》（京都《きょうと》、滋賀《しが》）
1995（7）	白川郷《しらかわごう》・五箇山《ごかやま》の合掌造《がっしょうづく》り集落登録《しゅうらくとうろく》（岐阜《ぎふ》、富山《とやま》）2
1996（8）	原爆《げんばく》ドーム3、厳島神社登録《いつくしまじんじゃとうろく》（ともに広島《ひろしま》）
1998（10）	古都奈良《ことなら》の文化財登録《ぶんかざいとうろく》（奈良《なら》）
1999（11）	日光《にっこう》の社寺登録《しゃじとうろく》（栃木《とちぎ》）
2000（12）	琉球王国《りゅうきゅうおうこく》のグスク及《およ》び関連遺産群登録《かんれんいさんぐんとうろく》（沖縄《おきなわ》）4
2004（16）	紀伊山地《きいさんち》の霊場《れいじょう》と参詣道登録《さんけいみちとうろく》（和歌山《わかやま》、奈良《なら》、三重《みえ》）
2005（17）	☆知床登録《しれとことうろく》（北海道《ほっかいどう》）5
2007（19）	石見銀山遺跡《いわみぎんざんいせき》とその文化的景観登録《ぶんかてきけいかんとうろく》（島根《しまね》）

独特《どくとく》な動植物《どうしょくぶつ》たちの楽園《らくえん》
大陸《たいりく》と地続《じつづ》きになった歴史《れきし》がなく、動植物《どうしょくぶつ》の固《こ》有種《ゆうしゅ》が豊《ゆた》か。カタツムリの固有種《こゆうしゅ》は100種以上《しゅいじょう》

原爆《げんばく》を伝《つた》える「負《ふ》の遺産《いさん》」
太平洋戦争末期《たいへいようせんそうまっき》、アメリカが広島《ひろしま》に落《お》とした原《げん》子爆弾《しばくだん》の悲惨《ひさん》さを伝《つた》える「負《ふ》の遺産《いさん》」として登録《とうろく》

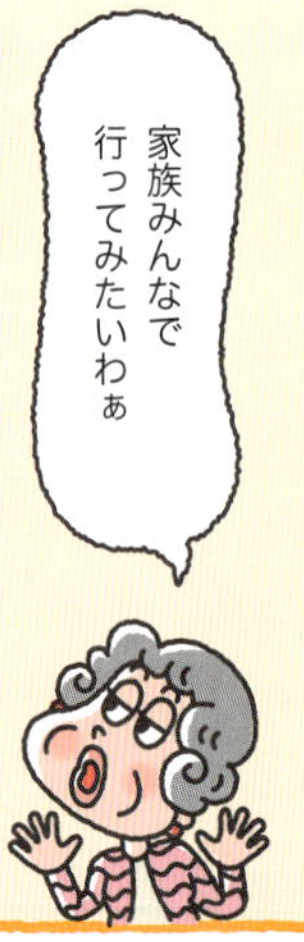

タイムスリップ朝小《あさしょう》

1998年（平成10年） 9月18日

当時の新聞記事から抜粋

ふるさとの「世界《せかい》の宝《たから》」を伝《つた》えよう

登録地《とうろくち》の小中学生《しょうちゅうがくせい》が「こどもサミット」

世界遺産《せかいいさん》の登録地《とうろくち》に住《す》む小中学生《しょうちゅうがくせい》が集《あつ》まる「世界遺《せかいい》産《さん》こどもサミット」が、白神山地《しらかみさんち》のふもとの青森県《あおもりけん》の岩崎村《いわさきむら》（現《げん》・深浦町《ふかうらまち》）で開《ひら》かれました。白神山地《しらかみさんち》のほか、屋久島《やくしま》や姫路城《ひめじじょう》、京都《きょうと》など国内《こくない》七つの登録地《とうろくち》の子《こ》どもたちが、ふるさとの「宝《たから》」の大切《たいせつ》さを多《おお》くの人《ひと》に知《し》ってもらう努力《どりょく》を続《つづ》けることを約束《やくそく》しました。

もっと知《し》りたい

世界遺産《せかいいさん》は、ユネスコの条約《じょうやく》をもとに「世界遺産《せかいいさん》リスト」に登録《とうろく》されます。人類共通《じんるいきょうつう》の宝《たから》として、破壊《はかい》や環境汚染《かんきょうおせん》などから守《まも》り、次《つぎ》の世代《せだい》に伝《つた》えることが目的《もくてき》。文化遺産《ぶんかいさん》と自然遺産《しぜんいさん》、両方《りょうほう》をかね備《そな》えた複合遺産《ふくごういさん》があり、世界《せかい》165か国《こく》の1052件《けん》が登録《とうろく》されています（2017年2月現在《げんざい》）。

登録《とうろく》されると有名《ゆうめい》になって、観光客《かんこうきゃく》がおしよせ、地域《ちいき》の経済《けいざい》が元気《げんき》になります。一方《いっぽう》で、増《ふ》えすぎた観光客《かんこうきゃく》によって、自然《しぜん》環境《かんきょう》が悪化《あっか》してしまうおそれもあります。鹿児島《かごしま》の屋久島《やくしま》は、登録後《とうろくご》に縄文杉《じょうもんすぎ》への登山客《とざんきゃく》が急《きゅう》増《ぞう》し、道《みち》がふみあらされ、トイレの問題《もんだい》が深刻《しんこく》になるなどしました。入山者数《にゅうざんしゃすう》は08年をピークに少《すこ》しずつ減《へ》り、トイレ問題《もんだい》は改善《かいぜん》されましたが、今《いま》も大型連《おおがたれん》休中《きゅうちゅう》などは登山道《とざんどう》が「渋滞《じゅうたい》」するほどです。

観光《かんこう》と保護《ほご》のあり方《かた》は？

北海道《ほっかいどう》の知床《しれとこ》では、ヒグマの活動期《かつどうき》に知床五湖《しれとこごこ》の遊歩道《ゆうほどう》を歩《ある》くときは安全講習《あんぜんこうしゅう》を受《う》け、ガイドが引率《いんそつ》するツアーに参加《さんか》しなくてはなりません。自然《しぜん》との共《きょう》生《せい》をめざしています。

7

日本一《いち》の山《やま》が世界《せかい》の宝《たから》に

日本人《じん》が富士山《ふじさん》を神聖《しんせい》なものとして大切《たいせつ》にし、信仰《しんこう》の対象《たいしょう》としてきたことなどが評価《ひょうか》された

- 2011（23） 平泉登録《ひらいずみとうろく》（岩手《いわて》）、☆小笠原諸島登録《おがさわらしょとうとうろく》（東京《とうきょう》）❻
- 2013（25） 富士山登録《ふじさんとうろく》（山梨《やまなし》、静岡《しずおか》）❼
- 2014（26） 富岡製糸場《とみおかせいしじょう》と絹産業遺産群登録《きぬさんぎょういさんぐんとうろく》（群馬《ぐんま》）
- 2015（27） 明治《めいじ》日本の産業革命遺産登録《さんぎょうかくめいいさんとうろく》（岩手《いわて》、静岡《しずおか》、山口《やまぐち》、福岡《ふくおか》、佐賀《さが》、長崎《ながさき》、熊本《くまもと》、鹿児島《かごしま》）❽
- 2016（28） ル・コルビュジエの建築作品登録《けんちくさくひんとうろく》（東《とう》京《きょう》の国立西洋美術館《こくりつせいようびじゅつかん》など7か国《こく》17か所《しょ》）❾

☆は自然遺産、無印は文化遺産、名称は一部省略

8

軍艦島《ぐんかんじま》の炭鉱《たんこう》も

長崎《ながさき》の端島炭鉱《はしまたんこう》（軍艦島《ぐんかんじま》）など、近代化《きんだいか》を支《ささ》えた23資産《しさん》

9

20世紀《せいき》を代表《だいひょう》する建築家《けんちくか》

ル・コルビュジエの作品《さくひん》は、フランスなどに多《おお》い

年表の写真は、❶❸❽❾以外は©朝日新聞社

3

科学《かがく》、技術《ぎじゅつ》の進歩《しんぽ》

50年《ねん》をふりかえる

私《わたし》たちのくらしは、科学《かがく》、技術《ぎじゅつ》の進歩《しんぽ》とともに歩《あゆ》んできました。私《わたし》たちがふだんの生活《せいかつ》のなかで使《つか》っている技術《ぎじゅつ》はどのように進化《しんか》してきたのでしょう。また、「科学技術先進国《かがくぎじゅつせんしんこく》」といわれる日本は、たくさんの宇《う》宙飛行士《ちゅうひこうし》やノーベル賞受賞者《しょうじゅしょうしゃ》を出《だ》しました。彼《かれ》らの50年《ねん》の功績《こうせき》をたどります。

鉄道
いつまでもどこまでも続《つづ》くよ

夢《ゆめ》の超特急《ちょうとっきゅう》が出発進行《しゅっぱつしんこう》!
東京五輪《とうきょうごりん》の開幕《かいまく》に合《あ》わせて、東海道新幹線《とうかいどうしんかんせん》が開《かい》業《ぎょう》。東京駅《とうきょうえき》を出発《しゅっぱつ》する「ひかり1号《ごう》」

リニアが浮《う》いた
本格的《ほんかくてき》な実験線《じっけんせん》で走行《そうこう》テストが行《おこな》われた

カードできっぷ購入《こうにゅう》
JR《ジェイアール》グループでも2013年まで発売《はつばい》。オレカと呼《よ》ばれた

年	できごと
1964(昭和《しょうわ》39)	10月1日に東海道新幹線《とうかいどうしんかんせん》(東京《とうきょう》~新大阪《しんおおさか》)が開業《かいぎょう》した=写真《しゃしん》1。日本各地《かくち》で走《はし》る新幹線《しんかんせん》の先《さき》がけ
1970年代《だい》	青色《あおいろ》の寝台特急列車《しんだいとっきゅうれっしゃ》「ブルートレイン」がブームに2
1975(50)	蒸気機関車《じょうききかんしゃ》(SL《エスエル》)の最後《さいご》の定期旅客列車《ていきりょかくれっしゃ》が、北海道《ほっかいどう》の室蘭線《むろらんせん》で運行《うんこう》を終了《しゅうりょう》した3
1977(52)	宮崎《みやざき》リニア実験線《じっけんせん》でリニアモーターカーの実験開始《じっけんかいし》4。97年からは山梨《やまなし》へ
1985(60)	日本国有鉄道《にほんこくゆうてつどう》(国鉄《こくてつ》)がきっぷ購入《こうにゅう》に利《り》用《よう》できる磁気式《じきしき》の「オレンジカード」を発売《はつばい》5
1987(62)	国鉄《こくてつ》が地域《ちいき》ごとに民営化《みんえいか》されてJR《ジェイアール》グループが誕生《たんじょう》
1988(63)	北海道《ほっかいどう》と本州《ほんしゅう》を結《むす》ぶ青函《せいかん》トンネル6と、本州《ほんしゅう》と四国《しこく》を結《むす》ぶ瀬戸大橋《せとおおはし》7で、列車《れっしゃ》の運行《うんこう》がスタートした
2001(平成《へいせい》13)	JR東日本《ジェイアールひがし》がIC《アイシー》カード「Suica《スイカ》」導入《どうにゅう》。IC《アイシー》カードはJR各社《ジェイアールかくしゃ》や私鉄《してつ》にも広《ひろ》がった
2011	岩手県《いわてけん》の沿岸部《えんがんぶ》を走《はし》る三陸鉄道《さんりくてつどう》8が、

ブルトレが大《だい》ブーム
東京《とうきょう》と博多《はかた》(福岡《ふくおか》)を結《むす》ぶ「あさかぜ」

青函《せいかん》トンネルに列車《れっしゃ》
世界最長《せかいさいちょう》の約《やく》54キロメートル。海底《かいてい》につくられたトンネル

さよならSL《エスエル》
D《ディー》51をバックに記念写真《きねんしゃしん》を撮《と》るファンがあいついだ

瀬戸大橋《せとおおはし》も開通《かいつう》
海峡部《かいきょうぶ》の長《なが》さ約《やく》9キロメートルの橋《はし》

希望《きぼう》の三陸鉄道《さんりくてつどう》
13年にはＮＨＫ《エヌエイチケー》朝《あさ》の連続《れんぞく》テレビ小説《しょうせつ》「あまちゃん」の舞台《ぶたい》に

リニア新幹線《しんかんせん》「Ｌ《エル》０系《けい》」
13年に５両編成《りょうへんせい》を公開《こうかい》。15年に最高時速《さいこうじそく》６０３キロを記録《きろく》

(23)
東日本大震災《ひがしにほんだいしんさい》で大《おお》きな被害《ひがい》を受《う》けながらも、震災《しんさい》５日後《かご》に部分的《ぶぶんてき》に再開《さいかい》して話題《わだい》になった

2014 (26)
２０２７年の開業《かいぎょう》をめざすリニア中央《ちゅうおう》新幹線《しんかんせん》の建設工事《けんせつこうじ》が始《はじ》まる。新型車両《しんがたしゃりょう》「Ｌ《エル》０系《けい》」も話題《わだい》に ❾

１９５９年に発売《はつばい》されてから大人気《だいにんき》のおもちゃ「プラレール」。この年《とし》には新《しん》幹線《かんせん》の車内《しゃない》にも登場《とうじょう》した ❿

2016 (28)
３月26日、北海道新幹線《ほっかいどうしんかんせん》（新青森《しんあおもり》〜新《しん》函館北斗《はこだてほくと》）が開業《かいぎょう》 ⓫

ずっと人気《にんき》「プラレール」
新幹線《しんかんせん》５００系《けい》のモデルが、本物《ほんもの》の車両内《しゃりょうない》でも運転《うんてん》

北海道《ほっかいどう》にも新幹線《しんかんせん》
30年度末《どまつ》に札幌《さっぽろ》までのばすことをめざす

年表の写真は、⑧⑪以外はすべて©朝日新聞社

タイムスリップ朝小 あさしょう

1987年（昭和62年）　４月　３日

当時の新聞記事から抜粋

ＳＬを前《まえ》に落《お》ちつかなかった

国鉄最後の日、東京・汐留駅に集まる鉄道ファン＝1987年3月31日　©朝日新聞社

国鉄最後《こくてつさいご》の日《ひ》を見届《みとど》けた子《こ》

国鉄《こくてつ》からＪＲ《ジェイアール》に変《か》わった４月１日午前《ごぜん》０時《じ》、東京都《とうきょうと》港区《みなとく》にあった汐留駅《しおどめえき》でＣ《シー》56形蒸気機関車《がたじょうききかんしゃ》が汽笛《きてき》を鳴《な》らしました。これを見《み》に来《き》た６年生《ねんせい》の男《おとこ》の子《こ》は、３月31日は国鉄最後《こくてつさいご》の日《ひ》のきっぷを買《か》い集《あつ》めたり、記念列車《きねんれっしゃ》の撮影《さつえい》をしたりして過《す》ごしました。４月から中学生《ちゅうがくせい》。翌朝《よくあさ》、初《はじ》めての大人《おとな》きっぷを買《か》って帰《かえ》りました。

もっと知《し》りたい

明治時代《めいじじだい》の１８７２年に登場《とうじょう》した日本初《はつ》の鉄道《てつどう》は、レールの幅《はば》が１０６７ミリでした。これは「標準軌《ひょうじゅんき》」と呼《よ》ばれる１４３５ミリよりもせまく、高速列車《こうそくれっしゃ》を走《はし》らせるには不向《ふむ》きです。

そこで東京五輪《とうきょうごりん》の開幕直前《かいまくちょくぜん》、１９６４年10月１日にできたのが標準軌《ひょうじゅんき》の「新幹線《しんかんせん》」です。在《ざい》来線《らいせん》とは別《べつ》の専用《せんよう》の線路《せんろ》にすることで安全性《あんぜんせい》を高《たか》めたのも特徴《とくちょう》です。

新幹線《しんかんせん》はその後《ご》、山陽《さんよう》（72年）、東北《とうほく》（82年）、上越《じょうえつ》（82年）、山形《やまがた》（92年）、秋田《あきた》（97年）、長《なが》野《の》（97年）、九州《きゅうしゅう》（２００４年）、北陸《ほくりく》（15年）などに広《ひろ》がりました。

2016年には北海道新幹線開業《ほっかいどうしんかんせんかいぎょう》

16年３月26日には、新青森《しんあおもり》から新函館北斗《しんはこだてほくと》までの約《やく》１４９キロを結《むす》ぶ北海道新幹線《ほっかいどうしんかんせん》が開業《かいぎょう》しました。新函館北斗《しんはこだてほくと》から札幌《さっぽろ》までは30年度末《どまつ》に開業《かいぎょう》する予定《よてい》です。

このほか北陸新幹線《ほくりくしんかんせん》を大阪市《おおさかし》へつなげる計画《けいかく》や、九州新幹線《きゅうしゅうしんかんせん》を長崎市《ながさきし》につなげる計画《けいかく》もあります。また東京《とうきょう》の品川《しながわ》と愛知《あいち》の名古屋《なごや》をつなぐリニア中央新幹《ちゅうおうしんかん》線《せん》も27年に開業《かいぎょう》する計画《けいかく》です。

自動車

日本の経済《けいざい》成長《せいちょう》走《はし》りぬける

「マイカー」時代《じだい》の幕開《まくあ》け

群馬県太田市《ぐんまけんおおたし》の工場《こうじょう》から出《で》てくるスバル360。1970年まで12年間《ねんかん》、生産《せいさん》された

みんなの「大衆車《たいしゅうしゃ》」

カローラなどの大衆車《たいしゅうしゃ》の登場《とうじょう》で、自動車《じどうしゃ》がさらに身近《みぢか》に

年	できごと
1958（昭和《しょうわ》33）	富士重工業《ふじじゅうこうぎょう》が「スバル360」発売《はつばい》。「てんとう虫《むし》」の愛称《あいしょう》で親《した》しまれ、多《おお》くの人《ひと》が自家用車《じかようしゃ》を持《も》つマイカー時代《じだい》の扉《とびら》を開《ひら》いた＝写真《しゃしん》❶
1963（38）	日本初《はつ》の高速道路《こうそくどうろ》、名神高速道路《めいしんこうそくどうろ》の栗東《りっとう》（滋賀県《しがけん》）―尼崎《あまがさき》（兵庫県《ひょうごけん》）間《かん》が開通《かいつう》❷
1966（41）	トヨタが「カローラ」❸、日産《にっさん》が「サニー」を発売《はつばい》。大衆車《たいしゅうしゃ》と呼《よ》ばれる車《くるま》が本格的《ほんかくてき》に広《ひろ》がり始《はじ》めた
1968（43）	大気汚染防止法《たいきおせんぼうしほう》が成立《せいりつ》。東名高速道路《とうめいこうそくどうろ》が一部区間《いちぶくかん》で開通《かいつう》、次《つぎ》の年《とし》に全線開通《ぜんせんかいつう》した
1970（45）	交通事故《こうつうじこ》で亡《な》くなった人《ひと》が史上最悪《しじょうさいあく》の年間《ねんかん》1万《まん》6765人《にん》に。「交通戦争《こうつうせんそう》」とも呼《よ》ばれた❹
1973（48）	石油《せきゆ》の値段《ねだん》が急《きゅう》にあがるオイルショックが起《お》きた。ホンダが燃料《ねんりょう》が少《すく》なくてすむ低燃費《ていねんぴ》の「シビック」発売《はつばい》❺
1980（55）	日本の自動車生産台数《じどうしゃせいさんだいすう》がアメリカをぬいて世界《せかい》1位《い》になる。94年に再《ふたた》びぬかれるまで続《つづ》き、アメリカとの間《あいだ》で貿易《ぼうえき》摩擦《まさつ》も❻

交通戦争《こうつうせんそう》の時代《じだい》

スピード違反防止《いはんぼうし》の看板《かんばん》が立《た》つ道路《どうろ》。愛知県《あいちけん》で

低燃費《ていねんぴ》で低公害《ていこうがい》

ホンダの初代《しょだい》シビック。低公《ていこう》害《がい》エンジンをのせた

日本初《はつ》の高速道路《こうそくどうろ》

名神高速道路《めいしんこうそくどうろ》の開通式《かいつうしき》。のちに誕生《たんじょう》する「東名《とうめい》高速道路《こうそくどうろ》」とともに、自動車交通《じどうしゃこうつう》の大動脈《だいどうみゃく》となる

タイムスリップ朝小《あさしょう》

1967年(昭和42年) 9月5日

当時の新聞記事から抜粋

新聞　昭和42年(1967年)9月5日(火曜日)　(2)

ぼくも乗りたいな

電気自動車時代

電気自動車《でんきじどうしゃ》の時代《じだい》がやってくる

半世紀《はんせいき》ほど前《まえ》の紙面《しめん》で、電気自動車《でんきじどうしゃ》の実用化《じつようか》に向《む》けての研究《けんきゅう》をリポートしています。実《じつ》は19世紀《せいき》には発明《はつめい》されていたという歴史《れきし》も紹介《しょうかい》。「将来《しょうらい》はガソリン車《しゃ》よりすぐれたものもつくられそうです」とあり、「タイヤの内側《うちがわ》にモーター」「晴《は》れている日《ひ》は太陽電池《たいようでんち》で」など、今《いま》の研究《けんきゅう》を先取《さきど》りしていました。

もっと知《し》りたい

今《いま》の自動車《じどうしゃ》の主流《しゅりゅう》は、ガソリン車《しゃ》です。ガソリン車《しゃ》は1886年ごろ、ドイツでカール・ベンツとゴットリープ・ダイムラーが発明《はつめい》しました。

それから130年がたち、将《しょう》来《らい》の自動車《じどうしゃ》の燃料《ねんりょう》は何《なに》がよいか、試《こころ》みが続《つづ》いています。

2015年6月1日付《づけ》の朝小《あさしょう》では、水素《すいそ》を使《つか》って電気《でんき》を作《つく》りながら走《はし》る燃料電池車《ねんりょうでんちしゃ》「MIRAI《ミライ》」(トヨタ)の乗《の》り心地《ごこち》をリポート。電気自動車《でんきじどうしゃ》と同《おな》じような静《しず》かさで、上《のぼ》り坂《ざか》も力強《ちからづよ》く加速《かそく》。乗《の》り心地《ごこち》はとても快適《かいてき》です。走《はし》っている間《あいだ》に、地球温暖化《ちきゅうおんだんか》につながる二酸化炭素《にさんかたんそ》を出《だ》しません。燃料《ねんりょう》となる水素《すいそ》を上手《じょうず》に作《つく》ることができれば、将来《しょうらい》の主役《しゅやく》になるかもしれません。

環境《かんきょう》にやさしい車《くるま》の開発続《かいはつつづ》く

15年、世界《せかい》でつくられた自動《じどう》車《しゃ》の台数《だいすう》は過去最多《かこさいた》の約《やく》9080万台《まんだい》でした(国際自動車工業連合会調《こくさいじどうしゃこうぎょうれんごうかいしら》べ)。世界《せかい》1位《い》の生産《せいさん》国《こく》は、今《いま》や中国《ちゅうごく》で、2位《い》がアメリカ。3位《い》の日本は約《やく》928万《まん》台《だい》でした。今後《こんご》、経済《けいざい》が発展《はってん》している国《くに》を中心《ちゅうしん》に車《くるま》を使《つか》う人《ひと》が増《ふ》え、性能《せいのう》はますます進化《しんか》しそうです。

輸出《ゆしゅつ》される日本車《しゃ》
原材料《げんざいりょう》を輸入《ゆにゅう》して、自動車《じどうしゃ》などをつくって輸出《ゆしゅつ》する「加工貿易《かこうぼうえき》」が日本の成長《せいちょう》につながった

1986〜91(61〜平成《へいせい》3)	「バブル景気《けいき》」と呼《よ》ばれる好景気《こうけいき》のなか、高級車《こうきゅうしゃ》が次々《つぎつぎ》と登場《とうじょう》。日産《にっさん》は「シーマ」(88年)、トヨタは「セルシオ」(89年)、ホンダはスーパーカーの「NSX《エヌエスエックス》」(90年)を発売《はつばい》
1997(9)	トヨタが世界初《せかいはつ》の量産《りょうさん》ハイブリッド車《しゃ》(HV《エイチブイ》)「プリウス」を発売《はつばい》❼
2010(22)	日産《にっさん》が電気自動車《でんきじどうしゃ》(EV《イーブイ》)「リーフ」を発売《はつばい》。「EV元年《イーブイがんねん》」といわれる
2014(26)	トヨタが世界初《せかいはつ》の市販《しはん》の燃料電池車《ねんりょうでんちしゃ》(FCV《エフシーブイ》)「MIRAI《ミライ》」を発売《はつばい》❽

ハイブリッド車登場《しゃとうじょう》
電気《でんき》とガソリンで走《はし》るハイブリッド車《しゃ》のプリウス

水素《すいそ》で走《はし》るエコカー
水素《すいそ》で走《はし》るMIRAI《ミライ》。走行《そうこう》中《ちゅう》に二酸化炭素《にさんかたんそ》を出《だ》さない

年表の写真は、❶❷❹❻©朝日新聞社、❸❼トヨタ自動車提供、❺ホンダ提供

建物

街《まち》を活気《かっき》づけるシンボルが次々《つぎつぎ》登場《とうじょう》

東京スカイツリーの高さにはビックリしましたわ

東京《とうきょう》の新名所《しんめいしょ》
当時《とうじ》は日本一《いち》の高《たか》さだった333メートルのタワー。昭和《しょうわ》33年にできたのは偶然《ぐうぜん》だった

日本初《はつ》の高層《こうそう》ビル「霞《かすみ》が関《せき》ビルディング」
地上《ちじょう》36階《かい》、147メートル。ビルでは日本で初《はじ》めて高《たか》さ100メートルを超《こ》えた

年	できごと
1958（昭和《しょうわ》33）	東京都港区《とうきょうとみなとく》にできた東京《とうきょう》タワー（333メートル）＝写真《しゃしん》❶。テレビ放送《ほうそう》などの電波塔《でんぱとう》として使《つか》われた
1959（34）	名古屋城《なごやじょう》（愛知県《あいちけん》）の天守閣《てんしゅかく》が再建《さいけん》❷。1930年に国宝《こくほう》に指定《してい》されたが、45年に戦争《せんそう》でほとんど焼《や》けていた
1968（43）	東京都千代田区《とうきょうとちよだく》に日本初《はつ》の高層《こうそう》ビル「霞《かすみ》が関《せき》ビルディング」（147メートル）が登場《とうじょう》❸
1991（平成《へいせい》3）	東京都新宿区《とうきょうとしんじゅくく》の都庁第《とちょうだい》1本庁舎《ほんちょうしゃ》が完成《かんせい》。新宿副都心《しんじゅくふくとしん》と呼《よ》ばれるエリアに高層《こうそう》ビルが次々《つぎつぎ》に建《た》ち、243メートルの都《と》庁《ちょう》も一時《いちじ》は日本一《いち》の高《たか》さだった
1993（5）	大阪市《おおさかし》のJR《ジェイアール》大阪駅《おおさかえき》の近《ちか》くに「梅田《うめだ》スカイビル」が登場《とうじょう》。高《たか》さ173メートル。イギリスの大手出版社《おおてしゅっぱんしゃ》が選《えら》ぶ「世界《せかい》の建物《たてもの》トップ20」に選《えら》ばれた 神奈川県横浜市《かながわけんよこはまし》に高《たか》さ296メートルの「横浜《よこはま》ランドマークタワー」が開業《かいぎょう》
2012（24）	東京都墨田区《とうきょうとすみだく》に地上《ちじょう》デジタル放送用《ほうそうよう》の電波塔《でんぱとう》「東京《とうきょう》スカイツリー」（634メートル）が開業《かいぎょう》❹ 大阪市浪速区《おおさかしなにわく》のタワー「通天閣《つうてんかく》」（103

金《きん》のしゃちほこ復活《ふっかつ》
鉄筋《てっきん》コンクリートで復元《ふくげん》された名古屋城《なごやじょう》の天守閣《てんしゅかく》。てっぺんの金《きん》のしゃちほこは、名古屋《なごや》を象徴《しょうちょう》するかざり

日本一高《いちたか》い建物《たてもの》に
高《たか》さ634メートル。建設《けんせつ》に約《やく》650億円《おくえん》かけて完成《かんせい》した。東京《とうきょう》の新《あたら》しいシンボル

タイムスリップ朝小 あさしょう

1992年（平成 4 年） 12月 24日

当時の新聞記事から抜粋

朝日小学生新聞 1992年（平成4年）12月24日 木曜日

地上《ちじょう》250メートル、建設現場《けんせつげんば》の恐怖《きょうふ》

'92 朝小記者とっておきの話

☆ 5 ☆

今年の四月、横浜市西区で建設中のビルが、高さ二百四十三メートルで日本一の高さをほこる東京都庁舎を追いぬいたことを知り、「日本一高い建設現場はどうなっているんだろう」ということ、軽い気持ちで取材を申しこんだところ、思ったよりかんたんに取材許可がおりました。

めざすのは、完成すれば、高さ二百九十六メートル、七十階だてになるランド

日本一高《いちたか》い建築現場《けんちくげんば》を取材《しゅざい》

「日本一高《いちたか》い建設現場《けんせつげんば》はどうなっているの？」。朝小《あさしょう》記者《きしゃ》が、神奈川県横浜市《かながわけんよこはまし》の超高層《ちょうこうそう》ビル「横浜《よこはま》ランドマークタワー」を取材《しゅざい》した裏話《うらばなし》。57階《かい》から64階《かい》までは、壁《かべ》も手《て》すりもない恐怖《きょうふ》の階段《かいだん》。64階《かい》では頭《あたま》が真《ま》っ白《しろ》になり、命綱《いのちづな》をつけてもらってなんとか写真《しゃしん》をとりました。「軽《かる》い気持《きも》ち」での取材申請《しゅざいしんせい》を反省《はんせい》したそうです。

もっと知《し》りたい

大阪《おおさか》の繁華街《はんかがい》・新世界《しんせかい》の観光《かんこう》地《ち》として有名《ゆうめい》な通天閣《つうてんかく》。開業《かいぎょう》してから、2012年に100年《ねん》をむかえました。高《たか》さは次々《つぎつぎ》抜《ぬ》かれていますが、ユニークなアイデアで観光客《かんこうきゃく》が多《おお》く訪《おとず》れています。

名前《なまえ》は「天《てん》に通《つう》じる高《たか》い建《たて》物《もの》」の意味《いみ》。1912年7月3日に、当時《とうじ》では日本一高《いちたか》い75メートルのタワーとして開業《かいぎょう》しました。今《いま》は56年にできた2代目《だいめ》で、高《たか》さは103メートルです。人気《にんき》が低迷《ていめい》した時代《じだい》もありましたが、96年にテレビドラマの舞《ぶ》台《たい》に。地域《ちいき》の防犯活動《ぼうはんかつどう》が進《すす》んだこともあり、2007年度《ど》に37年《ねん》ぶりに入場者数《にゅうじょうしゃすう》100万人台《まんにんだい》を回復《かいふく》しました。

スカイツリーには負《ま》けへんで

12年には開業《かいぎょう》100年《ねん》を記念《きねん》して、展望台《てんぼうだい》の壁《かべ》からごみ箱《ばこ》まで金《きん》ぴかのデザインに改修《かいしゅう》。大《おお》阪《さか》ゆかりの戦国武将《せんごくぶしょう》、豊臣秀吉《とよとみひでよし》愛用《あいよう》の黄金《おうごん》の茶室《ちゃしつ》をイメージしました。15年には屋上通路《おくじょうつうろ》に、ガラスの床面《ゆかめん》を張《は》って屋外展望《おくがいてんぼう》台《だい》「天望《てんぼう》パラダイス」をつくりました。通天閣《つうてんかく》は「大好《だいす》きな彼《かの》女《じょ》への愛《あい》の告白《こくはく》やプロポーズにどうぞ」と呼《よ》びかけています。

5

完成当時《かんせいとうじ》の東京駅《とうきょうえき》を復元《ふくげん》

太平洋戦争《たいへいようせんそう》の空襲《くうしゅう》でドームや 3 階部分《かいぶぶん》が燃《も》え、駅舎《えきしゃ》は2階建《かいだ》てになっていた

2014（26）

メートル）が開業《かいぎょう》100周年《しゅうねん》

東京駅《とうきょうえき》ができて100年《ねん》をむかえた。この2年前《ねんまえ》、東京駅舎《とうきょうえきしゃ》が当時《とうじ》のデザインに復元《ふくげん》される 5

大阪市阿倍野区《おおさかしあべのく》に、日本一高《いちたか》い高層《こうそう》ビル「あべのハルカス」が完成《かんせい》6。横浜《よこはま》ランドマークタワーを4メートル上回《うわまわ》る300メートル

2015（27）

高《たか》さ390メートルの超高層《ちょうこうそう》ビルを、JR東京駅近《ジェイアールとうきょうえきちか》くに建《た》てる計画《けいかく》が発表《はっぴょう》される。2027年度《ど》に完成《かんせい》する予定《よてい》

6

最《もっと》も高《たか》いビルは大阪《おおさか》「あべのハルカス」に

地上《ちじょう》60階《かい》、高《たか》さ300メートル。「晴《は》るかす」は、「晴《は》れ晴《ば》れさせる」の古《ふる》い言葉《ことば》

年表の写真は、❶❷❸©朝日新聞社

環境問題

経済《けいざい》発展《はってん》の裏《うら》に負《ふ》の遺産《いさん》も

マスクで身《み》を守《まも》る

汚染源《おせんげん》の石油《せきゆ》コンビナート近《ちか》くに住《す》む子《こ》はマスクをつけた

外《そと》での運動《うんどう》に注意《ちゅうい》

高校《こうこう》には「光化学《こうかがく》スモッグが発生《はっせい》したら避難《ひなん》を」の貼《は》り紙《がみ》

チェルノブイリで原発事故《げんぱつじこ》

事故《じこ》が起《お》きた4号機《ごうき》は、放射性物質《ほうしゃせいぶっしつ》をふうじこめるため、コンクリートの「石棺《せっかん》」でおおわれた

年	できごと
1956（昭和《しょうわ》31）	熊本県水俣市《くまもとけんみなまたし》で「水俣病《みなまたびょう》」の患者《かんじゃ》を公式《こうしき》に確認《かくにん》。海《うみ》へ流《なが》す工場排水《こうじょうはいすい》に、有毒《ゆうどく》な水銀《すいぎん》がふくまれていたことが原因《げんいん》
1960年代《だい》	三重県四日市市《みえけんよっかいちし》で、ぜんそく患者《かんじゃ》が多数出《たすうで》る。大気汚染《たいきおせん》が原因《げんいん》＝写真《しゃしん》1
1965（40）	「新潟水俣病《にいがたみなまたびょう》」を公式《こうしき》に確認《かくにん》。新潟県《にいがたけん》の阿賀野川流域《あがのがわりゅういき》での工場排水《こうじょうはいすい》が原因《げんいん》
1968（43）	富山県《とやまけん》の神通川流域《じんづうがわりゅういき》で「イタイイタイ病《びょう》」患者《かんじゃ》を国《くに》が公式認定《こうしきにんてい》。上流《じょうりゅう》の鉱山《こうざん》からの排水《はいすい》が原因《げんいん》
1970年代《だい》	首都圏《しゅとけん》でめまいや呼吸困難《こきゅうこんなん》など光化学《こうかがく》スモッグ被害《ひがい》が多《おお》く起《お》きる2
1973（48）	野生動植物《やせいどうしょくぶつ》の保護《ほご》に関《かん》する「ワシントン条約《じょうやく》」採択《さいたく》3
1986（61）	ソ連《れん》（今《いま》のウクライナ）のチェルノブイリ原子力発電所《げんしりょくはつでんしょ》で爆発《ばくはつ》4
1992（平成《へいせい》4）	ブラジルで国連史上最大《こくれんしじょうさいだい》の国際会議《こくさいかいぎ》「地球《ちきゅう》サミット」が開《ひら》かれる5
1997（9）	先進国《せんしんこく》が出《だ》す温室効果《おんしつこうか》ガスを減《へ》らすための「京都議定書《きょうとぎていしょ》」採択《さいたく》
2001	1971年に発足《ほっそく》した環境庁《かんきょうちょう》が環境省《かんきょうしょう》

国際的《こくさいてき》な売《う》り買《か》いは禁止《きんし》です

タイからにせの輸出許可書《ゆしゅつきょかしょ》で持《も》ちこまれた、絶滅《ぜつめつ》のおそれがある小型《こがた》のサル「スローロリス」

地球《ちきゅう》の未来話《みらいはな》し合《あ》う

「地球《ちきゅう》サミット」の本会議《ほんかいぎ》。テーマは「持続可能《じぞくかのう》な開発《かいはつ》」

日本もたびたび訪問《ほうもん》

ノーベル平和賞受賞《へいわしょうじゅしょう》から2か月後《げつご》に来日《らいにち》したマータイさん

タイムスリップ朝小《あさしょう》

2006年（平成18年） 2月17日

当時の新聞記事から抜粋

朝日小学生新聞 2006年(平成18年)2月17日 金曜日

「もったいない」を世界《せかい》に

ケニアの環境副大臣 マータイさん 新松戸南小《しんまつどみなみしょう》（千葉県《ちばけん》松戸市《まつどし》）で講演《こうえん》

小《ちい》さなことを大切《たいせつ》にしてキレイな環境《かんきょう》をのこそう

思《おも》いこめて話《はな》し 協力呼《きょうりょくよ》びかける

子どもたちの歓迎を受けて手をふるマータイさん＝どちらも千葉県松戸市の新松戸南小で

ワンガリ・マータイ 1940年4月、ケニア生まれ。77年「グリーンベルト運動」を立ち上げる。植林活動に力を入れ、土地を守ること、貧しい人の社会参加、女性の地位向上をめざした。現在、ケニアの環境副大臣。2004年には、植林活動などを通じて平和な社会づくりに貢献したとしてノーベル平和賞を受賞した。

マータイさん 千葉《ちば》の小学校《しょうがっこう》で講演《こうえん》

ノーベル平和賞受賞者《へいわしょうじゅしょうしゃ》のワンガリ・マータイさんは、千葉県松戸市《ちばけんまつどし》の新松戸南小学校《しんまつどみなみしょうがっこう》を訪《おとず》れ、「もったいない教室《きょうしつ》」を開《ひら》きました。水《みず》を大切《たいせつ》にする、食《た》べ物《もの》をむだにしないなど、小《ちい》さなことが「もったいない運動《うんどう》」につながります。「私《わたし》の運動《うんどう》を手伝《てつだ》ってくれますか」との呼《よ》びかけに、子《こ》どもたちは拍手《はくしゅ》でこたえました。

もっと知《し》りたい

日本で公害《こうがい》が深刻《しんこく》だった50年《ねん》ほど前《まえ》は、経済《けいざい》が急激《きゅうげき》に伸《の》びた「高度経済成長期《こうどけいざいせいちょうき》」にもあたります。工業《こうぎょう》で経済《けいざい》を発展《はってん》させることに力《ちから》を入れ、工場《こうじょう》から出《で》るよごれた煙《けむり》や排水《はいすい》などの環境問題《かんきょうもんだい》は軽《かる》く考《かんが》えられていました。その後《ご》、国《くに》や自治体《じちたい》が工場《こうじょう》に対《たい》する規制《きせい》を始《はじ》め、企業《きぎょう》も対策《たいさく》に取《と》り組むようになりました。

水俣病《みなまたびょう》、四日市《よっかいち》ぜんそく、新潟水俣病《にいがたみなまたびょう》、イタイイタイ病《びょう》の「四大公害病《よんだいこうがいびょう》」は、小学校《しょうがっこう》で習《なら》いますね。例《たと》えば水俣病《みなまたびょう》の症状《しょうじょう》は「手足《てあし》がしびれ、目《め》や耳《みみ》が不自由《ふじゆう》になり、死亡《しぼう》する場合《ばあい》もある」などと教科書《きょうかしょ》に書《か》いてあるでしょう。具体的《ぐたいてき》には、けがで出血《しゅっけつ》しても気《き》づかない、風呂《ふろ》の湯《ゆ》の熱《あつ》さを感《かん》じない、ごちそうの味《あじ》がわからない――。被害者《ひがいしゃ》の日常生活《にちじょうせいかつ》でのつらさが、少《すこ》しでもイメージできるでしょうか。

被害者《ひがいしゃ》のつらさを考《かんが》えよう

環境問題《かんきょうもんだい》への関心《かんしん》が高《たか》まるとともに、日本の公害《こうがい》の状況《じょうきょう》はかなり改善《かいぜん》しましたが、公害病《こうがいびょう》に苦《くる》しむ人々《ひとびと》は今《いま》でも大勢《おおぜい》います。また、地球温暖化《ちきゅうおんだんか》や放射能汚染《ほうしゃのうおせん》など、地球全体《ちきゅうぜんたい》をまきこむ新《あら》たな問題《もんだい》も出《で》てきています。

7 夏《なつ》をすずしく
沖縄《おきなわ》の「かりゆしウェア」を着《き》る内閣府《ないかくふ》の沖縄《おきなわ》の担当部署《たんとうぶしょ》

8 IPCC《アイピーシーシー》未来《みらい》を予想《よそう》
氷河《ひょうが》が解《と》けて海面上昇《かいめんじょうしょう》につながるなど、未来《みらい》の予想《よそう》を示《しめ》す

	(13)	へ格上《かくあ》げ
2004	(16)	ケニアの環境活動家《かんきょうかつどうか》ワンガリ・マータイさんがノーベル平和賞受賞《へいわしょうじゅしょう》 6
2005	(17)	夏《なつ》に上着《うわぎ》やネクタイをやめて、すずしく過《す》ごす「クールビズ」が始《はじ》まる 7
2007	(19)	国連《こくれん》の「気候変動《きこうへんどう》に関《かん》する政府間《せいふかん》パネル（IPCC《アイピーシーシー》）」とアメリカのアル・ゴア元副大統領《もとふくだいとうりょう》がノーベル平和賞受賞《へいわしょうじゅしょう》 8
2011	(23)	東日本大震災《ひがしにほんだいしんさい》が発生《はっせい》。東京電力福島第一原子力発電所《とうきょうでんりょくふくしまだいいちげんしりょくはつでんしょ》で重大事故《じゅうだいじこ》 9

9 地震《じしん》と津波《つなみ》で福島原発事故《ふくしまげんぱつじこ》
地震《じしん》と津波《つなみ》の影響《えいきょう》により1~4号機《ごうき》で事故《じこ》。4号機《ごうき》は、原子炉《げんしろ》をおおう建物《たてもの》が吹《ふ》き飛《と》んだ

ロボット

夢《ゆめ》の世界《せかい》が今《いま》では現実《げんじつ》のものに

大阪万博《おおさかばんぱく》に勢《せい》ぞろい
フジパン・ロボット館《かん》にはロボット約《やく》40体《たい》がずらり

科学万博《かがくばんぱく》でロボ演奏《えんそう》
オルガンをひくロボットが目玉《めだま》に。NHK《エヌエチケー》交響楽団《こうきょうがくだん》と共演《きょうえん》も

二足歩行《にそくほこう》するアシモが登場《とうじょう》
身長《しんちょう》120センチの人型《ひとがた》ロボットとして登場《とうじょう》。人《ひと》の生活《せいかつ》になじむことをめざした

年	できごと
1951（昭和《しょうわ》26）	手塚治虫《てづかおさむ》の漫画《まんが》「アトム大使《たいし》」（のちの鉄腕《てつわん》アトム）が雑誌《ざっし》「少年《しょうねん》」で連載開始《れんさいかいし》
1969（44）	雑誌《ざっし》で「ドラえもん」連載開始《れんさいかいし》。2112年9月3日生《う》まれの猫型《ねこがた》ロボ
1970（45）	日本万国博覧会《にっぽんばんこくはくらんかい》（大阪万博《おおさかばんぱく》）にフジパンが「ロボット館《かん》」を出展《しゅってん》❶
1973（48）	早稲田大学《わせだだいがく》が世界初《せかいはつ》の本格的《ほんかくてき》な人型《ひとがた》ロボット「WABOT《ワボット》—1」を開発《かいはつ》
1983（58）	日本《にほん》ロボット学会《がっかい》ができる
1985（60）	つくば科学万博《かがくばんぱく》で住友電気工業《すみともでんきこうぎょう》と早稲田大学共同製作《わせだだいがくきょうどうせいさく》の「WASUBOT《ワスボット》」が電子《でんし》オルガンを演奏《えんそう》❷
1999（平成《へいせい》11）	ソニーが犬型《いぬがた》ロボット「AIBO《アイボ》」を発売《はつばい》❸
2000（12）	ホンダが二足歩行《にそくほこう》ロボット「ASIMO《アシモ》」を発表《はっぴょう》❹
2003（15）	❺三菱重工業《みつびしじゅうこうぎょう》が「wakamaru《ワカマル》」発表《はっぴょう》
2006（18）	AIBO《アイボ》シリーズ生産終了《せいさんしゅうりょう》。14年3月には修理《しゅうり》サポートも終了《しゅうりょう》❻

ロボット犬現《けんあらわ》る
人工知能《じんこうちのう》（AI《エーアイ》）を使《つか》い、しつけもできると人気《にんき》に

アイボのお葬式《そうしき》
お葬式も開《ひら》かれた。ファンの間《あいだ》で今《いま》も大切《たいせつ》にされている

家庭用《かていよう》にワカマル
源 義経《みなもとのよしつね》の幼名《ようめい》「牛若丸《うしわかまる》」から命名《めいめい》された家庭用《かていよう》ロボ

キロボが宇宙《うちゅう》へ
ロボット宇宙飛行士《うちゅうひこうし》「キロボ」がISS《アイエスエス》に滞在《たいざい》し帰還《きかん》した

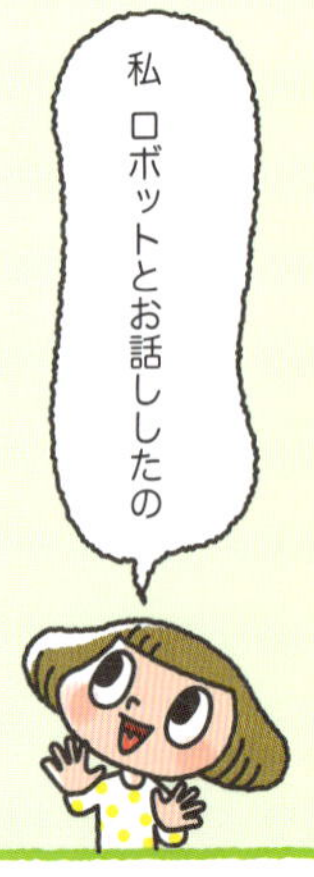

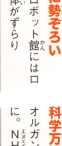

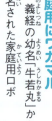

タイムスリップ朝小《あさしょう》

2003年（平成15年） 3月25日

当時の新聞記事から抜粋

時《とき》をこえてラララもりあがる

協力・手塚プロダクション

鉄腕《てつわん》アトム

お誕生日《たんじょうび》に向《む》けて催《もよお》し続々《ぞくぞく》

1963年にアニメ化《か》された「鉄腕《てつわん》アトム」。原作者《げんさくしゃ》の手塚治虫《てづかおさむ》さんは、2003年4月7日をアトムが生《う》まれた日《ひ》にしました。記事《きじ》では、この日《ひ》に向《む》けて各地《かくち》で開《ひら》かれた催《もよお》しなどを伝《つた》えています。日本では人型《ひとがた》ロボットの研究《けんきゅう》がさかん。アトムの製作《せいさく》にあこがれた子《こ》どもたちの中《なか》から、研究者《けんきゅうしゃ》になった人《ひと》もいるといわれます。

もっと知《し》りたい

「ロボット」という言葉《ことば》が生《う》まれて100年近《ねんちか》く。今《いま》では人間《にんげん》そっくりのロボット（アンドロイド）がテレビに出演《しゅつえん》するなど、どんどん身近《みぢか》になっています。

今注目《いまちゅうもく》されているのが人工知能《じんこうちのう》（AI《エーアイ》）です。囲碁《いご》でトップ棋士《きし》を破《やぶ》るほど、急速《きゅうそく》に進化《しんか》しています。特徴《とくちょう》は自分自身《じぶんじしん》で学習《がくしゅう》して判断《はんだん》できること。AI《エーアイ》と一体化《いったいか》したロボットが、今後《こんご》ますます活躍《かつやく》しそうです。

目《め》（カメラやセンサー）で見《み》て、その場《ば》で状況《じょうきょう》を判断《はんだん》し、動《うご》きます。将来《しょうらい》、不審者《ふしんしゃ》を追跡《ついせき》したり、田畑《たはた》や建築現場《けんちくげんば》で働《はたら》いたりできるようになると、予想《よそう》されています。AI《エーアイ》が進化《しんか》して言語《げんご》を本当《ほんとう》に理解《りかい》できるようになれば、人《ひと》とよりよくコミュニケーションがとれます。お年寄《としよ》りの介護《かいご》などでも期待《きたい》されています。

ともに暮《く》らす世《よ》の中近《なかちか》づく

2015年には「10～20年後《ねんご》に日本の仕事《しごと》の半分弱《はんぶんじゃく》が人工知能《じんこうちのう》やロボットで置《お》きかえることができる」との予測《よそく》が発表《はっぴょう》されました。ロボットとともに暮《く》らす世《よ》の中《なか》が近《ちか》づいています。

8 **人間《にんげん》そっくり！**
大阪大学《おおさかだいがく》の石黒浩教授《いしぐろひろしきょうじゅ》は人間《にんげん》の表情《ひょうじょう》を再現《さいげん》するロボに挑戦《ちょうせん》

9 **接客《せっきゃく》ロボで活躍《かつやく》**
会話能力《かいわのうりょく》のある「ペッパー」は、お店《みせ》でお客《きゃく》さんに対応《たいおう》

2013（25）「KIROBO《キロボ》」が国際宇宙《こくさいうちゅう》ステーション（ISS《アイエスエス》）に滞在《たいざい》。若田光一《わかたこういち》さんと会話実験《かいわじっけん》をした 7

2014（26）人《ひと》の表情《ひょうじょう》を再現《さいげん》する「オトナロイド」が日本科学未来館《にっぽんかがくみらいかん》で展示《てんじ》 8
ソフトバンクモバイルが家庭向《かていむ》け人型《ひとがた》ロボット「Pepper《ペッパー》」発表《はっぴょう》 9

2016（28）シャープが世界初《せかいはつ》のロボット電話《でんわ》「RoBoHoN《ロボホン》」を発売《はつばい》 10

10 **人間《にんげん》の話《はな》し相手《あいて》に**
電話《でんわ》として持《も》ち運《はこ》べ、人間《にんげん》と会話《かいわ》ができる。歩行《ほこう》やダンスも

年表の写真は、8 10以外は©朝日新聞社

通信

黒電話《くろでんわ》からスマホへ超変化《ちょうへんか》

1

家《いえ》には黒電話《くろでんわ》

家庭電話《かていでんわ》の代表《だいひょう》は「黒電話《くろでんわ》」。プッシュ式《しき》へと進化《しんか》する

2

自動車《じどうしゃ》でも通話《つうわ》

持《も》ち運《はこ》びができるタイプで、移動中《いどうちゅう》の通信《つうしん》に利用《りよう》される

4

ファクスも多機能《たきのう》に

当初《とうしょ》は白黒《しろくろ》だけだったが、カラーも登場《とうじょう》。今《いま》ではコピーやスキャナーがついた複合機《ふくごうき》が主流《しゅりゅう》

年	できごと
1968（昭和《しょうわ》43）	無線呼《むせんよ》び出《だ》しサービス（ポケットベル＝ポケベル）が始《はじ》まる
1972（47）	全国《ぜんこく》の加入電話《かにゅうでんわ》が2千万《まん》を突破《とっぱ》＝写真《しゃしん》❶
1975（50）	全国《ぜんこく》の加入電話《かにゅうでんわ》が3千万《まん》を突破《とっぱ》。81年には4千万《まん》を突破《とっぱ》する
1979（54）	自動車電話《じどうしゃでんわ》が東京《とうきょう》23区《く》でサービスを始《はじ》める❷。自動車電話《じどうしゃでんわ》からショルダーホン❸、ショルダーホンから携帯電話《けいたいでんわ》へと発展《はってん》する
1980年代末《だいまつ》～90年代《だい》	携帯電話《けいたいでんわ》がブームに。手《て》のひらサイズの小型化《こがたか》が進《すす》む。ファクシミリ（ファクス）通信契約《つうしんけいやく》も急増《きゅうぞう》❹
1993（平成《へいせい》5）	インターネット（ネット）の商用利用開始《しょうようりようかいし》
94～95（6～7）	ウィンドウズ95の登場《とうじょう》で電子《でんし》メールが広《ひろ》がり始《はじ》める
1995（7）	ポケベルの加入数《かにゅうすう》が1千万《まん》を突破《とっぱ》❺
1998（10）	ネットの世帯普及率《せたいふきゅうりつ》が10%《パーセント》をこえ、急速《きゅうそく》に広《ひろ》まる。2002年末《まつ》には80%をこえた

3

肩《かた》にかける電話《でんわ》

自動車《じどうしゃ》からはなれても電話《でんわ》ができる「ショルダーホン」が登場《とうじょう》。肩《かた》からかけて持《も》ち歩《ある》いた

5
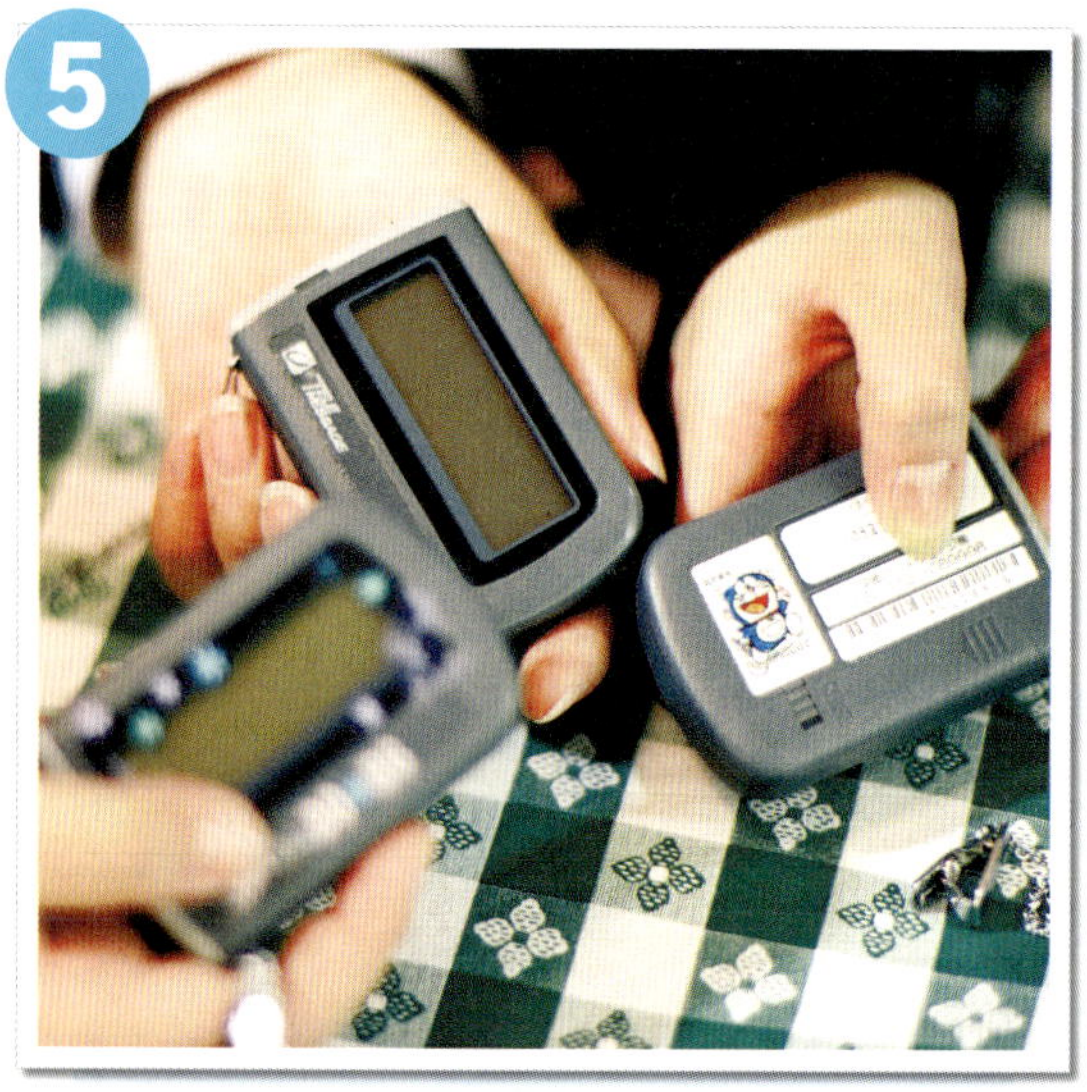

中高生《ちゅうこうせい》にポケベル大流行《だいりゅうこう》

中高生《ちゅうこうせい》に大流行《だいりゅうこう》したが、当時《とうじ》は番号《ばんごう》を送《おく》る機能《きのう》のみ。「4949」なら「至急《しきゅう》、至急《しきゅう》」の意味《いみ》

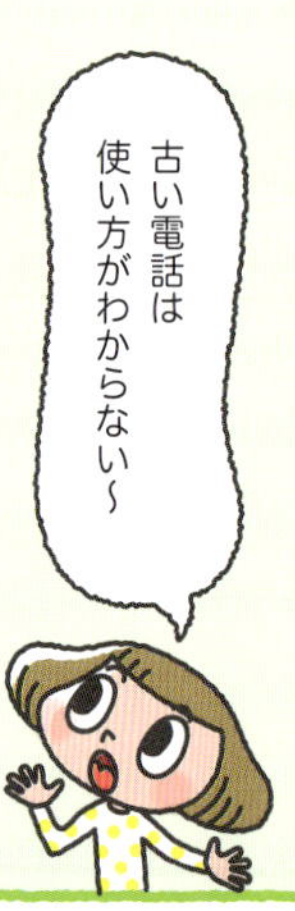

タイムスリップ朝小 あさしょう

2006年（平成18年） 7月11日

当時の新聞記事から抜粋

トラブルに注意し 防犯に役立てよう
安全を考える
携帯電話
通学で家族と連絡取り合う／GPS機能で居場所を知る
知らない人のメールは無視／だまって写真をうつさない

高学年《こうがくねん》、4人《にん》に1人が携帯電話《けいたいでんわ》

小学校高学年《しょうがっこうこうがくねん》（5、6年生《ねんせい》）の4人《にん》に1人が携帯電話《けいたいでんわ》を持《も》っているという、厚生労働省《こうせいろうどうしょう》の調査結果《ちょうさけっか》を伝《つた》えています。親《おや》が安全《あんぜん》のために持《も》たせているケースが多《おお》いようですが、子《こ》どもがトラブルにまきこまれるケースも増《ふ》えました。読者《どくしゃ》の活用法《かつようほう》を紹介《しょうかい》しつつ、注意《ちゅうい》すべきポイントを紹介《しょうかい》しています。

6

「ガラケー」が主役《しゅやく》の時代《じだい》

携帯電話《けいたいでんわ》の多機能化《たきのうか》が進《すす》む。日本独自《どくじ》の進化《しんか》をとげ、「ガラパゴス携帯《けいたい》（ガラケー）」と呼《よ》ばれる

1999（11） 携帯電話専用《けいたいでんわせんよう》のウェブサイトにつながるサービスが本格化《ほんかくか》

2000（12） 携帯電話《けいたいでんわ》とPHS《ピーエイチエス》（簡易型携帯電話《かんいがたけいたいでんわ》）の契約数《けいやくすう》が固定電話《こていでんわ》サービスを抜《ぬ》く6

2005（17） 携帯電話《けいたいでんわ》など端末《たんまつ》からのネット利用者《りようしゃ》がパソコンからの利用者《りようしゃ》を抜《ぬ》く

2007（19） アップルのiPhone《アイフォーン》など、スマートフォン（スマホ）が登場《とうじょう》7。通信《つうしん》とコンピューターの融合《ゆうごう》が進《すす》む。14年には、全世帯《ぜんせたい》の64％がスマホを持《も》つ

7

スマホでさらに進化《しんか》

電話《でんわ》だけでなくコンピューターの機能《きのう》が1台《だい》に。カメラや動画機能《どうがきのう》、電子《でんし》マネーなども追加《ついか》

年表の写真は、すべて©朝日新聞社

もっと知《し》りたい

日本に電話機《でんわき》が初《はじ》めて紹介《しょうかい》されたのは1854年。日本の開《かい》国《こ》をせまったアメリカのペリーが、徳川幕府《とくがわばくふ》に献上《けんじょう》したのが最《さい》初《しょ》とされています。

時《とき》は流《なが》れ、通信手段《つうしんしゅだん》は急激《きゅうげき》なスピードで進化《しんか》しています。総《そう》務省《むしょう》の通信白書《つうしんはくしょ》は、ここ数《すう》十年《ねん》を三つの時代《じだい》に分《わ》けています。

①1985年ごろ～95年ごろが「電話《でんわ》」②95年ごろ～2005年ごろが「インターネットと携《けい》帯電話《たいでんわ》」③2005年ごろ～現《げん》在《ざい》が「ブロードバンドとスマートフォン（スマホ）」です。

今《いま》にスマホも思《おも》い出《で》に？

NTT《エヌティーティー》ドコモ歴史展示《れきしてんじ》スクエア（東京《とうきょう》）では、1980年代《だい》のショルダーホンが展示《てんじ》されています。3キロあり、肩《かた》にかけるとずしりと重《おも》さを感《かん》じます。小型化《こがたか》が進《すす》んだ今《いま》では、信《しん》じられない大《おお》きさですね。

最近《さいきん》は、パソコンとスマホの中間《ちゅうかん》に位置《いち》するタブレット端末《たんまつ》が増《ふ》えてきました。身《み》につける「ウェアラブル端末《たんまつ》」の開発《かいはつ》も進《すす》みます。「黒電話《くろでんわ》」をほとんど見《み》なくなったように、スマホも「昔《むかし》そんなのあったね」と言《い》われる日《ひ》が近《ちか》いのかもしれません。

宇宙開発

米《べい》ソを追《お》いかけ 日本も高《たか》く

日本の宇宙開発《うちゅうかいはつ》スタート

直径《ちょっけい》1.8センチ、重《おも》さ約《やく》200グラム。日本の宇《う》宙開発《ちゅうかいはつ》の父《ちち》、糸川英夫博士《いとかわひでおはかせ》が開発《かいはつ》を担《にな》った

日本初《はつ》の人工衛星《じんこうえいせい》

人工衛星《じんこうえいせい》「おおすみ」はラムダ4S《エス》5号機《ごうき》で打《う》ち上《あ》げられた

国産《こくさん》ロケット、空《そら》へ

30号機《ごうき》までの打《う》ち上《あ》げで、成功率《せいこうりつ》は96%《パーセント》をこえる（2017年2月現在《げんざい》）

年	できごと
1954（昭和《しょうわ》29）	長《なが》さ23センチのペンシルロケットを東京大学生産技術研究所《とうきょうだいがくせいさんぎじゅつけんきゅうしょ》が完成《かんせい》させる。55年に初《はつ》の打《う》ち上《あ》げ＝写真《しゃしん》①
1961（36）	ソ連《れん》（今《いま》のロシアなど）が人類初《じんるいはつ》の有人《ゆうじん》飛行《ひこう》に成功《せいこう》
1968（43）	アメリカ（米国《べいこく》）のアポロ8号《ごう》が、人類《じんるい》初《はつ》の月往復《つきおうふく》に成功《せいこう》
1969（44）	米《べい》・アポロ11号《ごう》が月面《げつめん》に着陸《ちゃくりく》。人類《じんるい》が初《はじ》めて月《つき》の上《うえ》を歩《ある》く②
1970（45）	日本が人工衛星《じんこうえいせい》を初《はじ》めて軌道《きどう》に乗《の》せる。ソ連《れん》、米国《べいこく》などに次《つ》ぐ4か国目《こくめ》③
1986（61）	米《べい》・スペースシャトルが発射直後《はっしゃちょくご》に爆《ばく》発《はつ》し、乗組員《のりくみいん》7人《にん》が死亡《しぼう》（2003年にも、大気圏突入時《たいきけんとつにゅうじ》に空中分解《くうちゅうぶんかい》）
2001（平成《へいせい》13）	日本、国産《こくさん》のH《エイチ》2A《エー》ロケット1号機《ごうき》の打《う》ち上《あ》げに成功《せいこう》④
2003（15）	小惑星探査機《しょうわくせいたんさき》「はやぶさ」打《う》ち上《あ》げ。05年に小惑星《しょうわくせい》「イトカワ」に着陸《ちゃくりく》し、サンプルを採《と》って、10年に帰還《きかん》⑤ 宇宙科学研究所《うちゅうかがくけんきゅうしょ》、航空宇宙技術研究所《こうくううちゅうぎじゅつけんきゅうしょ》、宇宙開発事業団《うちゅうかいはつじぎょうだん》が統合《とうごう》し、宇宙航空研《うちゅうこうくうけん》究開発機構《きゅうかいはつきこう》（JAXA《ジャクサ》）発足《ほっそく》

はやぶさ、7年《ねん》の旅終《たびお》え帰還《きかん》

大気圏《たいきけん》で燃《も》えつきながら落下《らっか》する本体《ほんたい》。エンジン停止《ていし》などのトラブルを乗《の》りこえて帰還《きかん》した

人類初《じんるいはつ》の月面着陸《げつめんちゃくりく》

米航空宇宙局《べいこうくううちゅうきょく》（NASA《ナサ》）の宇宙飛行士《うちゅうひこうし》2人が着陸《ちゃくりく》。世界《せかい》にテレビ中継《ちゅうけい》された

孫たちの時代は宇宙へ行けるようになるのかね

タイムスリップ朝小 あさしょう

1968年（昭和43年） 12月27日

当時の新聞記事から抜粋

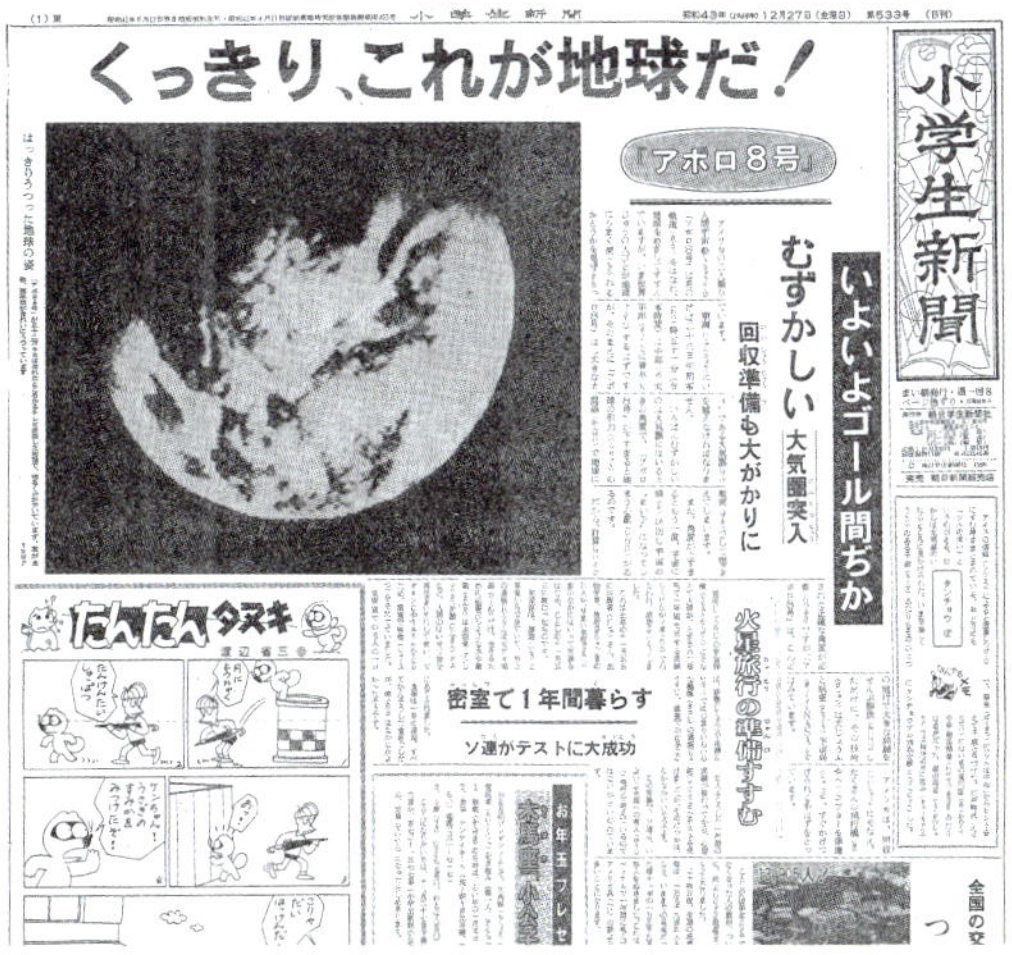
くっきり、これが地球だ！
アポロ8号
小学生新聞
いよいよゴール間ちか
むずかしい 大気圏突入
回収準備も大がかりに
たんたんタヌキ
密室で1年間暮らす
ソ連がテストに大成功

アポロ8号《ごう》の147時間《じかん》を追《お》う

この年《とし》の12月21日に打《う》ち上《あ》げられた、アメリカの3人乗《にんの》り宇宙船《うちゅうせん》「アポロ8号《ごう》」が、人類初《じんるいはつ》の月往復《つきおうふく》にいどんでいることを紹介《しょうかい》しました。写真《しゃしん》は、32万《まん》キロはなれたところから撮影《さつえい》した地球《ちきゅう》です。

朝小《あさしょう》は、22日から29日の1面《めん》で、アポロ8号《ごう》の147時《じ》間《かん》におよぶ旅《たび》を紹介《しょうかい》し続《つづ》けました。

もっと知《し》りたい

日本の宇宙開発《うちゅうかいはつ》は、先《さき》を行くソ連《れん》とアメリカを追《お》いかけながら技術力《ぎじゅつりょく》を高《たか》めてきました。2015年には日本のH2A《エイチエー》ロケットが、カナダの会社《かいしゃ》の通信《つうしん》放送衛星《ほうそうえいせい》を予定《よてい》の軌道《きどう》に入《い》れ、国産《こくさん》ロケットによる初《はつ》の商業衛《しょうぎょうえい》星《せい》打《う》ち上《あ》げに成功《せいこう》しました。

ロケット以外《いがい》にも、2050年までに「宇宙《うちゅう》エレベーター」を完成《かんせい》させようとする建設会社《けんせつがいしゃ》の大林組《おおばやしぐみ》を12年4月20日、17年1月1日の朝小《あさしょう》で紹介《しょうかい》。上空《じょうくう》3万《まん》6千キロに駅《えき》をつくり、約《やく》9万《まん》6千キロのケーブルをつないで運行《うんこう》させる計画《けいかく》です。実現《じつげん》すれば、もっと簡単《かんたん》に宇宙《うちゅう》の資源《しげん》を探《さが》したり、観光旅行《かんこうりょこう》に行ったりできます。

宇宙《うちゅう》への観光《かんこう》の夢広《ゆめひろ》がる

米《べい》IT《アイティー》企業《きぎょう》のグーグルが賞金《しょうきん》を出《だ》す国際的《こくさいてき》な月面探査《げつめんたんさ》コンテストも15年11月16日の紙面《しめん》で取《と》り上《あ》げました。民間《みんかん》の力《ちから》だけで月《つき》に到達《とうたつ》し、探査機《たんさき》を500メートル走《はし》らせ、動画《どうが》を地球《ちきゅう》に送《おく》る――。17年末《まつ》までに最初《さいしょ》に成功《せいこう》したチームに賞金《しょうきん》2千万《まん》ドル（約23億円《やくおくえん》）が与《あた》えられます。参加《さん》する世界《せかい》の5チームには、日本の民間《みんかん》チームもふくまれます。

6

国際宇宙《こくさいうちゅう》ステーションが完成《かんせい》
地球《ちきゅう》の上空《じょうくう》400キロを周回《しゅうかい》。日本のほか、米国《べいこく》、ロシア、カナダ、ヨーロッパ11か国《こく》が参加《さんか》

2009（21）	H2B《エイチ ビー》ロケットの打《う》ち上《あ》げに成功《せいこう》。11年から毎年《まいとし》1回《かい》、補給機《ほきゅうき》「こうのとり」を国際宇宙《こくさいうちゅう》ステーション（ISS《アイエスエス》）に運《はこ》ぶ
2011（23）	1999年から地球上空《ちきゅうじょうくう》で組《く》み立《た》てが行《おこな》われていたISS《アイエスエス》が完成《かんせい》 ❻
2013（25）	JAXA《ジャクサ》の新型《しんがた》ロケット「イプシロン」1号機《ごうき》が打《う》ち上《あ》げに成功《せいこう》 ❼
2015（27）	国産《こくさん》ロケットでは初《はじ》めて、民間企業《みんかんきぎょう》が商業衛星《しょうぎょうえいせい》の打《う》ち上《あ》げに成功《せいこう》

年表の写真は、❷©NASA、❻©JAXA／NASA、他は©朝日新聞社

7

高性能《こうせいのう》で安《やす》い新型国産《しんがたこくさん》ロケット
新型《しんがた》の固体燃料《こたいねんりょう》ロケット。高性能《こうせいのう》でありながらも、費用《ひよう》を安《やす》くして打《う》ち上《あ》げようと開発《かいはつ》した

日本人宇宙飛行士

宇宙《うちゅう》への夢《ゆめ》 かなえた先輩《せんぱい》ら

日本人初《じんはつ》、宇宙《うちゅう》へ
日本人《じん》で初《はじ》めて宇宙《うちゅう》に行《い》った秋山豊寛《あきやまとよひろ》さん

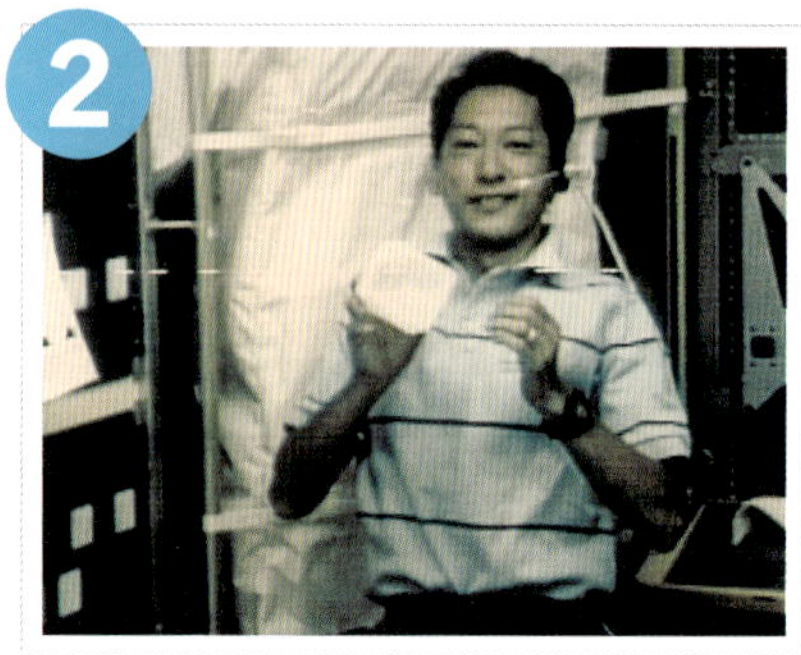

シャトルに乗《の》って
地上《ちじょう》に向《む》けて宇宙授業《うちゅうじゅぎょう》を行《おこな》う毛利衛《もうりまもる》さん

日本人初《じんはつ》の船外活動《せんがいかつどう》
船外活動《せんがいかつどう》に向《む》けて宇宙服《うちゅうふく》を着《き》る土井隆雄《どいたかお》さん

ISS《アイエスエス》建設《けんせつ》にたずさわる
ISS《アイエスエス》を組《く》み立《た》てる作業中《さぎょうちゅう》の野口聡一《のぐちそういち》さん

年	できごと
1990（平成《へいせい》2）	12月、TBS《ティービーエス》記者《きしゃ》（当時《とうじ》）の秋山豊寛《あきやまとよひろ》さんが、ソ連《れん》（今《いま》のロシアなど）の宇宙船《うちゅうせん》ソユーズで宇宙《うちゅう》へ＝写真《しゃしん》1
1992（4）	9月、毛利衛《もうりまもる》さんが宇宙開発事業団《うちゅうかいはつじぎょうだん》（現《げん》・JAXA《ジャクサ》）の宇宙飛行士《うちゅうひこうし》として初《はじ》めて、アメリカのスペースシャトルに乗《の》って宇宙《うちゅう》へ2。2000年にも宇《う》宙《ちゅう》に滞在《たいざい》
1994（6）	7月、日本人女性《じんじょせい》で初《はじ》めて、向井千秋《むかいちあき》さんが宇宙《うちゅう》へ3。98年にも滞在《たいざい》
1996（8）	1月、若田光一《わかたこういち》さんが宇宙《うちゅう》へ4。その後《ご》2000年、09年、13～14年の計《けい》4回宇宙《かいうちゅう》に滞在《たいざい》。14年には日本人《じん》で初《はじ》めて、国際宇宙《こくさいうちゅう》ステーション（ISS《アイエスエス》）のコマンダー（船長《せんちょう》）に就任《しゅうにん》
1997（9）	11月、土井隆雄《どいたかお》さんが日本人初《じんはつ》の船外《せんがい》活動《かつどう》を行《おこな》う5。2008年にも宇宙《うちゅう》へ
2005（17）	7月、野口聡一《のぐちそういち》さんが宇宙《うちゅう》へ6。09～10年にも宇宙《うちゅう》に滞在《たいざい》
2008（20）	6月、星出彰彦《ほしであきひこ》さんが宇宙《うちゅう》へ7。日本人《じん》で初《はじ》めてISS《アイエスエス》のロボットアームを操作《そうさ》。12年にも宇宙《うちゅう》へ
2010	4月、山崎直子《やまざきなおこ》さんが宇宙《うちゅう》へ8。

日本人女性《じんじょせい》で初《はじ》めて
「天女《てんにょ》」になった向井千秋《むかいちあき》さん

「きぼう」を取《と》りつけ
日本実験棟《じっけんとう》「きぼう」を取《と》りつけた星出彰彦《ほしであきひこ》さん

船長《せんちょう》にもなったよ
これまでに4回宇宙《かいうちゅう》へ行《い》っている若田光一《わかたこういち》さん

笑顔《えがお》で出発《しゅっぱつ》
見送《みおく》りの声援《せいえん》に手《て》をふる山崎直子《やまざきなおこ》さん

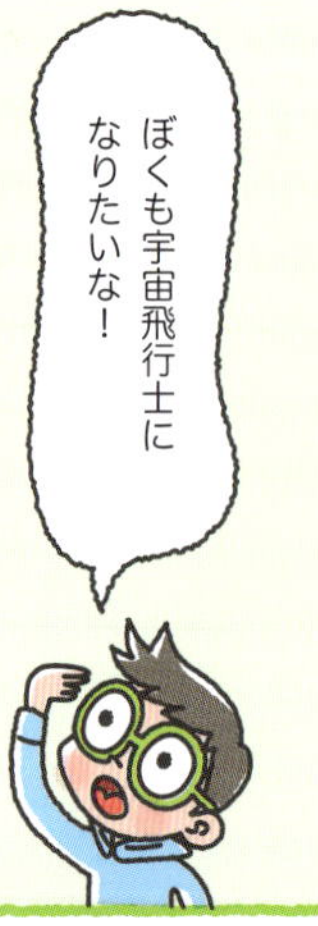

タイムスリップ朝小《あさしょう》

1996年（平成8年）1月1日

当時の新聞記事から抜粋

自信胸に 打ち上げを待つ

日本人初のMS若田さんに聞く

数かずの訓練乗りこえ

若田さんも訓練・ジョンソン

誇り高い 宇宙開発のにない手た

NASAの2大宇宙センターを訪

宇宙への玄関・ケネディ

出発直前《しゅっぱつちょくぜん》の若田《わかた》さんをキャッチ

1996年1月に初《はじ》めて宇宙《うちゅう》に行《い》った若田光一《わかたこういち》さんは、日本人《じん》で初《はじ》めて、スペースシャトルのMS《エムエス》（ミッション・スペシャリスト＝搭乗運用技術者《とうじょううんようぎじゅつしゃ》）を務《つと》めました。出発《しゅっぱつ》を前《まえ》に朝小《あさしょう》の記者《きしゃ》がアメリカを訪《おとず》れ、若田《わかた》さんにインタビュー。「訓練《くんれん》がきびしかっただけに本番《ほんばん》は楽勝《らくしょう》だと思《おも》う」と自信《じしん》をのぞかせました。

もっと知《し》りたい

日本人《じん》が宇宙飛行士《うちゅうひこうし》になるには、宇宙航空研究開発機構《うちゅうこうくうけんきゅうかいはつきこう》（JAXA《ジャクサ》）が行《おこな》う試験《しけん》を受《う》けます。

応募《おうぼ》するには▽自然科学系《しぜんかがくけい》（理科《りか》や算数《さんすう》の分野《ぶんや》の学問《がくもん》）の大学卒業以上《だいがくそつぎょういじょう》であること▽自然《しぜん》科学系《かがくけい》の研究《けんきゅう》、開発《かいはつ》の仕事《しごと》にたずさわった経験《けいけん》が3年以上《ねんいじょう》あること▽英語検定《えいごけんてい》1級程度《きゅうていど》の英語《えいご》力《りょく》――などの条件《じょうけん》があります。

JAXA《ジャクサ》の試験《しけん》に合格《ごうかく》すると「宇宙飛行士候補者《うちゅうひこうしこうほしゃ》」になり、基《き》礎訓練《そくんれん》を修了《しゅうりょう》すれば、正式《せいしき》に宇《う》宙飛行士《ちゅうひこうし》として認定《にんてい》されます。

次《つぎ》はキミの出番《でばん》かも！

日本人初《じんはつ》の女性宇宙飛行士《じょせいうちゅうひこうし》となった向井千秋《むかいちあき》さんはかつて、朝小《あさしょう》リポーターの取材《しゅざい》に対《たい》し、「これからの宇宙飛行士《うちゅうひこうし》は、友《とも》だちとなかよくできる心《こころ》と、英《えい》語《ご》が必要《ひつよう》になると思《おも》います。健《けん》康《こう》な体《からだ》も大事《だいじ》だよ」と話《はな》してくれました（1995年1月1日の紙面《しめん》に掲載《けいさい》）。

JAXA《ジャクサ》によると、今《いま》のところ、次《つぎ》の募集《ぼしゅう》の予定《よてい》はありませんが、担当者《たんとうしゃ》は「宇宙《うちゅう》に興味《きょうみ》を持《も》ち、大人《おとな》になったときに試験《しけん》があれば、ぜひ挑戦《ちょうせん》してほしい」と話《はな》しています。

9

ISS《アイエスエス》に5か月半《げつはん》
医師《いし》でもある古川聡《ふるかわさとし》さんは、ISS《アイエスエス》に5か月半滞在《げつはんたいざい》

10

補給船《ほきゅうせん》をキャッチ
「こうのとり」模型《もけい》を前《まえ》に笑顔《えがお》の油井亀美也《ゆいきみや》さん

- (22) ISS《アイエスエス》滞在中《たいざいちゅう》の野口《のぐち》さんと共同作業《きょうどうさぎょう》を行《おこな》う
- 2011 (23) 6～11月、古川聡《ふるかわさとし》さんがISS《アイエスエス》に滞在《たいざい》 9
- 2015 (27) 7～12月、油井亀美也《ゆいきみや》さんがISS《アイエスエス》へ 10。8月には日本の無人補給船《むじんほきゅうせん》「こうのとり」をロボットアームでキャッチ
- 2016 (28) 7月～10月、大西卓哉《おおにしたくや》さんがISS《アイエスエス》へ 11
- 2017 (29) 金井宣茂《かないのりしげ》さんがISS《アイエスエス》に滞在予定《たいざいよてい》 12

年表の写真は、❶時事、❷❸❺❻©JAXA／NASA、❹❼❽❾⓫©朝日新聞社

11

ただいま！
宇宙《うちゅう》でネズミの飼育実験《しいくじっけん》などに取《と》り組《く》んだ大西卓哉《おおにしたくや》さん

12

出番《でばん》はもうすぐ
2017年秋《あき》ごろにISS《アイエスエス》に滞在《たいざい》する予定《よてい》の金井宣茂《かないのりしげ》さん

日本人宇宙飛行士

インタビュー

向《む》井《い》千《ち》秋《あき》さん

宇宙《うちゅう》飛行士《ひこうし》　東京《とうきょう》理科《りか》大学《だいがく》副学長《ふくがくちょう》

夢《ゆめ》に向《む》かって「もう一歩《いっぽ》」を

宇宙《うちゅう》から地球《ちきゅう》を見《み》ると、とても立体的《りったいてき》で、雲《くも》が層《そう》になっているのがわかりました。壮大《そうだい》だけど、か細《ぼそ》さもある。今《いま》でも空《そら》を見上《みあ》げたときに、「この雲《くも》より高《たか》いところにいたことがあったんだな」と思《おも》うことがあります。

私《わたし》が宇宙《うちゅう》に行《い》った1990年代《ねんだい》はすでに、宇宙《うちゅう》に行《い》くこと自体《じたい》が目的《もくてき》なのではなく、宇宙《うちゅう》に行《い》ってどんな仕事《しごと》をしてくるか、という時代《じだい》でした。宇宙《うちゅう》を実験場《じっけんじょう》として使《つか》う――そんな時代《じだい》を築《きず》き上《あ》げた大《おお》きなチームの一員《いちいん》となれたことを、ほこりに思《おも》います。

当時《とうじ》は「日本人初《じんはつ》の女性《じょせい》宇宙《うちゅう》飛《ひ》行士《こうし》としてどう思《おも》いますか？」とインタビューされることも多《おお》かったのですが、面食《めんく》らいましたね。私《わたし》は医療《いりょう》が専門《せんもん》の科学者《かがくしゃ》として宇《う》宙《ちゅう》に行《い》くことになったので、女性《じょせい》であることを意識《いしき》したことはなかったんです。だから「女性《じょせい》として」と限定《げんてい》して聞《き》かれると、とても困《こま》りました。だけど、「女性《じょせい》だから」「日本人《じん》だから」などと自分《じぶん》で殻《から》を作《つく》って、破《やぶ》れていない人《ひと》が多《おお》い。私《わたし》の存在《そんざい》によって、「殻《から》を破《やぶ》って外《そと》に行《い》けるんだ」と気《き》づいてもらえたならうれしいなと思《おも》います。

これまでの宇宙開発《うちゅうかいはつ》は政府主導《せいふしゅどう》でしたが、これからは民間《みんかん》の力《ちから》が入《はい》ってきて、だれもが宇宙《うちゅう》に行《い》けるようになるでしょう。すると、職業《しょくぎょう》が宇宙《うちゅう》飛《ひ》行士《こうし》でなくとも、「私《わたし》はこんなことができる」と言《い》えるものがあれば、宇宙《うちゅう》に行《い》ってその仕事《しごと》に取《と》り組《く》み、世界《せかい》や宇宙《うちゅう》に貢献《こうけん》する――そんなことができるようになります。

子《こ》どもたちにはいつも、「夢《ゆめ》に向《む》かってもう一歩《いっぽ》」と伝《つた》えています。「夢《ゆめ》」は「次《つぎ》の試験《しけん》で5点《てん》上《あ》げる」でも、「1秒早《びょうはや》く走《はし》れるようになる」でも、何《なん》でもいいんです。ご飯《はん》を食《た》べるのを忘《わす》れるほどに没《ぼっ》頭《とう》できるものを見《み》つけることができたなら、それだけで人生《じんせい》は楽《たの》しくなりますよ。

また宇宙《うちゅう》に行《い》きたいかって？ 月《つき》なら行《い》ってみたいかな。宇宙旅《うちゅうりょ》行《こう》ができる時代《じだい》になったら、添乗《てんじょう》員《いん》として働《はたら》きたいです。

プロフィル

1952年　群馬《ぐんま》県《けん》に生《う》まれる

1965年　群馬《ぐんま》県《けん》館林《たてばやし》市立《しりつ》館林北《たてばやしきた》小学校《しょうがっこう》（当時《とうじ》）卒業《そつぎょう》

1977年　慶応大学《けいおうだいがく》医学部《いがくぶ》を卒業《そつぎょう》し、医師《いし》になる

1985年　宇宙《うちゅう》飛行士《ひこうし》に選《えら》ばれる

1994年　スペースシャトルで宇《う》宙《ちゅう》へ。98年にも

タイムスリップ朝小 あさしょう

1995年（平成7年） 1月1日

当時の新聞記事から抜粋

向井《むかい》さんもドキドキ

「青《あお》い地球《ちきゅう》はすき通《とお》るような美《うつく》しさ」

日本人初《じんはつ》の女性宇宙飛行士《じょせいうちゅうひこうし》、向井千秋《むかいちあき》さんにインタビューしたのは、朝小《あさしょう》リポーターの高野《たかの》智久《ともひさ》くん（4年《ねん》）と、本同邦江《ほんどうくにえ》さん（6年《ねん》）。宇宙《うちゅう》から見《み》た地球《ちきゅう》のようすなど、2人の質問《しつもん》にていねいに答《こた》えてくれました。

「宇宙《うちゅう》から見《み》た地球《ちきゅう》は、どんな感《かん》じでしたか」。高野《たかの》くんの質問《しつもん》から、インタビューは始《はじ》まりました。「まっ暗《くら》な宇宙《うちゅう》の中《なか》に青《あお》い地球《ちきゅう》がうかんでいて、その色《いろ》はすき通《とお》るような美《うつく》しさでした。印象《いんしょう》に残《のこ》っているのは雲《くも》。何層《なんそう》にも重《かさ》なり、レースのカーテンのように地球《ちきゅう》を包《つつ》んでいるの」

本同《ほんどう》さんが「私《わたし》のような女《おんな》の子《こ》でも、宇宙飛行士《うちゅうひこうし》になれますか」と聞《き》くと、向井《むかい》さんはすかさず「だいじょうぶ、私《わたし》も女《おんな》の子《こ》なんだから。これからの宇宙《うちゅう》飛行士《ひこうし》は、いろいろな国《くに》の人《ひと》と仕事《しごと》をする機会《きかい》がふえるから、友《とも》だちとなかよくできる心《こころ》と、英語《えいご》が必要《ひつよう》になると思《おも》います。健康《けんこう》な体《からだ》も大事《だいじ》だよ」。

「宇宙飛行士《うちゅうひこうし》にかぎらず、何《なに》かになりたいと思《おも》ったら、夢《ゆめ》に向《む》かって一歩《いっぽ》ずつ進《すす》んでいくことがいちばん大切《たいせつ》。決《けっ》してあきらめずに一生《いっしょう》けんめいがんばってね。2人の夢《ゆめ》は何《なに》？」

高野《たかの》くんは「作家《さっか》になること」。本同《ほんどう》さんは「外交官《がいこうかん》です」と答《こた》えました。

2人の夢《ゆめ》を聞《き》いて向井《むかい》さんは「高野《たかの》くん、ぜひ宇宙《うちゅう》から地球《ちきゅう》を見《み》て作品《さくひん》を書《か》いてね。きっとおもしろいものになるわよ」。「21世紀《せいき》は宇宙《うちゅう》の時代《じだい》。外交官《がいこうかん》も宇宙《うちゅう》を舞台《ぶたい》に仕事《しごと》をしているはず。そのころの本同《ほんどう》さんの活《かっ》躍《やく》に期待《きたい》しているね」

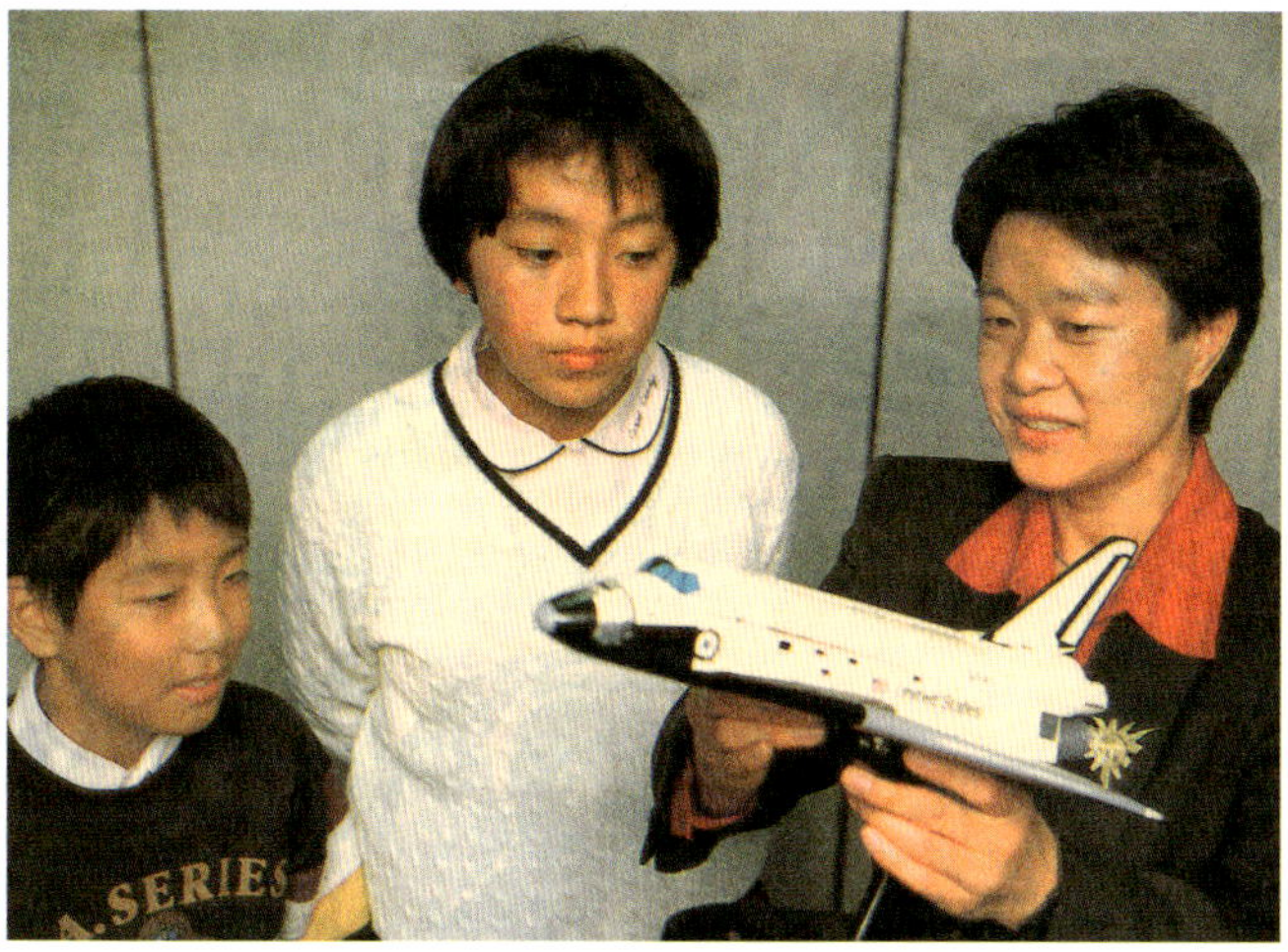

宇宙の魅力を熱っぽく語る向井さん（右）に、リポーターの高野くん（左）、本同さん（中央）の目はクギづけです＝東京都港区

3人目シャトル飛行士は若田光一さん
11月末打ち上げ予定
日本人初のMS、エンデバーに搭乗
21世紀は宇宙の時代
宇宙ステーション建設へ 国際プロジェクトが活動
向井さんもドキドキ
「青い地球は透き通るような美しさ」
やさしくていねいな答え すっかりファンになった

宇宙空間に滞在する向井千秋さん＝1994年 ©JAXA/NASA

他《ほか》にもこんなニュースが…

若田光一《わかたこういち》さんの宇宙《うちゅう》での任務《にんむ》のほか、未来《みらい》の宇宙開発《うちゅうかいはつ》について紹介《しょうかい》しているよ

ノーベル賞

「世界《せかい》の英知《えいち》」をたたえよう

日本人初《じんはつ》の受賞者《じゅしょうしゃ》
中間子論《ちゅうかんしろん》という原子《げんし》のしくみの研究《けんきゅう》で受賞《じゅしょう》した湯川《ゆかわ》さん(左《ひだり》)。世界《せかい》で核廃絶《かくはいぜつ》をうったえた

貧《まず》しい人《ひと》につくした聖人《せいじん》
コルカタ(カルカッタ)につくった施設《しせつ》には行《い》きだおれの病人《びょうにん》らが運《はこ》ばれた(写真《しゃしん》は82年、長崎《ながさき》)

年	できごと
1949（昭和《しょうわ》24）	湯川秀樹《ゆかわひでき》さんに物理学賞《ぶつりがくしょう》。日本人初《じんはつ》のノーベル賞受賞者《しょうじゅしょうしゃ》に＝写真《しゃしん》❶
1965（40）	朝永振一郎《ともながしんいちろう》さんらに物理学賞《ぶつりがくしょう》。子《こ》どもたちの命《いのち》と成長《せいちょう》を守《まも》る活動《かつどう》で国際連合《こくさいれんごう》児童基金《じどうききん》(ユニセフ)に平和賞《へいわしょう》
1968（43）	川端康成《かわばたやすなり》さんに文学賞《ぶんがくしょう》❷
1973（48）	江崎玲於奈《えさきれおな》さんらに物理学賞《ぶつりがくしょう》
1974（49）	元首相《もとしゅしょう》の佐藤栄作《さとうえいさく》さんらに平和賞《へいわしょう》❸
1979（54）	今《いま》のマケドニア出身《しゅっしん》で、インドで貧《まず》しい人《ひと》たちにつくした修道女《しゅうどうじょ》マザー・テレサさんに平和賞《へいわしょう》❹
1981（56）	福井謙一《ふくいけんいち》さんらに化学賞《かがくしょう》
1987（62）	利根川進《とねがわすすむ》さんに医学生理学賞《いがくせいりがくしょう》
1993（平成《へいせい》5）	南《みなみ》アフリカの黒人指導者《こくじんしどうしゃ》、ネルソン・マンデラさんらに平和賞《へいわしょう》
1994（6）	大江健三郎《おおえけんざぶろう》さんに文学賞《ぶんがくしょう》❺
2000（12）	白川英樹《しらかわひでき》さんらに化学賞《かがくしょう》
2001（13）	野依良治《のよりりょうじ》さんらに化学賞《かがくしょう》
2002（14）	小柴昌俊《こしばまさとし》さんらに物理学賞《ぶつりがくしょう》、田中耕一《たなかこういち》さんらに化学賞《かがくしょう》❻
2008（20）	南部陽一郎《なんぶよういちろう》さん、小林誠《こばやしまこと》さん、益川敏英《ますかわとしひで》さんに物理学賞《ぶつりがくしょう》、下村脩《しもむらおさむ》さんらに化《か》

文豪《ぶんごう》に栄誉《えいよ》
「雪国《ゆきぐに》」など日本人《じん》の心《こころ》を表現《ひょうげん》した文章《ぶんしょう》のたくみさが評価《ひょうか》

非核三原則《ひかくさんげんそく》となえる
核兵器《かくへいき》を持《も》たず、つくらず、持《も》ちこませずの非核三原則《ひかくさんげんそく》で

核《かく》や共生《きょうせい》えがく
核《かく》と人類《じんるい》の未来《みらい》、障《しょう》がい者《しゃ》の息子《むすこ》との共生《きょうせい》などをえがく

サラリーマンの星《ほし》
田中《たなか》さんは島津製作所《しまづせいさくしょ》の社員《しゃいん》としての研究《けんきゅう》で受賞《じゅしょう》

タイムスリップ朝小《あさしょう》

2002年（平成14年） 10月11日

当時の新聞記事から抜粋

夢かなったんですね小柴さん
母校の小学生がお祝いの手紙
横須賀市の諏訪小
ノーベル賞受賞
わたしたちも夢の卵を温め
小学生のころの小柴さんは
「いたずらばかりしていたよ」

わたしたちも夢《ゆめ》の卵《たまご》を温《あたた》めます

ノーベル物理学賞《ぶつりがくしょう》がおくられることになった小柴昌俊《こしばまさとし》さんに、母校《ぼこう》の神奈川県横須賀市立諏訪小《かながわけんよこすかしりつすわしょう》の児童《じどう》がお祝《いわ》いの手紙《てがみ》を書《か》きました。この8か月前《げつまえ》に小学校《しょうがっこう》を訪《おとず》れた「小柴《こしば》のジジ」は、後輩《こうはい》たちに「いつも心《こころ》に夢《ゆめ》の卵《たまご》を持《も》ちなさい」と語《かた》りかけていました。手紙《てがみ》には「私《わたし》の夢《ゆめ》の卵《たまご》はやさしい心《こころ》」などと書《か》きました。

もっと知《し》りたい

ノーベル賞《しょう》は、スウェーデンの科学者《かがくしゃ》で事業家《じぎょうか》のアルフレッド・ノーベルの遺言《ゆいごん》をもとに1901年に始《はじ》まりました。

ノーベルは、ダイナマイトを発明《はつめい》して大金持《おおがねも》ちになりましたが、戦争《せんそう》にも使《つか》われたことに心《こころ》をいためていました。遺言《ゆいごん》には、物理学《ぶつりがく》、化学《かがく》、医学生理学《いがくせいりがく》、文学《ぶんがく》、平和《へいわ》の五つの分野《ぶんや》で「人類《じんるい》に最《さい》大《だい》の貢献《こうけん》をもたらした人々《ひとびと》」に毎年賞金《まいとししょうきん》をおくることが書《か》かれていました。経済学賞《けいざいがくしょう》は、68年に新《あら》たにもうけられました。授賞式《じゅしょうしき》はノーベルの命日《めいにち》にあ

オンリーワンにおくられる

たる12月10日、スウェーデンのストックホルムとノルウェーのオスロで行《おこな》われます。

2001年にノーベル化学賞《かがくしょう》を受賞《じゅしょう》した野依良治《のよりりょうじ》さんは、12年10月8日付《づけ》の朝小《あさしょう》で、ノーベル賞《しょう》とスポーツの金《きん》メダルのちがいについて話《はな》してくれました。「ナンバーワン」に対《たい》しておくられる金《きん》メダルに対《たい》して、ノーベル賞《しょう》は「競争《きょうそう》というより、人《ひと》とちがっていることが評価《ひょうか》されます。自然界《しぜんかい》のルールの中《なか》で、独創的《どくそうてき》な『オンリーワン』の成《せい》果《か》を出《だ》した人《ひと》におくられます」。

おごそかな式典《しきてん》

メダルを手《て》にする左《ひだり》から小林《こばやし》さん、益川《ますかわ》さん、下村《しもむら》さん

iPS細胞《アイピーエスさいぼう》を作《つく》る

万能細胞《ばんのうさいぼう》「iPS細胞《アイピーエスさいぼう》（人工多《じんこうた》能性幹細胞《のうせいかんさいぼう》）」を作《つく》る

学賞《がくしょう》7

2009（21）「核《かく》なき世界《せかい》」をうったえたアメリカのバラク・オバマ大統領《だいとうりょう》に平和賞《へいわしょう》

2010（22）根岸英一《ねぎしえいいち》さん、鈴木章《すずきあきら》さんらに化学賞《かがくしょう》

2012（24）山中伸弥《やまなかしんや》さんらに医学生理学賞《いがくせいりがくしょう》8

2014（26）赤崎勇《あかさきいさむ》さん、天野浩《あまのひろし》さん、中村修二《なかむらしゅうじ》さんに物理学賞《ぶつりがくしょう》。パキスタンのマララ・ユスフザイさんらに平和賞《へいわしょう》9

2015（27）大村智《おおむらさとし》さんらに医学生理学賞《いがくせいりがくしょう》、梶田隆《かじたたか》章《あき》さんらに物理学賞《ぶつりがくしょう》

2016（28）大隅良典《おおすみよしのり》さんに医学生理学賞《いがくせいりがくしょう》

17歳《さい》の最年少受賞《さいねんしょうじゅしょう》

イスラム過激派《かげきは》に銃撃《じゅうげき》されても「すべての子《こ》どもに教育《きょういく》を」とうったえ続《つづ》けている

1968年（昭和43年） 10月 19日 当時の新聞記事から抜粋

川 端 康 成 先 生

おめでとう

川《かわ》端《ばた》康《やす》成《なり》先生

日本人はじめてのノーベル文学賞

川端康成（かわばたやすなり）先生おめでとう―作家の川端先生が十七日夜（日本時間）、日本人ではじめて一九六八年度ノーベル文学賞（しょう）を受けることになりました。日本人のノーベル賞受賞者は、物理（ぶつり）学賞の京都大学教授（きょうじゅ）湯川秀樹（ゆかわひでき）先生（一九四九年）と前東京教育（きょういく）大学教授朝永振一郎（ともながしんいちろう）先生で、川端先生は三人めです。

認《みと》められた日本文学

八十三人の候補者《こうほしゃ》から

川端先生の授賞はストックホルムのスウェーデン王立（おうりつ）アカデミーから発表されましたが、先生の授賞理由（りゆう）は「世界の東と西の間の〝心のかけ橋〟として力をつくした」となっています。

川端先生がノーベル文学賞を受けるのではないかということは、一週間ほどまえから話題（わだい）になっていましたが、八十三人の候補者（こうほしゃ）のなかから選（えら）ばれたのは、先生が「日本人の伝統（でんとう）ある〝心〟を作品にたくみに表現（ひょうげん）している」ためといわれています。

授賞式（しき）は十二月十日、ストックホルムで行なわれますが、川端先生には賞金として三十五万クローネ（およそ二千四百四十万円）がおくられます。

政府（せいふ）でも授賞式のあと、川端先生に感謝状（かんしゃじょう）をおくってたたえることを十八日きめました。

「伊豆《いず》の踊子《おどりこ》」が有名《ゆうめい》 川端先生の経歴

明治（めいじ）三十二年大阪（おおさか）に生まれ、豊川（とよかわ）小学校、茨木（いばらき）中学校を卒業（そつぎょう）、一高、東大国文科に学びましたが、学生のうちから小説（しょうせつ）を書きはじめ、卒業（そつぎょう）と同時に新しい文学運動をはじめました。

小説では「伊豆（いず）の踊子（おどりこ）」「雪国（ゆきぐに）」「千羽鶴（せんばづる）」「古都（こと）」などの名作をつぎつぎに発表しました。

日本ペン・クラブ会長を長い間つとめ、また国際（こくさい）ペンクラブ副（ふく）会長にもなり、三十六年に文化勲章（ぶんかくんしょう）をうけました。

ノーベル賞とは

ノーベル賞（しょう）は、スウェーデンの化学技術（ぎじゅつ）者で発明家のアルフレッド

ノーベル（一八三三年から九六年）が自分の発明したダイナマイトなどが、悪いことに使われることをおそれ、平和や文化、化学などにすぐれた業績（ぎょうせき）のあった人をたたえるようにと、遺言（ゆいごん）をしたので、ノーベルの遺産（いさん）をもとにつくられた世界でもっとも権威（けんい）のある賞です。

ノーベル賞には、物理（ぶつり）、化学、生理・医学、文学、平和の五つの部門（ぶもん）があり、毎年もっとも功績（こうせき）のあった人に賞金を贈（おく）ってたたえます。

授賞式（じゅしょうしき）は、ノーベルの故国（ここく）スウェーデンのストックホルムで国王自（みずか）らメダルと賞金を授与（じゅよ）するならわしとなっています。

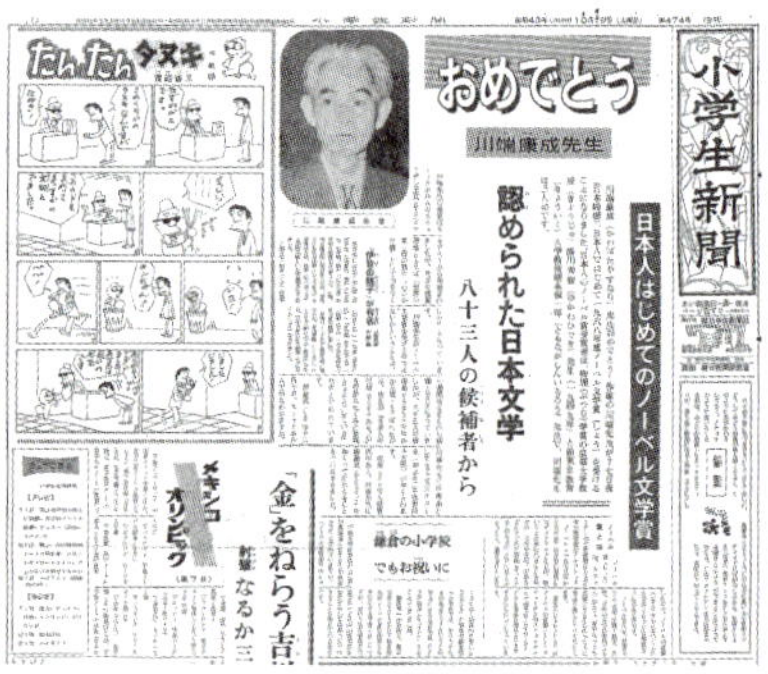

他《ほか》にもこんなニュースが…

前日《ぜんじつ》に実施《じっし》されたメキシコシティー五輪《ごりん》（メキシコ）の競技《きょうぎ》・棒高《ぼうたか》とびで日本の丹羽清《にわきよし》選手《せんしゅ》が5メートル15の日本新記録《しんきろく》を出《だ》したことが伝《つた》えられました

2002年（平成14年）　11月　5日　　当時の新聞記事から抜粋

小柴《こしば》さんって本当《ほんとう》のおじいちゃんみたいだったよ

朝小《あさしょう》リポーターが「夢《ゆめ》の」インタビュー

「どうしたら『夢《ゆめ》の卵《たまご》』を育《そだ》てられますか」――。ノーベル物理《ぶつり》学賞《がくしょう》の受賞《じゅしょう》が決《き》まった小柴昌俊《こしばまさとし》さん（東京大学名誉教授《とうきょうだいがくめいよきょうじゅ》）に、朝小《あさしょう》リポーターふたりがインタビューしました。ふたりのするどい質問《しつもん》に、小柴《こしば》さんが思《おも》わず頭《あたま》をかく場面《ばめん》もありました。

「うちの孫もきみたちと同じぐらいの年なんだよ」。小柴さん（右）はインタビューを終えたリポーターをひざの上にすわらせました＝東京都文京区の東京大学

インタビューしたのは田中小百合《たなかさゆり》さん（6年《ねん》）と日高英太朗《ひだかえいたろう》くん（6年《ねん》）です。

小柴《こしば》さんは「心《こころ》に夢《ゆめ》の卵《たまご》を持《も》ちなさい」と弟子《でし》に話《はな》したそうです。野球選手《やきゅうせんしゅ》や宇宙飛行士《うちゅうひこうし》など、いくつもの「夢《ゆめ》の卵《たまご》」を持《も》っている日高《ひだか》くんが「卵《たまご》をかえすには、どうしたらいいのですか」と質問《しつもん》しました。

小柴《こしば》さんはしょっちゅう自分《じぶん》の「卵《たまご》」を取《と》り出《だ》して、まわりの状況《じょうきょう》とくらべることが大切《たいせつ》といいます。「ああ、宇宙飛行士《うちゅうひこうし》になるにはこういうことをやらなきゃいけないのか、ってね。いつか運《うん》が向《む》いてくると、卵《たまご》のどれかをかえせることになるかもしれないよ」

さらに「小柴《こしば》さんの子《こ》どものころの夢《ゆめ》の卵《たまご》は」と聞《き》くと、「作《さっ》曲家《きょくか》とか、いろいろあったんだけどね。中学《ちゅうがく》1年《ねん》のときに『小《しょう》児《に》まひ』という病気《びょうき》にかかって体中《からだじゅう》の筋肉《きんにく》が動《うご》かなくなって、あきらめなきゃならなかった。いったい何《なに》をやろうかとずいぶんなやんだよ」。それでも「これが自分《じぶん》の運命《うんめい》」と受《う》けとめ、その状況《じょうきょう》で何《なに》ができるかを考《かんが》え、乗《の》り越《こ》えたそうです。

田中《たなか》さんは、新聞記事《しんぶんきじ》や図書《としょ》館《かん》の本《ほん》で小柴《こしば》さんのことを調《しら》べてきました。「何度《なんど》も物理学《ぶつりがく》には向《む》いていないと思《おも》ったそうですが、つづけてきたのはなぜですか。大学《だいがく》をビリで卒業《そつぎょう》したと書《か》いてありましたが」。田中《たなか》さんのするどい質問《しつもん》に「あはは、弱《よわ》ったな」と頭《あたま》をかく小柴《こしば》さん。

「学校《がっこう》の成績《せいせき》があまりよくなかったんですよ。まわりがむずかしい話《はなし》をしていても、わからない。こまったなと思《おも》っていたら、先輩《せんぱい》に実験《じっけん》をやらないかとさそわれた。当時《とうじ》としては最新《さいしん》の技術《ぎじゅつ》でやってみたらこれがおもしろい。これをやって一生《いっしょう》くらそうかなと思《おも》ったんだ」

朝日小学生新聞
ノーベル賞
小柴さん
って本当のおじいちゃんみたいだったよ

他《ほか》にもこんなニュースが…

北朝鮮《きたちょうせん》に娘《むすめ》のめぐみさんを拉致《らち》された横田《よこた》さん夫妻《ふさい》と、神《か》奈川県川崎市《ながわけんかわさきし》の同《おな》じマンションに住《す》む人《ひと》が、ＪＲ川崎駅前《ジェイアールかわさきえきまえ》で拉致被害者《らちひがいしゃ》を助《たす》け出《だ》すための署名《しょめい》や募金《ぼきん》を集《あつ》めました

2008年（平成20年） 10月 12日　当時の新聞記事から抜粋

「不思議《ふしぎ》なことはまだいっぱいある」

ノーベル賞《しょう》・小林誠《こばやしまこと》さんにインタビュー

ノーベル物理学賞《ぶつりがくしょう》を受賞《じゅしょう》した3人《にん》の日本人《じん》のうちの一人、高《こう》エネルギー加速器研究機構《かそくきけんきゅうきこう》（茨《いばら》城県《きけん》つくば市《し》）名誉教授《めいよきょうじゅ》の小林《こばやし》誠《まこと》さん（64歳《さい》）に、朝小《あさしょう》リポーターの東弘一郎《あずまこういちろう》くん（5年《ねん》）がインタビューしました。

朝小リポーターの東弘一郎くん（左）の問いかけに、おだやかに答える小林誠さん＝東京都千代田区の日本学術振興会

こばやし・まこと　1944年、名古屋市生まれ。57年、同市立山吹小学校卒業。72年、名古屋大大学院博士課程修了。高エネルギー加速器研究機構名誉教授。益川敏英さん（京都大名誉教授）と名古屋大大学院の学生時代からいっしょに研究を重ね、物質をつくる新たな基本粒子の存在を提唱したことで、ノーベル物理学賞を共同受賞

Q《キュー》（リポーターの質問《しつもん》）どんな小学生《しょうがくせい》でしたか？

A《エー》（小林《こばやし》さんの答《こた》え）理科《りか》に興味《きょうみ》があって、『子供《こども》の科学《かがく》』（誠文堂新光社《せいぶんどうしんこうしゃ》）などの雑誌《ざっし》を読《よ》んでいました。当時《とうじ》、理科好《りかず》きの子《こ》どもの間《あいだ》では、模型《もけい》を作《つく》ったりラジオを組《く》み立《た》てたりするのがはやっていて、私《わたし》も熱中《ねっちゅう》しました。電気器具《でんききぐ》をいじるのもおもしろかった。器用《きよう》ではありませんでしたが、手先《てさき》を動《うご》かすのが好《す》きでした。

Q《キュー》　ぼくも理科《りか》が好《す》きです。だから、ニュースで子《こ》どもの「理《り》科離《かばな》れ」がとり上《あ》げられることを、残念《ざんねん》に思《おも》います。理科《りか》のおもしろさを教《おし》えてください。

A《エー》　科学者《かがくしゃ》たちは「まだわかっていないことを知《し》りたい」という思《おも》いにつき動《うご》かされて研究《けんきゅう》しています。疑問《ぎもん》を持《も》ったら、思《おも》いうかぶことをあげてみる。それらを証明《しょうめい》するには、どんな実験《じっけん》をしたらいいか設計《せっけい》する。実験《じっけん》は本当《ほんとう》にいろいろなことが起《お》こりますが、結果《けっか》をもとに結《けつ》論《ろん》づけるまでが大事《だいじ》。これらを経験《けいけん》するのが理科《りか》のおもしろさです。

学校《がっこう》の理科《りか》の授業《じゅぎょう》でも実験《じっけん》をやりますね。ある実験《じっけん》について説明《せつめい》した後《あと》、「この結果《けっか》は何《なに》を意《い》味《み》しているのか選択肢《せんたくし》から選《えら》びなさい」という問題《もんだい》は、結論《けつろん》をおしつけているようなものです。こうしたことに、「理科離《りかばな》れ」の深《ふか》い原因《げんいん》があるのではないでしょうか。

Q《キュー》　今不思議《いまふしぎ》に思《おも》っていることと、研究《けんきゅう》したいことは？

A《エー》　いっぱいあります。特《とく》にやりたいのは、物質《ぶっしつ》をつくる一《いち》番基本的《ばんきほんてき》な要素《ようそ》が「クォーク」のほかにあるかどうかを確《たし》かめること。今《いま》は「クォークは6種《しゅ》類《るい》ある」とされ、矛盾《むじゅん》（理屈《りくつ》に合《あ》わないこと）なく説明《せつめい》できているのですが、これだけでは終《お》わらないのではないかと考《かんが》えられています。

朝日小学生新聞
ノーベル賞・小林誠さんに朝小リポーターが取材
「不思議なことはまだいっぱいある」

他《ほか》にもこんなニュースが…

岡山市《おかやまし》が全国《ぜんこく》で18番目《ばんめ》の政令指定《せいれいしてい》都市《とし》になることが決《き》まったと伝《つた》えています

2008年（平成20年） 10月 15日　　当時の新聞記事から抜粋

「ちょっと自慢《じまん》したくて」理科好《りかず》きに

ノーベル賞《しょう》・益川敏英《ますかわとしひで》さんに取材《しゅざい》

益川敏英先生（左）に話を聞く朝小リポーターの大倉沙由莉さん（まん中）と姉川広篤くん＝京都市の京都産業大学

ますかわ・としひで　1940年名古屋市生まれ。同市立鶴舞（つるま）小を卒業。67年名古屋大学大学院理学研究科修了。今回、ノーベル賞を共同受賞した小林誠さんと大学院時代からいっしょに研究を続け、物質をつくる新たな基本粒子の存在を提唱した

ノーベル物理学賞《ぶつりがくしょう》を受賞《じゅしょう》した3人《にん》の日本人《じん》のうちの一人、益《ます》川敏英《かわとしひで》さん（68歳《さい》、京都産業大《きょうとさんぎょうだい》学理学部教授《がくりがくぶきょうじゅ》・京都大学名誉教《きょうとだいがくめいよきょう》授《じゅ》）の仕事場《しごとば》を、朝小《あさしょう》リポーターの大倉沙由莉《おおくらさゆり》さん（6年《ねん》）と姉川広篤《あねがわひろしげ》くん（5年《ねん》）が訪問《ほうもん》しました。

「小学生時代《しょうがくせいじだい》は落第生《らくだいせい》だったんだよ」。益川《ますかわ》さんの意外《いがい》な一言《ひとこと》からインタビューが始《はじ》まりました。大倉《おおくら》さんの「どんな小学生《しょうがくせい》だったのですか」という質問《しつもん》への返事《へんじ》です。

「学校《がっこう》では、あまり勉強《べんきょう》をしていなかったな。でも家具作《かぐづく》りの職人《しょくにん》で、電気技師《でんきぎし》にあこがれていた父《ちち》には、いろいろなことを教《おそ》わりました。第二次世界大戦《だいにじせかいたいせん》が終《お》わったばかりのころ、夜《よる》に電灯《でんとう》のついていない暗《くら》やみの中《なか》をいっしょに歩《ある》いていたとき、『どうして月食《げっしょく》が起《お》こるのかを知《し》っているか?』といったことを聞《き》いてきたこともありました。知識《ちしき》をたくさん伝《つた》えてくれたんだよ」と益川《ますかわ》さん。

どのようにして、算数《さんすう》や理科《りか》が好《す》きになったのでしょうか。益川《ますかわ》さんは「いろいろなことを父《ちち》から教《おそ》わっていたから、学校《がっこう》で先生《せんせい》が教科書《きょうかしょ》に書《か》いていないことを質問《しつもん》したときも、ぼくだけ答《こた》えられる。教科書《きょうかしょ》に書《か》いてある質問《しつもん》はわからなかったけれど、少《すこ》しずつ自分《じぶん》が理科《りか》や算数《さんすう》が好《す》きなんだな、と感《かん》じるようになりました」といいます。

宇宙《うちゅう》の成《な》り立《た》ちにかかわる現《げん》象《しょう》を説明《せつめい》するために、物質《ぶっしつ》を形《かたち》づくる一番基本的《いちばんきほんてき》な「クォーク」が6種類必要《しゅるいひつよう》だということを、理論的《りろんてき》に導《みちび》き出《だ》しました。今回《こんかい》の研究《けんきゅう》は、どのようなことに役《やく》に立《た》つのでしょうか。

「すぐ目《め》に見《み》える変化《へんか》はないかもしれないね。でも、宇宙《うちゅう》がどのようにしてできてきたかなどを解《と》き明《あ》かすカギになります」

姉川《あねがわ》くんは、どうしたら益川《ますかわ》さんのような研究《けんきゅう》ができるのか、その「秘密《ひみつ》」をたずねました。「すべての科学者《かがくしゃ》が大事《だいじ》だと思《おも》っていることをテーマに、研《けん》究《きゅう》するのが重要《じゅうよう》なんです。自分《じぶん》のやりやすい課題《かだい》だけ取《と》り組《く》んでいては良《よ》くない。目標《もくひょう》を立《た》てて、少《すこ》しずつコツコツと取《と》り組《く》んでいくという姿勢《しせい》が大事《だいじ》だな」

朝日小学生新聞
ノーベル物理学賞 益川敏英さん
「ちょっと自慢したくて」理科好きに

他《ほか》にもこんなニュースが…

レスリング女子世界選手権《じょしせかいせんしゅけん》・55キロ級《きゅう》で、吉田沙保里選手《よしださおりせんしゅ》が史上初《しじょうはつ》の6連覇《れんぱ》をはたしました

2012年（平成24年） 10月 10日　　当時の新聞記事から抜粋

「若《わか》いうちほど大失敗《だいしっぱい》して」

ノーベル賞《しょう》・山中教授《やまなかきょうじゅ》から朝小読者《あさしょうどくしゃ》へ

今年《ことし》のノーベル医学生理学賞《いがくせいりがくしょう》が、京都大学《きょうとだいがく》の山中伸弥教授《やまなかしんやきょうじゅ》（50歳《さい》）に贈《おく》られることになりました。イギリス・ケンブリッジ大学《だいがく》のジョン・ガードン教授《きょうじゅ》（79歳《さい》）との共同受賞《きょうどうじゅしょう》です。山中《やまなか》さんは、いろいろな組織《そしき》（細胞《さいぼう》）になりうる能力《のうりょく》をもつ万能細胞《ばんのうさいぼう》「iPS細胞《アイピーエスさいぼう》（人工多能性幹細胞《じんこうたのうせいかんさいぼう》）」を作《つく》り出《だ》しました。朝小《あさしょう》に子《こ》どもたちへのメッセージを語《かた》ってくれました。

ノーベル賞受賞が決まり会見する山中伸弥教授＝京都市左京区の京都大学で

前夜《ぜんや》の会見《かいけん》で受賞《じゅしょう》の感想《かんそう》を「感謝《かんしゃ》」という言葉《ことば》で表現《ひょうげん》した山中《やまなか》さん。同僚《どうりょう》や友《とも》だち、家族《かぞく》が心《こころ》の支《ささ》えになりました。

ここまでの道《みち》のりは順調《じゅんちょう》ではありませんでした。大学《だいがく》を卒業《そつぎょう》後《ご》、手術《しゅじゅつ》が下手《へた》で整形外科医《せいけいげかい》になるのをあきらめました。口《くち》の悪《わる》い先輩《せんぱい》からは、じゃまばかりで役《やく》に立《た》たないことから「ジャマナカ」と呼《よ》ばれたこともあります。研究者《けんきゅうしゃ》になってからも何《なん》度《ど》も壁《かべ》にぶつかりました。

「ジャンプしようと思《おも》うと、かがまないとだめ。おもいっきりかがむことは、次《つぎ》にジャンプするためだということをわかってほしい」といいます。

「かがむ」とは「失敗《しっぱい》」のこと。「失敗《しっぱい》は成功《せいこう》するために必要《ひつよう》なこと。失敗《しっぱい》しなければしないほど、成功《せいこう》は遠《とお》のいていきます」。子《こ》どもたちにも「若《わか》いうちほど失敗《しっぱい》は許《ゆる》されるので、大失《だいしっ》敗《ぱい》してもらいたいですね」といいます。

小学生《しょうがくせい》のころから、算数《さんすう》や科《か》学《がく》が好《す》きでした。でも、国語《こくご》や覚《おぼ》えることが多《おお》い社会《しゃかい》は苦手《にがて》だったそうです。科学者《かがくしゃ》をめざしたのは、中学生《ちゅうがくせい》のときに先生《せんせい》にすすめられて読《よ》んだ『地球《ちきゅう》の科《か》学《がく》』（NHK《エヌエイチケー》ブックス）という本《ほん》がきっかけの一つでした。

「アフリカ大陸《たいりく》と南米大陸《なんべいたいりく》はくっついていたのでは、という仮説《かせつ》を検証《けんしょう》する科学者《かがくしゃ》のドラマを書《か》いた本《ほん》でした。わくわくしたのを覚《おぼ》えています。今《いま》の私《わたし》にもつながっていると思《おも》います」

山中《やまなか》さんにはひとつの信念《しんねん》があります。それは「科学者《かがくしゃ》はかっこいい職業《しょくぎょう》」ということです。

「科学者《かがくしゃ》は正《ただ》しい科学技術《かがくぎじゅつ》をつくり、国《くに》をかえていきます。日本は資源《しげん》が限《かぎ》られている国《くに》ですが、科学者《かがくしゃ》は研究《けんきゅう》の成果《せいか》を次々《つぎつぎ》とうみだし、世界《せかい》に大《おお》きな影響《えいきょう》を与《あた》えることができます。ぜひ、多《おお》くの子《こ》どもさんたちに科学者《かがくしゃ》をめざしてほしい」

ノーベル賞《しょう》の受賞《じゅしょう》は「光栄《こうえい》」ですが、まだ医学《いがく》や薬《くすり》の開発《かいはつ》に役立《やくだ》っていないといいます。「i《アイ》PS《ピーエス》という技術《ぎじゅつ》で患者《かんじゃ》さんを助《たす》けるのが私《わたし》の夢《ゆめ》です」

2014年（平成26年） 10月 17日　当時の新聞記事から抜粋

なぜ？でのめりこんでいく

朝小《あさしょう》リポーターがノーベル賞《しょう》の天野浩《あまのひろし》さんに聞《き》きました

青色《あおいろ》の発光《はっこう》ダイオード（LED《エルイーディー》）を開発《かいはつ》し、今年《ことし》のノーベル物理学賞《ぶつりがくしょう》を受賞《じゅしょう》する天野浩《あまのひろし》さん（名古屋大学教授《なごやだいがくきょうじゅ》）。15日、朝小《あさしょう》リポーターの月東晴空《がっとうはるあ》くん（愛知県《あいちけん》・6年《ねん》）の取材《しゅざい》に応《おう》じました。

朝小リポーターの月東くん（右）の質問に答える天野さん＝名古屋市の名古屋大学

天野《あまの》さんは名古屋大学大学院《なごやだいがくだいがくいん》の学生時代《がくせいじだい》、今回共同《こんかいきょうどう》で受賞《じゅしょう》する赤崎勇《あかさきいさむ》さん（名城大学教授《めいじょうだいがくきょうじゅ》・名古屋大学特別教授《なごやだいがくとくべつきょうじゅ》）の研究室《けんきゅうしつ》で、青色LED《あおいろエルイーディー》の開発《かいはつ》に取《と》り組《く》みました。失敗《しっぱい》が続《つづ》く毎日《まいにち》でしたが、翌日《よくじつ》には新《あたら》しいアイデアを試《ため》したくなったと振《ふ》り返《かえ》っています。

Q《キュー》（リポーターの質問《しつもん》）　失敗続《しっぱいつづ》きでもあきらめなかった理由《りゆう》は何《なん》ですか。

A《エー》（天野《あまの》さんの答《こた》え）　実現《じつげん》は難《むずか》しくて失敗《しっぱい》をたくさんしました。でも、窒化《ちっか》ガリウムでいい結晶《けっしょう》をつくりさえすれば性能《せいのう》のいいLED《エルイーディー》ができると、目標《もくひょう》がはっきりしていたので、私自身《わたしじしん》の技術《ぎじゅつ》が良《よ》くなるか、アイデアがかたまるか、成功《せいこう》する道《みち》が必《かなら》ずあるはずだと考《かんが》えていました。

Q《キュー》　自分《じぶん》が好《す》きなもの、やりたいことは、どうしたら見《み》つけられますか。

A《エー》　何《なに》かおもしろい、と思《おも》ったら、次《つぎ》に、どうしておもしろいのかと考《かんが》えることですね。

例《たと》えば理科《りか》の実験《じっけん》で、教《おし》えられた通《とお》りにやればできるだろうけど、それはなぜできるのかな。なぜ?を考《かんが》えていくと、もっとおもしろくなります。今《いま》はインターネットが使《つか》えるし、本《ほん》もたくさんある。もっと知《し》りたいと、のめりこんでいきますよ。

子《こ》どものころから、将来《しょうらい》はプロ野球選手《やきゅうせんしゅ》に、などと、熱中《ねっちゅう》できる目標《もくひょう》があればすばらしいことです。でも、そういう目標《もくひょう》が今《いま》ないからといって、だめということではありません。

Q《キュー》　どんな学生時代《がくせいじだい》を?

A《エー》　小学生《しょうがくせい》のころはいい子《こ》じゃなくて、たくさんいたずらをしました（笑《わら》い）。先生《せんせい》に「年上《としうえ》の人《ひと》をうやまいなさい」とか、「人《ひと》の道《みち》」をいろいろ教《おし》えてもらいました。

中学《ちゅうがく》までは勉強《べんきょう》をしていなくて、できませんでした。

大学生《だいがくせい》になってから、勉強《べんきょう》は人《ひと》の役《やく》に立《た》つためにするもの、という意識《いしき》が芽生《めば》えてきたんです。時《とき》を重《かさ》ね、いろいろ見《み》ていくうちに、自分《じぶん》ができること、やらなければいけないことが見《み》えてきます。

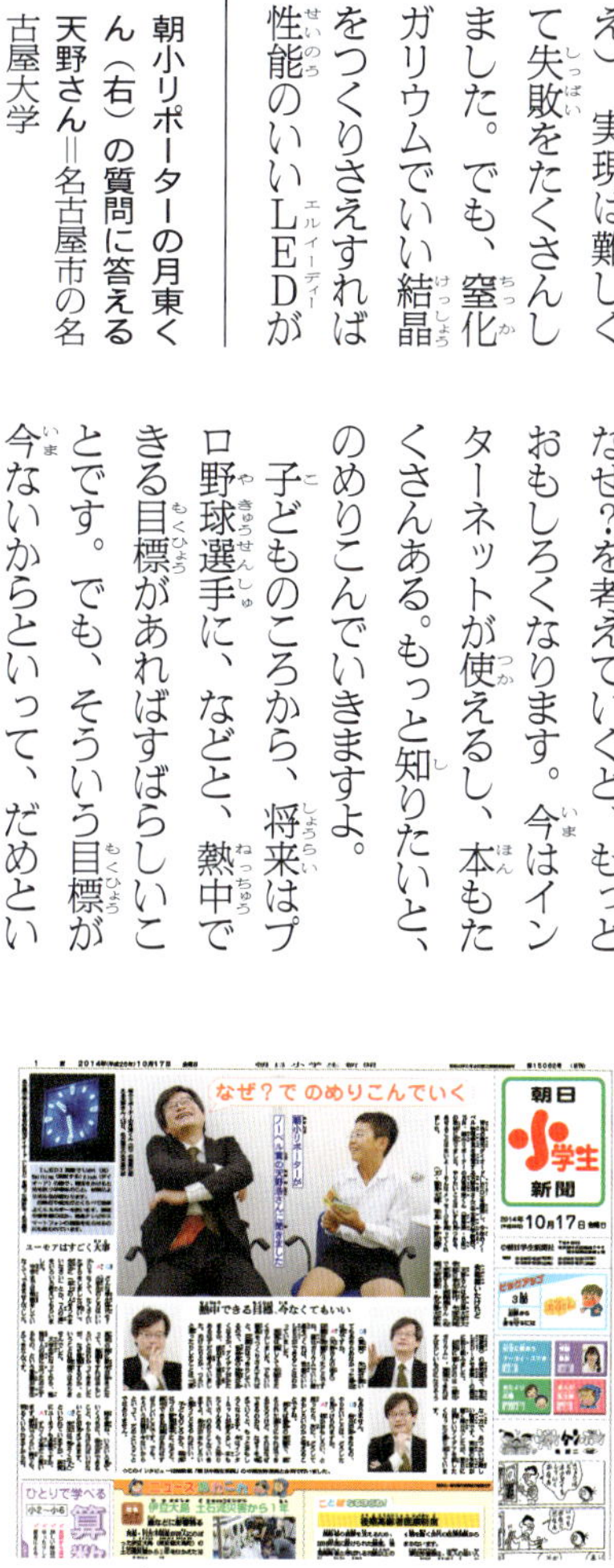

他《ほか》にもこんなニュースが…

死者《ししゃ》・行方不明者《ゆくえふめいしゃ》が39人《にん》にのぼった伊豆大島《いずおおしま》の土石流災害《どせきりゅうさいがい》から1年《ねん》。犠牲者《ぎせいしゃ》へ祈《いの》りがささげられました

2015年（平成27年） 10月 15日

当時の新聞記事から抜粋

思《おも》いやり大切《たいせつ》に研究《けんきゅう》

ノーベル賞《しょう》の大村智《おおむらさとし》さんに聞《き》く

今年《ことし》のノーベル医学生理学賞《いがくせいりがくしょう》の受賞《じゅしょう》が決《き》まった北里大学特別《きたさとだいがくとくべつ》栄誉教授《えいよきょうじゅ》の大村智《おおむらさとし》さん（80歳《さい》）に、朝小《あさしょう》リポーターの吉田愛奈《よしだまな》さん（4年《ねん》）がインタビューしました。

朝小リポーターの吉田愛奈さんと笑顔をかわす大村智さん（右）。手前の模型は大村さんの発見した物質「エバーメクチン」の構造を表します＝東京都港区の北里大学北里生命科学研究所

吉田《よしだ》さんが「どんな科目《かもく》が好《す》きでしたか」と質問《しつもん》しました。もちろん理科《りか》かと思《おも》いきや、大《おお》村《むら》さんはうれしそうに「いちばん好《す》きなのは体育《たいいく》！」と答《こた》えます。「体育《たいいく》の時間《じかん》があるともう、うきうきしてた。理科《りか》はまあまあ。国語《こくご》はきらいだったな」

家業《かぎょう》の農業《のうぎょう》を手伝《てつだ》いながら、中学《ちゅうがく》ではサッカー、高校《こうこう》、大《だい》学《がく》ではスキーなど、スポーツに打《う》ちこみました。高校《こうこう》の先生《せんせい》として働《はたら》きながら勉《べん》強《きょう》を続《つづ》け、研究者《けんきゅうしゃ》の道《みち》に進《すす》みました。

微生物《びせいぶつ》が作《つく》り出《だ》す物質《ぶっしつ》から薬《くすり》など役立《やくだ》つものを見《み》つける研究《けんきゅう》のリーダーとして、長年仕事《ながねんしごと》をしてきました。

研究《けんきゅう》は成功《せいこう》よりも失敗《しっぱい》の方《ほう》が多《おお》いそうです。「やめようと思《おも》ったことはなかったんですか」と聞《き》くと「やめたら終《お》わっちゃう。自分《じぶん》が満足《まんぞく》いくまでやってみる。何回《なんかい》でもくり返《かえ》す。そういうことが大事《だいじ》ですね」。

子《こ》どものころにおばあさんにくり返《かえ》し言《い》われた「人《ひと》のためになることをしなさい」という言《こと》葉《ば》を心《こころ》にきざんで、研究《けんきゅう》を続《つづ》けてきました。「人《ひと》の役《やく》に立《た》ったんだな」と強《つよ》く実感《じっかん》したのは、2004年にアフリカのガーナを訪《おとず》れたときだそうです。

大村《おおむら》さんのノーベル賞授賞理《しょうじゅしょうり》由《ゆう》は、発見《はっけん》した物質《ぶっしつ》から「河川《かせん》盲目症《もうもくしょう》」という病気《びょうき》の特効薬《とっこうやく》ができたことです。虫《むし》にかまれて体《からだ》の中《なか》に入《はい》った寄生虫《きせいちゅう》が増《ふ》え、重症《じゅうしょう》になると目《め》が見《み》えなくなります。この病気《びょうき》が広《ひろ》がっていたガーナなどに、世界保健機関《せかいほけんきかん》（WHO《ダブリュエイチオー》）の計画《けいかく》で薬《くすり》が配《くば》られ、多《おお》くの人《ひと》が救《すく》われました。

大村《おおむら》さんが集落《しゅうらく》の外《はず》れで目《め》にしたのは、木《き》の下《した》で休《やす》む大人《おとな》たち。「何《なに》も仕事《しごと》しないで休《やす》んでる。全員《ぜんいん》が目《め》が見《み》えない人《ひと》たちなんです」。その後《ご》、大村《おおむら》さんのもとに子《こ》どもたちが集《あつ》まってきました。

「あなたぐらいの子《こ》どもが、みんな元気《げんき》そうに目《め》をかがやかせて私《わたし》のところに寄《よ》ってきて、よろこんでくれてるんだ。そうなんだ、この子《こ》たちはさっき見《み》た大人《おとな》のような姿《すがた》になることはないんだ、私《わたし》もいいことできたなって、こう思《おも》いました」

他《ほか》にもこんなニュースが…

経済協力開発機構《けいざいきょうりょくかいはつきこう》の調査《ちょうさ》で、日本の子《こ》どもの貧困率《ひんこんりつ》が、加盟《かめい》34か国《こく》の中《なか》で11番目《ばんめ》に高《たか》い結果《けっか》となりました

2015年（平成27年） 10月29日　当時の新聞記事から抜粋

「なぜ」と考《かんが》え続《つづ》けよう

ノーベル賞《しょう》 梶《かじ》田《た》隆章《たかあき》さんに朝小《あさしょう》リポーターがインタビュー

今年《ことし》のノーベル物理学賞《ぶつりがくしょう》の受賞《じゅしょう》が決《き》まった東京大学宇宙線研究所長《とうきょうだいがくうちゅうせんけんきゅうしょちょう》の梶田隆章《かじたたかあき》さん（56歳《さい》）に、科学《かがく》が好《す》きな朝小《あさしょう》リポーターの多田幸乃《ただゆきの》さん（4年《ねん》）と比留間颯吾《ひるまそうご》くん（5年《ねん》）がインタビューしました。目《め》に見《み》えない素粒子《そりゅうし》「ニュートリノ」や宇宙《うちゅう》のなぞについて、少《すこ》しでもわかりやすくなるよう言葉《ことば》を選《えら》びながら答《こた》えてくれました。

梶田さん（中央）にインタビューした朝小リポーターの多田さん（右）と比留間くん＝千葉県柏市の東京大学宇宙線研究所

梶田《かじた》さんの授賞理由《じゅしょうりゆう》は、ニュートリノに重《おも》さがあると明《あき》らかにしたことです。その発見《はっけん》の重要《じゅうよう》さについて説明《せつめい》しようと、梶田《かじた》さんは「宇宙《うちゅう》はなぜ空《から》っぽでなく、物質《ぶっしつ》があるのか」という疑問《ぎもん》を持《も》ち出《だ》しました。「私《わたし》も真剣《しんけん》になぜだろうと考《かんが》えています。ニュートリノに重《おも》さがあることで、その理由《りゆう》がわかるかもしれないのです」

梶田《かじた》さんが実験《じっけん》するのは、岐阜県飛騨市《ぎふけんひだし》の山《やま》の地下《ちか》にある装置《そうち》「スーパーカミオカンデ」です。実験《じっけん》では茨城県《いばらきけん》つくば市《し》の施設《しせつ》でニュートリノを作《つく》って、スーパーカミオカンデまで発射《はっしゃ》します。「届《とど》くのにどのくらい時間《じかん》がかかりますか?」との質問《しつもん》に、梶田《かじた》さんは指《ゆび》を折《お》って数《かぞ》え、「千分《ぶん》の1秒《びょう》」と答《こた》えました。

物理学《ぶつりがく》は、計算力《けいさんりょく》や数学《すうがく》の知識《ちしき》が必要《ひつよう》な学問《がくもん》です。でも、「小学生《しょうがくせい》のころは算数《さんすう》、理科《りか》、社会《しゃかい》は割《わり》とよくできたけれど、今《いま》も数学《すうがく》は決《けっ》して得意《とくい》ではない」そうです。

研究者《けんきゅうしゃ》になろうと考《かんが》えたのは大学生《だいがくせい》のとき。物理《ぶつり》の勉強《べんきょう》がおもしろくて、「もっと知《し》りたい」と、大学院《だいがくいん》に進《すす》みました。

ノーベル賞《しょう》につながる発見《はっけん》は、ある実験《じっけん》データに「あれ、おかしい」と感《かん》じたことが始《はじ》まりでした。さらに実験《じっけん》を続《つづ》け、まちがいないと納得《なっとく》するまで10年《ねん》。「理解《りかい》しなきゃいけないという、科学者《かがくしゃ》としての使命感《しめいかん》」と「なぞをとく楽《たの》しさ」が、研究《けんきゅう》を続《つづ》ける力《ちから》になったそうです。

科学者《かがくしゃ》になるために必要《ひつよう》なのは「身《み》の回《まわ》りのわからないことを、『なんでだろう?』と考《かんが》えること」だと言《い》います。

梶田《かじた》さんがこれから取《と》り組《く》みたい研究《けんきゅう》テーマの一つは「重力《じゅうりょく》波《は》」です。ブラックホールができる瞬間《しゅんかん》などに出《で》ると考《かんが》えられていますが、とらえた人《ひと》はいません。「その重力波《じゅうりょくは》をとらえ、ブラックホールができる瞬間《しゅんかん》を観測《かんそく》したいです」

朝日小学生新聞 2015年10月29日

「なぜ」と考え続けよう

他《ほか》にもこんなニュースが…

アメリカ海軍《かいぐん》のイージス駆逐艦《くちくかん》が、中国《ちゅうごく》が領有権《りょうゆうけん》を主張《しゅちょう》する南沙諸島《なんさしょとう》の人工島《じんこうとう》から12カイリ内《ない》に侵入《しんにゅう》し、同国《どうこく》の領有権《りょうゆうけん》を認《みと》めないアピールを示《しめ》しました

4

学《まな》び・くらし・遊《あそ》び

50年《ねん》をふりかえる

　学校教育《がっこうきょういく》のありかた、人気《にんき》の児童小説《じどうしょうせつ》、漫画《まんが》、食《た》べ物《もの》、アニメ、おもちゃ、ファッション、テーマパーク……。時代《じだい》の変化《へんか》とともに、子《こ》どもたちを取《と》り巻《ま》く環境《かんきょう》も大《おお》きく変《か》わりました。そのときどきの流行《りゅうこう》はどんなものだったのでしょう。お父《とう》さん、お母《かあ》さんにはなつかしく、小学生《しょうがくせい》には新《あたら》しく感《かん》じられるでしょう。

学校

必要《ひつよう》な学力《がくりょく》も時代《じだい》とともに変化《へんか》

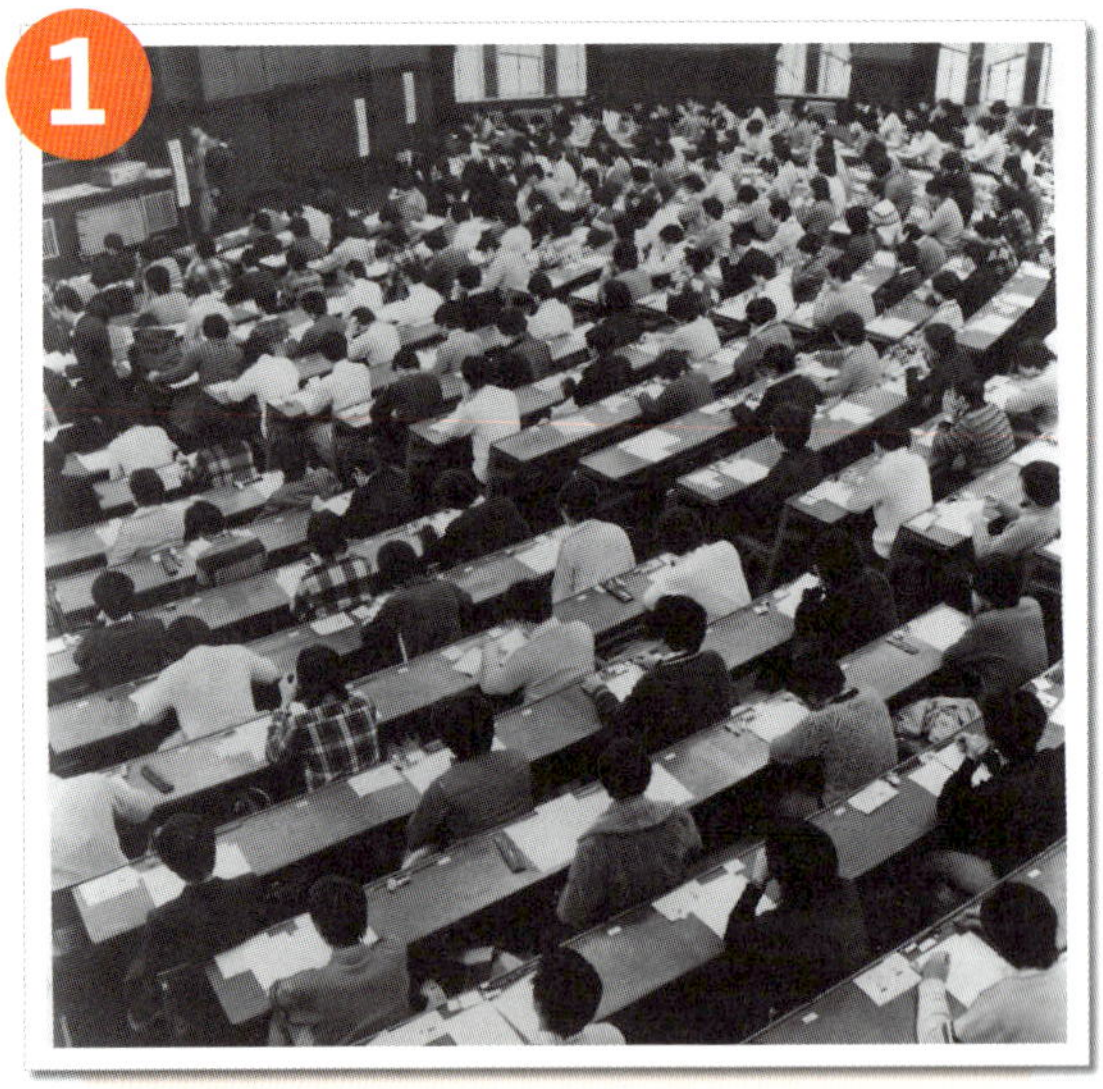

「受験戦争《じゅけんせんそう》」がはげしくなる

1970年代《だい》の大学入試《だいがくにゅうし》のようす。生活《せいかつ》が豊《ゆた》かになり、高《たか》いレベルの学校《がっこう》をめざすようになる

主体的《しゅたいてき》に学《まな》ぶ「総合的《そうごうてき》な学習《がくしゅう》の時間《じかん》」

子どもが課題《かだい》を見《み》つけ、アイデアを出《だ》しながら進《すす》める授業《じゅぎょう》。「一日飼育係《いちにちしいくがかり》」を体験《たいけん》する小学生《しょうがくせい》

年	できごと
1970（昭和《しょうわ》45）ごろから	高校《こうこう》、大学《だいがく》の進学率《しんがくりつ》が上《あ》がり、高《たか》いレベルをめざす「受験戦争《じゅけんせんそう》」が進《すす》む＝写真《しゃしん》1。知識《ちしき》をつめこむ教育《きょういく》についていけない子《こ》どもが出《で》て、校内暴力《こうないぼうりょく》やいじめが問題《もんだい》に
1980（55）	ゆとりをもった教育《きょういく》をめざし、学習内《がくしゅうない》容《よう》や授業時間《じゅぎょうじかん》を減《へ》らした学習指導要領《がくしゅうしどうようりょう》が実施《じっし》される
1992（平成《へいせい》4）	小学《しょうがく》1、2年生《ねんせい》の理科《りか》と社会《しゃかい》がなくなり、生活科《せいかつか》に2。月《つき》に1回《かい》、土曜《どよう》が休《やす》みになる
1995（7）	土曜休《どようやす》みが月《つき》2回《かい》になる
1999（11）	中学《ちゅうがく》と高校《こうこう》の一貫教育《いっかんきょういく》をする「中等教《ちゅうとうきょう》育学校《いくがっこう》」が、初《はじ》めて宮崎県《みやざきけん》の公立校《こうりつこう》で誕生《たんじょう》する
2002（14）	学習内容《がくしゅうないよう》を3割《わり》減《へ》らし、教科《きょうか》の枠《わく》にしばられない「総合的《そうごうてき》な学習《がくしゅう》の時間《じかん》」が新《あたら》しく設《もう》けられる3。毎週土曜《まいしゅうどよう》が休《やす》みの完全学校週《かんぜんがっこうしゅう》5日制《かせい》が始《はじ》まる
2004（16）	国際的《こくさいてき》な学力調査《がくりょくちょうさ》である経済協力開発《けいざいきょうりょくかいはつ》機構《きこう》（OECD《オーイーシーディー》）の学習到達度調査《がくしゅうとうたつどちょうさ》（PISA《ピザ》）、国際数学《こくさいすうがく》・理科教育動向《りかきょういくどうこう》調査《ちょうさ》（TIMSS《ティムズ》）の結果《けっか》が発表《はっぴょう》され、

1,2年生《ねんせい》の生活科《せいかつか》スタート

身近《みぢか》な社会《しゃかい》や自然《しぜん》とのかかわりから生活《せいかつ》を考《かんが》える新教科《しんきょうか》。地域《ちいき》の植物《しょくぶつ》を観察《かんさつ》する子《こ》どもたち

フィンランドの教育《きょういく》に注目《ちゅうもく》

PISA《ピザ》では、読解力《どっかいりょく》などの分野《ぶんや》でフィンランドがトップになり、教育法《きょういくほう》に注目《ちゅうもく》が集《あつ》まる

パパたちが子どものころは、総合がなかったんだ！

タイムスリップ朝小《あさしょう》

1992年（平成4年） 1月8日

当時の新聞記事から抜粋

今年の学校
こう変わる
学校五日制
土曜《どよう》休《やす》みに賛否《さんぴ》
横浜市北方小
「自由時間ふえた」
「塾へ行かされる」
共働きの家
地域ぐるみ

学校《がっこう》5日制《かせい》まずは月《つき》1回《かい》からスタート

土曜《どよう》を休《やす》みにして、授業《じゅぎょう》を月曜《げつよう》から金曜《きんよう》までにする「学校《がっこう》5日制《かせい》」が、1992年9月から月《つき》1回《かい》で始《はじ》まりました。ひと足早《あしはや》く取《と》り入《い》れた学校《がっこう》を取材《しゅざい》すると、「自由《じゆう》時間《じかん》が増《ふ》え、家族《かぞく》や地域《ちいき》とのふれあいが多《おお》くなった」と大半《たいはん》の子《こ》が歓迎《かんげい》していましたが、「塾《じゅく》に行《い》かされる」など心配《しんぱい》の声《こえ》も上《あ》がりました。

もっと知《し》りたい

学校《がっこう》で学《まな》ぶ内容《ないよう》は、学習指導《がくしゅうしどう》要領《ようりょう》で基準《きじゅん》が定《さだ》められています。1947年に試《こころ》みの案《あん》として示《しめ》され、58年から文部大臣《もんぶだいじん》（今《いま》の文部科学大臣《もんぶかがくだいじん》）が示《しめ》すようになりました。その後《ご》は、ほぼ10年《ねん》ごとに改《あらた》められています。

71年の学習指導要領《がくしゅうしどうようりょう》は、学力《がくりょく》アップをめざし、たくさんのことを学《まな》ぶ内容《ないよう》でした。しかし、授業《じゅぎょう》についていけない子《こ》どもも出始《ではじ》め、「つめこみ」だと批判《ひはん》されました。

その後《ご》、80年、92年と「ゆとり」を意識《いしき》して学習内容《がくしゅうないよう》や授業《じゅぎょう》時間《じかん》が減《へ》っていきます。2002年には「ゆとり教育《きょういく》」を全面《ぜんめん》的《てき》にうたい、学《まな》ぶ内容《ないよう》が3割《わり》減《へ》りました。また、完全学校週《かんぜんがっこうしゅう》5日制《かせい》も始《はじ》まりました。

つめこみ→ゆとり→学力《がくりょく》アップ

すると、今度《こんど》は学力《がくりょく》の低下《ていか》を心配《しんぱい》する声《こえ》が広《ひろ》がります。国際《こくさい》的《てき》な学力調査《がくりょくちょうさ》で日本の順位《じゅんい》が下《さ》がったりしたことから、ゆとり教育《きょういく》から学力重視《がくりょくじゅうし》へと再《ふた》びかじを切《き》りました。小学校《しょうがっこう》では11年に実施《じっし》された学習指導要領《がくしゅうしどうようりょう》で、理科《りか》や算数《さんすう》を中心《ちゅうしん》に授業時間《じゅぎょうじかん》と学習内容《がくしゅうないよう》が40年《ねん》ぶりに増《ふ》えました。

基礎《きそ》と応用《おうよう》の力《ちから》をみる「全国学力調査《ぜんこくがくりょくちょうさ》」

子どもたちの学力《がくりょく》アップに役立《やくだ》てようと、43年《ねん》ぶりに復活《ふっかつ》した

日本の順位《じゅんい》が下《さ》がった ❹

2007（19）
小学《しょうがく》6年《ねん》と中学《ちゅうがく》3年《ねん》を対象《たいしょう》とした文部《もんぶ》科学省《かがくしょう》の「全国学力《ぜんこくがくりょく》・学習状況調査《がくしゅうじょうきょうちょうさ》」が始《はじ》まる。算数《さんすう》・数学《すうがく》と国語《こくご》の2教科《きょうか》で、12年に理科《りか》も加《くわ》わった ❺

2011（23）
小学校《しょうがっこう》の高学年《こうがくねん》の「外国語活動《がいこくごかつどう》」（主《おも》に英語《えいご》）が必修《ひっしゅう》になる ❻

2016（28）
4月、小中学校《しょうちゅうがっこう》の9年間《ねんかん》を通《とお》して同《おな》じ学校《がっこう》で学《まな》ぶ「義務教育学校《ぎむきょういくがっこう》」が全国《ぜんこく》の公《こう》立《りつ》22校《こう》でスタート

5、6年生《ねんせい》で「外国語活動《がいこくごかつどう》」

劇《げき》やゲームを通《とお》して英語《えいご》に親《した》しむ。2020年度《ど》からは小学《しょうがく》3年生《ねんせい》から外国語活動《がいこくごかつどう》が必修《ひっしゅう》に

年表の写真は、❶❹❺©朝日新聞社

教科書

内容《ないよう》も厚《あつ》さも形態《けいたい》も時代《じだい》に合《あ》わせて

中学《ちゅうがく》の内容《ないよう》も学《まな》んでいたよ

算数《さんすう》の４年生《ねんせい》の教科書《きょうかしょ》には、今《いま》は中学《ちゅうがく》で勉強《べんきょう》する「集合《しゅうごう》」の内容《ないよう》が入《はい》っていた（東京書籍《とうきょうしょせき》）

ゆとり教育《きょういく》で教科書《きょうかしょ》がうすく

手前《てまえ》は2000年代《だい》、奥《おく》は1970年代《だい》の算数《さんすう》の6学年分《がくねんぶん》の教科書《きょうかしょ》（どちらも東京書籍《とうきょうしょせき》）。3割《わり》ほど減《へ》る

年	できごと
1949（昭和《しょうわ》24）	民間《みんかん》の会社《かいしゃ》がつくった教科書《きょうかしょ》を国《くに》が審査《しんさ》する「教科書検定制度《きょうかしょけんていせいど》」が始《はじ》まる
1963（38）	国民《こくみん》の税金《ぜいきん》によって、教科書《きょうかしょ》が無料《むりょう》で配《くば》られるようになる
1971（46）	科学技術《かがくぎじゅつ》の進《すす》んだヨーロッパやアメリカに追《お》いつこうと、日本の教科書《きょうかしょ》も難《むずか》しい内容《ないよう》が増《ふ》える＝写真《しゃしん》❶
1980（55）	多《おお》くの知識《ちしき》を覚《おぼ》えさせる「つめこみ教育《きょういく》」への批判《ひはん》を受《う》けて、教科書《きょうかしょ》のページ数《すう》が減《へ》り始《はじ》める
1992（平成《へいせい》4）	1、2年生《ねんせい》の理科《りか》と社会《しゃかい》がなくなり、新《あたら》しい教科《きょうか》「生活科《せいかつか》」がスタート❷。このころから、教科書《きょうかしょ》のカラー化《か》が進《すす》み始《はじ》める
2002（14）	「ゆとり教育《きょういく》」で学《まな》ぶ内容《ないよう》が3割《わり》減《へ》らされ、教科書《きょうかしょ》もうすくなる❸。算数《さんすう》では、円周率《えんしゅうりつ》の計算《けいさん》に「3・14」ではなく「3」を使《つか》う記述《きじゅつ》が登場《とうじょう》
2005（17）	算数《さんすう》や理科《りか》が苦手《にがて》な子《こ》を減《へ》らそうと、わかりやすいふろくをつける教科書《きょうかしょ》がめだち始《はじ》める❹
2011（23）	「脱《だつ》ゆとり」をテーマに、算数《さんすう》や理科《りか》を中心《ちゅうしん》に学《まな》ぶ内容《ないよう》と授業時間《じゅぎょうじかん》が増《ふ》える。

カラフルに身近《みぢか》な世界《せかい》をえがく

初《はじ》めての生活科《せいかつか》の教科書《きょうかしょ》は、カラフルなイラストで学校《がっこう》や地域《ちいき》を紹介《しょうかい》（大日本図書《だいにっぽんとしょ》）

理科《りか》や算数《さんすう》、ふろくでわかりやすく

理科《りか》では、トンボの模型《もけい》や星座早見表《せいざはやみひょう》が、算数《さんすう》では九九を覚《おぼ》える「九九の円盤《えんばん》」などが登場《とうじょう》

タイムスリップ朝小《あさしょう》

2004年（平成16年） 4月16日

当時の新聞記事から抜粋

厚くなる教科書 どう考える

なかみ充実することは賛成
「つめこみ」復活を心配の声

振《ふ》り回《まわ》されるのは子《こ》どもたち？

ゆとり教育《きょういく》で減《へ》った教科書《きょうかしょ》の内容《ないよう》が、2005年度《ど》から少《すこ》し増《ふ》えることを伝《つた》えています。全員《ぜんいん》が学《まな》ぶ内容以上《ないよういじょう》のことを「発展的《はってんてき》な学習《がくしゅう》の内容《ないよう》」としてもりこめるようになったのです。6年生《ねんせい》の女《おんな》の子《こ》は「教《おそ》わることが増《ふ》えるのは賛成《さんせい》。でも、『あのうすい教科書《きょうかしょ》のころの子《こ》はね』とかいわれたらいや」と話《はな》していました。

もっと知《し》りたい

日本の教科書《きょうかしょ》は、学校《がっこう》で学《まな》ぶ内容《ないよう》の基準《きじゅん》を示《しめ》した「学習指導要領《がくしゅうしどうようりょう》」をもとに、民間《みんかん》の教科書《きょうかしょ》会社《がいしゃ》がつくっています。つくったものは、文部科学大臣《もんぶかがくだいじん》が適切《てきせつ》かどうかを審査《しんさ》します。

教科書《きょうかしょ》が無料《むりょう》になったのは、1963年のこと。日本国憲法《こくけんぽう》の26条《じょう》に「義務教育《ぎむきょういく》は、これを無償《むしょう》とする」と書《か》かれていることから、税金《ぜいきん》を使《つか》って無料《むりょう》で届《とど》けることになったのです。

教科書《きょうかしょ》の厚《あつ》さは、時代《じだい》によってうつり変《か》わってきました。教《きょう》科書会社《かしょがいしゃ》などでつくる教科書協《きょうかしょきょう》会《かい》によると、70年代半《だいなか》ばをピークに少《すこ》しずつ減《へ》っていき、最《もっと》もうすくなったのは「ゆとり教《きょう》育《いく》」が始《はじ》まった2002年ごろ。国語《こくご》、社会《しゃかい》、算数《さんすう》、理科《りか》の4教《きょう》科《か》の合計《ごうけい》ページは3090ページでした（教科書会社各社《きょうかしょがいしゃかくしゃ》の平《へい》均《きん》）。それが11年には4534ページにまで増加《ぞうか》しました。

学《まな》びやすく、時《とき》とともに進化《しんか》

カラー化《か》、大型化《おおがたか》も進《すす》み、みなさんが学《まな》びやすいように進化《しんか》しています。教科書検定《きょうかしょけんてい》の結果《けっか》を伝《つた》えた2014年4月21日の朝小《あさしょう》では、漫画《まんが》をもりこむなど楽《たの》しい工夫《くふう》を紹介《しょうかい》しました。

5

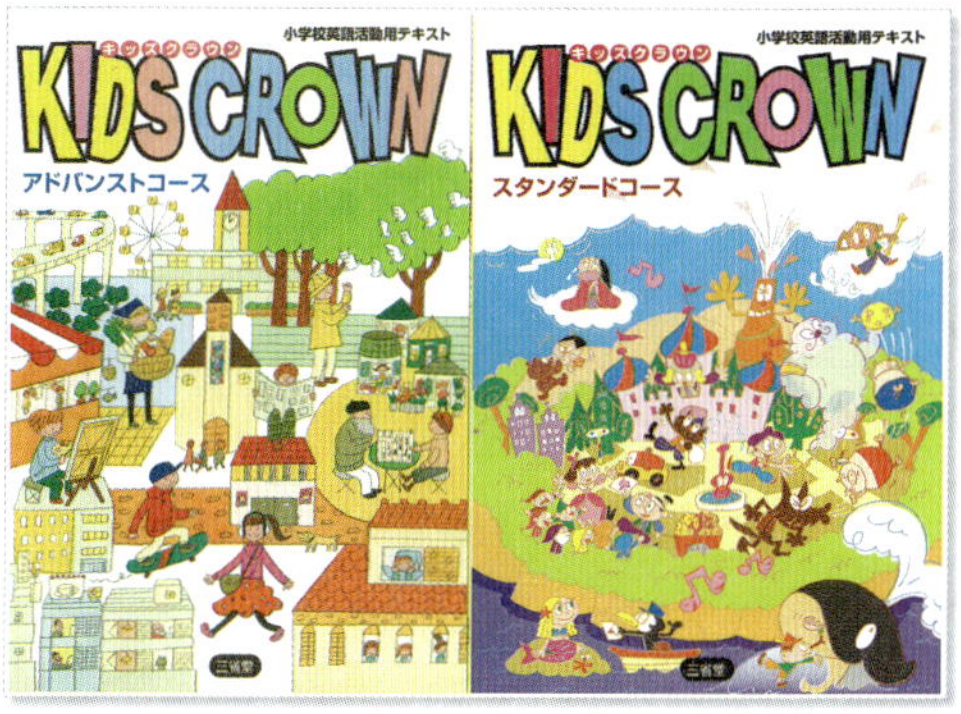

外国語活動《がいこくごかつどう》のテキスト登場《とうじょう》
外国語活動《がいこくごかつどう》は教科《きょうか》ではないので、教科書《きょうかしょ》ではなく副読本《ふくどくほん》を使《つか》う（三省堂《さんせいどう》）

2012（24）ごろ

5、6年生《ねんせい》で「外国語活動《がいこくごかつどう》」が必修《ひっしゅう》になりテキストが登場《とうじょう》する **5**

デジタル教科書《きょうかしょ》が広《ひろ》く使《つか》われ始《はじ》める **6**。だれもが見《み》やすい配色《はいしょく》を考《かんが》えた「カラーユニバーサルデザイン」が多《おお》くの教《きょう》科書《かしょ》に採用《さいよう》される

2015（27）

写真《しゃしん》などを大《おお》きく見《み》せるため、社会《しゃかい》の地図帳《ちずちょう》や理科《りか》の教科書《きょうかしょ》が少《すこ》しずつ大《おお》きくなる

2018

小学校《しょうがっこう》の「道徳《どうとく》」が教科《きょうか》になり、副読本《ふくどくほん》から教科書《きょうかしょ》に変《か》わる予定《よてい》

6

デジタル教科書広《きょうかしょひろ》がる
デジタル教科書《きょうかしょ》は、紙《かみ》の教科書《きょうかしょ》のデータが入《はい》った教材《きょうざい》。電子黒板《でんしこくばん》などに映《うつ》して使《つか》う

児童書

夢中《むちゅう》になった本《ほん》がずらり♬

日本生《う》まれのファンタジー

小人《こびと》の「コロボックルの物語《ものがたり》」シリーズ（佐藤《さとう》さとる、全《ぜん》6巻《かん》、講談社《こうだんしゃ》）。国内作家《こくないさっか》による長編《ちょうへん》ファンタジーの誕生《たんじょう》

児童文学界《じどうぶんがくかい》に新《あたら》しい風《かぜ》

エンターテインメント性《せい》を持《も》つ新《あら》たな作風《さくふう》の誕生《たんじょう》。2004年、全《ぜん》50巻《かん》でシリーズ完結《かんけつ》（ポプラ社《しゃ》）

年	できごと
1950（昭和《しょうわ》25）	「岩波少年文庫《いわなみしょうねんぶんこ》」創刊《そうかん》。海外《かいがい》の名作《めいさく》が日本に紹介《しょうかい》されていく
1959（34）	佐藤《さとう》さとるさん『だれも知《し》らない小《ちい》さな国《くに》』＝写真《しゃしん》1、いぬいとみこさん『木《こ》かげの家《いえ》の小人《こびと》たち』刊行《かんこう》
1960年代《だい》	幼年童話《ようねんどうわ》の名作《めいさく》が続々刊行《ぞくぞくかんこう》される。62年、中川李枝子《なかがわりえこ》さん『いやいやえん』。64年、松谷《まつたに》みよ子《こ》さん『ちいさいモモちゃん』。69年、神沢利子《かんざわとしこ》さん『くまの子《こ》ウーフ』など
1964（39）	2 江戸川乱歩《えどがわらんぽ》の「少年探偵《しょうねんたんてい》」シリーズ刊行《かんこう》
1978（53）	那須正幹《なすまさもと》さん3『それいけズッコケ三《さん》人組《にんぐみ》』刊行《かんこう》
1981（56）	黒柳徹子《くろやなぎてつこ》さん『窓《まど》ぎわのトットちゃん』刊行《かんこう》。累計《るいけい》800万部《まんぶ》を記録《きろく》4
1985（60）	角野栄子《かどのえいこ》さん『魔女《まじょ》の宅急便《たっきゅうびん》』（シリーズ全《ぜん》6巻《かん》）、宗田理《そうだおさむ》さん『ぼくらの七日《なのか》間戦争《かんせんそう》』（ぼくらシリーズ）刊行《かんこう》。どちらも映画化《えいがか》された
1987（62）	原《はら》ゆたかさん『かいけつゾロリのドラゴンたいじ』刊行《かんこう》。2016年、シリーズ60巻《かん》に

怪人《かいじん》や名探偵《めいたんてい》にドキドキ

怪人二十面相《かいじんにじゅうめんそう》、名探偵《めいたんてい》・明智小五郎《あけちこごろう》、少年探偵団《しょうねんたんていだん》などが活躍《かつやく》（ポプラ社《しゃ》）

トットちゃんブーム

黒柳徹子《くろやなぎてつこ》さんが小学生時代《しょうがくせいじだい》の思《おも》い出《で》をえがいた『窓《まど》ぎわのトットちゃん』（講談社《こうだんしゃ》）

日本人初《じんはつ》の栄誉《えいよ》

まどさんは、童謡《どうよう》「ぞうさん」の作詞《さくし》などで知《し》られる

タイムスリップ朝小 あさしょう

2003年(平成15年)　8月　7日

当時の新聞記事から抜粋

世界《せかい》の子《こ》どもの合言葉《あいことば》

「ハリー・ポッター」シリーズの舞台《ぶたい》となったイギリスで、ゆかりの地《ち》めぐりを楽《たの》しむ世界各国《せかいかっこく》の子《こ》どもたちを取材《しゅざい》しました。ロンドンのキングス・クロス駅《えき》には、作品《さくひん》に登場《とうじょう》する「9と4分《ぶん》の3番線《ばんせん》」の看板《かんばん》がありました。カメラを向《む》けると、スペインから来《き》た子《こ》どもたちがポーズを決《き》めてくれました。

もっと知《し》りたい

現代《げんだい》の「児童文学《じどうぶんがく》」の出発点《しゅっぱつてん》は1959年といわれています。この年《とし》、佐藤《さとう》さとるさんの『だれも知《し》らない小《ちい》さな国《くに》』と、いぬいとみこさんの『木《こ》かげの家《いえ》の小人《こびと》たち』の二つの長編《ちょうへん》ファンタジーが出版《しゅっぱん》されました。

児童文学研究者《じどうぶんがくけんきゅうしゃ》の宮川健郎《みやかわたけお》さんによると、それ以前《いぜん》の子《こ》どもの本《ほん》は短《みじか》い童話《どうわ》が多《おお》く、大人《おとな》が子《こ》どもに読《よ》んであげるものでした。59年以降《いこう》、子《こ》どもが自分《じぶん》で読《よ》むことを前提《ぜんてい》にした、長編《ちょうへん》の児童文学《じどうぶんがく》がたくさん書《か》かれるようになったといいます。

「読《よ》んでもらう」から「自分《じぶん》で読《よ》む」へ

78年に第《だい》1巻《かん》が出《で》た「ズッコケ」シリーズをきっかけに、エンターテインメント性《せい》が加《くわ》わった作品《さくひん》も増《ふ》えていきます。80年に創刊《そうかん》した「講談社青《こうだんしゃあお》い鳥文庫《とりぶんこ》」からは、はやみねかおるさんの「名探偵夢水清志郎《めいたんていゆめみずきよしろう》」シリーズなど、よりエンターテインメント性《せい》の強《つよ》い人気《にんき》シリーズものが次々《つぎつぎ》と誕生《たんじょう》しました。

さらに2000年以降《いこう》、アニメや漫画《まんが》を読《よ》み物《もの》にしたり、古《こ》典名作《てんめいさく》の表紙《ひょうし》を漫画家《まんがか》のイラストにしたりする、新《あたら》しい形《かたち》の児《じ》童文庫《どうぶんこ》が登場《とうじょう》しています。

ずらり行列《ぎょうれつ》の人気《にんき》シリーズに

発売日《はつばいび》には店《みせ》に行列《ぎょうれつ》(2002年)。世界《せかい》79言語《げんご》で読《よ》まれ、全《ぜん》7巻《かん》の累計発行部数《るいけいはっこうぶすう》4億《おく》5千万部以上《まんぶいじょう》

- 1994(平成《へいせい》6)　詩人《しじん》まど・みちおさん⑤が日本人初《じんはつ》の国際《こくさい》アンデルセン賞作家賞《しょうさっかしょう》を受賞《じゅしょう》。はやみねかおるさん『名探偵夢水清志郎事件《めいたんていゆめみずきよしろうじけん》ノート』刊行《かんこう》
- 1996(8)　あさのあつこさん『バッテリー』刊行《かんこう》(シリーズ全《ぜん》6巻《かん》)。映画《えいが》、ドラマ、アニメにもなった
- 1999(11)　J《ジェイ》・K《ケー》・ローリングさんの『ハリー・ポッターと賢者《けんじゃ》の石《いし》』が日本で出版《しゅっぱん》⑥
- 2014(26)　上橋菜穂子《うえはしなほこ》さんが国際《こくさい》アンデルセン賞《しょう》作家賞《さっかしょう》を受賞《じゅしょう》⑦

「守《も》り人《びと》」「獣《けもの》の奏者《そうじゃ》」が世界《せかい》へ

「守《も》り人《びと》」シリーズ(全《ぜん》10巻《かん》)、『獣《けもの》の奏者《そうじゃ》』(全《ぜん》4巻《かん》)は世界各国《せかいかっこく》で翻訳《ほんやく》。アニメやドラマにも

年表の写真は、③⑤⑥©朝日新聞社

インタビュー

上《う》橋《はし》菜《な》穂《ほ》子《こ》さん

作家《さっか》・文化人類学者《ぶんかじんるいがくしゃ》

本《ほん》がいざなう冒険《ぼうけん》の旅《たび》へ

国際《こくさい》アンデルセン賞《しょう》の受賞《じゅしょう》は、私《わたし》がいろいろな世界《せかい》を見《み》てきたことや人類学《じんるいがく》の研究《けんきゅう》、物語《ものがたり》を書《か》くことが、みんな見事《みごと》に結《むす》びついて、幸《しあわ》せを運《はこ》んできてくれたのだなあという気《き》がしてうれしかったです。

子《こ》ども時代《じだい》、本《ほん》を読《よ》むのが大好《だいす》きでした。イギリスの児童文学《じどうぶんがく》『ツバメ号《ごう》とアマゾン号《ごう》』を読《よ》みながら、（頭《あたま》の中《なか》で）子《こ》どもたちといっしょに帆船《はんせん》を楽《たの》しんで、ミートパイを食《た》べていた。物語《ものがたり》が自分《じぶん》にまったく別《べつ》の世界《せかい》を生々《なまなま》しく体験《たいけん》させてくれるのを楽《たの》しみました。イギリスのミートパイの味《あじ》を後《あと》になって知《し》って、すごく感動《かんどう》したこともあります。

子《こ》どものころに本《ほん》を読《よ》んだときのわくわくした気持《きも》ち、本当《ほんとう》にその中《なか》に入《はい》って生《い》き、心《こころ》から楽《たの》しんだ気持《きも》ちというのは宝物《たからもの》です。それがなかったら、今《いま》、物語《ものがたり》を書《か》いていないと思《おも》います。

子《こ》どものころは、自分《じぶん》で外国《がいこく》に出《で》て行《い》くのはなかなか難《むずか》しいものです。でも本《ほん》を読《よ》むことが私《わたし》を世界《せかい》に連《つ》れていってくれました。

海《うみ》にいる魚《さかな》には、海《うみ》の水《みず》は見《み》えていないんじゃないかという気《き》がするんです。鳥《とり》から見《み》ると、あの魚《さかな》は海《うみ》の水《みず》の中《なか》を泳《およ》いでいると思《おも》うでしょう。息《いき》をするくらい自分《じぶん》のものになっていると、いちいち気《き》づかない。自分《じぶん》がどう見《み》られているかということも、自分自身《じぶんじしん》にはなかなかわからない。

だから、海《うみ》の魚《さかな》にいっぺん羽《はね》を生《は》やして、トビウオになってとびあがってみてもらいたい。「ほー、そうか。私《わたし》はこんなところを泳《およ》いでいたのか」っておどろくと思《おも》うんです。自分《じぶん》が当《あ》たり前《まえ》だと思《おも》っていたものは、当《あ》たり前《まえ》じゃなかったんだって気《き》づく。

私《わたし》の物語《ものがたり》は、日本人《じん》だけじゃなくて、ヨーロッパの人《ひと》にも中国《ちゅうごく》の人《ひと》にも、みんなにとって異文化《いぶんか》なんです。それに出合《であ》ったとき、毎日《まいにち》の暮《く》らしから一度《いちど》外《そと》に出《で》て、自分《じぶん》をふり返《かえ》る体験《たいけん》ができる。読《よ》んでくれる子《こ》どもたちが、外《そと》の世界《せかい》を旅《たび》してくれたらうれしいなあと思《おも》います。

プロフィル

1962年　東京都《とうきょうと》に生《う》まれる

1975年　神奈川県川崎市立井田《かながわけんかわさきしりついだ》小学校卒業《しょうがっこうそつぎょう》

1989年　『精霊《せいれい》の木《き》』でデビュー

2012年　川村学園女子大学教育《かわむらがくえんじょしだいがくきょういく》学部《がくぶ》の特任教授《とくにんきょうじゅ》に

2014年　国際《こくさい》アンデルセン賞作《しょうさっ》家賞《かしょう》、翌年本屋大賞《よくねんほんやたいしょう》

タイムスリップ朝小《あさしょう》

2014年（平成26年） 3月27日　　当時の新聞記事から抜粋

違《ちが》う立場《たちば》の人《ひと》のこと考《かんが》えて

国際《こくさい》アンデルセン賞受賞《しょうじゅしょう》の上橋《うえはし》さん

「児童文学《じどうぶんがく》のノーベル賞《しょう》」と呼《よ》ばれる国際《こくさい》アンデルセン賞《しょう》の作家賞《さっかしょう》に「守《も》り人《びと》」シリーズや『獣《けもの》の奏者《そうじゃ》』などの作家《さっか》、上橋菜穂子《うえはしなほこ》さんが選《えら》ばれました。受賞会見《じゅしょうかいけん》で上橋《うえはし》さんは、子《こ》どもたちに向《む》けても言葉《ことば》をおくりました。

「まだ夢《ゆめ》を見《み》ているよう。私《わたし》の長《なが》い作品《さくひん》を深《ふか》く読《よ》んでいただき、言葉《ことば》の壁《かべ》を超《こ》えて評価《ひょうか》されたことは本当《ほんとう》にうれしい」

上橋《うえはし》さんは、よろこびをこのように表《あらわ》しました。言葉《ことば》の壁《かべ》を超《こ》えて世界《せかい》をめぐるまでに、インターネットで評判《ひょうばん》になったり、アニメ化《か》されたり、いろいろな人《ひと》の助《たす》けがあったそうです。

オーストラリアの先住民族《せんじゅうみんぞく》アボリジニーを研究《けんきゅう》する文化人類学者《ぶんかじんるいがくしゃ》でもあります。「研究《けんきゅう》を通《つう》じて世界《せかい》に多様《たよう》な人々《ひとびと》がいて、さまざまな考《かんが》え方《かた》があると自然《しぜん》とわかった。その感覚《かんかく》から、海外《かいがい》の人々《ひとびと》にも伝《つた》わる物語《ものがたり》を生《う》み出《だ》せた」と話《はな》します。

子《こ》どものころに読《よ》んだイギリスやフランスの児童文学《じどうぶんがく》から、世界《せかい》を知《し》りました。幼《おさな》いころおばあさんからいろんな話《はなし》を聞《き》いたことは、物語《ものがたり》が大好《だいす》きになるきっかけになったそうです。

「今《いま》の子《こ》どもたちはさまざまな物語《ものがたり》にふれるチャンスがある」。そう話《はな》す上橋《うえはし》さんは、子《こ》どもたちにこんなアドバイスをおくります。「世界《せかい》は決《けっ》して一つの考《かんが》え方《かた》で成《な》り立《た》ってはいません。何《なに》かを『正《ただ》しい』と思《おも》った、また『正《ただ》しい』とだれかに言《い》われたときには、一拍《いっぱく》おいて考《かんが》えてみてください。同時《どうじ》に、自分《じぶん》とちがう立場《たちば》の人《ひと》がいることも想像《そうぞう》してみてください」

世界各国語に翻訳されている上橋さんの作品

違う立場の人のこと考えて

朝日小学生新聞

国際アンデルセン賞の授賞式＝2014年、メキシコ、偕成社提供

他《ほか》にもこんなニュースが…

「建築《けんちく》のノーベル賞《しょう》」といわれるプリツカー賞《しょう》の受賞者《じゅしょうしゃ》には、建築家《けんちくか》の坂茂《ばんしげる》さんが決《き》まったよ

インタビュー

宗田理《そうだおさむ》さん

本当《ほんとう》に心《こころ》を許《ゆる》せる友《とも》だちを

「ぼくら」シリーズは、子《こ》どもがいたずらで悪《わる》い大人《おとな》をやっつける話《はなし》。読者《どくしゃ》は、ぼくも子《こ》どものころにいたずらをして遊《あそ》んでいたと思《おも》うでしょう。でも、当時《とうじ》は、そんな時代《じだい》ではありませんでした。日本と中国《ちゅうごく》の戦争《せんそう》が始《はじ》まったのは、小学《しょうがく》3年生《ねんせい》のとき。戦争《せんそう》に行《い》く兵《へい》隊《たい》を駅《えき》で見送《みおく》る「兵隊送《へいたいおく》り」や、戦死《せんし》した人《ひと》の遺骨《いこつ》を出《で》むかえるなどの行事《ぎょうじ》の毎日《まいにち》です。

中学《ちゅうがく》1年《ねん》のときに太平洋戦争《たいへいようせんそう》が始《はじ》まります。終戦《しゅうせん》のころになると、アメリカ軍《ぐん》が上陸《じょうりく》したときに備《そな》えた訓練《くんれん》に参加《さんか》させられました。爆《ばく》薬《やく》をつめた箱《はこ》を抱《だ》いて穴《あな》のなかで戦車《せんしゃ》を待《ま》ち、戦車《せんしゃ》が来《き》たらひもを引《ひ》いて爆発《ばくはつ》させる。「自爆《じばく》しろ」といわれていたのです。17歳《さい》から先《さき》の人生《じんせい》はない、と思《おも》っていました。親《おや》や子《こ》どもたちのために犠牲《ぎせい》にならなきゃ国《くに》はほろびるって教《おし》えこまれていたからです。

子《こ》どもを死《し》なせるようなことをする大人《おとな》は、とんでもない。「悪《わる》い大人《おとな》をいたずらでやっつけろ」というのが、ぼくの作品《さくひん》の一貫《いっかん》したテーマです。

いたずらは、おもしろいことを考《かんが》える知恵《ちえ》と勇気《ゆうき》が必要《ひつよう》です。後《あと》でおこられるからです。大人《おとな》は、子《こ》どものいたずらを受《う》け止《と》めて、きちんとしかることが大事《だいじ》。おこってくれなきゃおもしろくない。

今《いま》は、インターネットなどを使《つか》った「いじめ」が増《ふ》えていますね。いつ裏切《うらぎ》られるかわからなくて、心《こころ》を許《ゆる》せる仲間《なかま》がいない。子《こ》どもたちには、本当《ほんとう》に信《しん》じられる仲間《なかま》をつくってほしいです。仲間《なかま》と遊《あそ》び、いたずらをすることが子《こ》どもには必要《ひつよう》です。

「悪《わる》ガキ7《セブン》」シリーズは、前《まえ》に取《しゅ》材《ざい》してくれた朝小読者《あさしょうどくしゃ》の双子《ふたご》がモデルです。高校生《こうこうせい》になった今《いま》も時々《ときどき》、手紙《てがみ》のやりとりをしています。子《こ》どもは、あっという間《ま》に大人《おとな》になっていく。子《こ》どもの時間《じかん》は「通過儀礼《つうかぎれい》」のようなもの。ほんのわずかな時間《じかん》です。そこで「ああ、おもしろかった」という気《き》持《も》ちは、後《あと》になっても残《のこ》ります。それを大事《だいじ》にしてください。

児童文学作家《じどうぶんがくさっか》

プロフィル

1928年　東京《とうきょう》に生《う》まれる

1941年　愛知県《あいちけん》・一色尋常高等《いっしきじんじょうこうとう》小学校《しょうがっこう》（当時《とうじ》）卒業《そつぎょう》

1979年　『未知海域《みちかいいき》』で直木賞《なおきしょう》候補《こうほ》に

1985年　『ぼくらの七日間戦争《なのかかんせんそう》』出版《しゅっぱん》。シリーズ始《はじ》まる

2013年　『悪《わる》ガキ7《セブン》』出版《しゅっぱん》

タイムスリップ朝小《あさしょう》

2013年（平成25年）　4月10日　当時の新聞記事から抜粋

元気《げんき》にいたずら　悪者撃退《わるものげきたい》

本の表紙と同じポーズで宗田理さん（中央）と。左が珠琳さん、右が茉琳さん＝愛知県名古屋市にある宗田さんの仕事場

朝小元読者《あさしょうもとどくしゃ》が小説《しょうせつ》になった！

宗田理《そうだおさむ》さんが、朝小《あさしょう》の元読者《もとどくしゃ》をモデルにした新作《しんさく》『悪《わる》ガキ7《セブン》　いたずらtwins《ツインズ》と仲間《なかま》たち』（静山社《せいざんしゃ》）を発表《はっぴょう》しました。モデルは、2011年に宗田《そうだ》さんをインタビューした双子《ふたご》の山田姉妹《やまだしまい》（愛知県《あいちけん》・中《ちゅう》2）です。

Q《キュー》（山田茉琳《やまだまりん》さん、珠琳《じゅりん》さんの質問《しつもん》）なぜ私《わたし》たちをモデルにしたのですか。

A《エー》（宗田《そうだ》さんの答《こた》え）最初《さいしょ》に会《あ》ったとき、2人ともとても元気《げんき》が良《よ》かった。こういう双子《ふたご》の物語《ものがたり》を書《か》いたらおもしろいなと思《おも》ったんだ。

Q《キュー》　いたずらをする子《こ》どもたちのお話《はなし》、おもしろいです！

A《エー》　昔《むかし》は、いたずらをする「悪《わる》ガキ」がたくさんいたんだよ。それで、大人《おとな》からおこられていた。今《いま》は少《すく》なくなっちゃった。そのかわり、インターネットを使《つか》って人《ひと》の悪口《わるくち》をいうなど、ひきょうなことが増《ふ》えたよね。いじめをなくすには、もっといたずらをして、大人《おとな》からおこられた方《ほう》がいい。

Q《キュー》　いたずらといじめのちがいは何《なん》ですか。

A《エー》　いたずらは、強《つよ》い人《ひと》にやるもので、いじめは弱《よわ》い人《ひと》をいたぶるひきょうなこと。いじめるような子《こ》をやっつけるのも、いたずらだよ。いたずらをするには、勇気《ゆうき》がいる。子《こ》どもたちには、そのパワーを持《も》ってほしいと願《ねが》っているんだ。

Q《キュー》　読者《どくしゃ》に伝《つた》えたいことは？

A《エー》　子《こ》どもたちが勇気《ゆうき》を持《も》って「悪《わる》ガキ」になってほしいなと思《おも》うよ。そして社会全体《しゃかいぜんたい》が、いたずらを受《う》け入《い》れる「ゆとり」を持《も》ってほしいね。

民間企業の出版部で編集者をしていたころ＝1955年ごろ、本人提供

他《ほか》にもこんなニュースが…
イギリス初《はつ》の女性首相《じょせいしゅしょう》マーガレット・サッチャーさんが8日、脳卒中《のうそっちゅう》のために87歳《さい》で亡《な》くなりました

食べ物

「目《め》新《あたら》しさ」にみんなワクワク！

1

家庭料理《かていりょうり》の大革命《だいかくめい》

当初《とうしょ》は、電子《でんし》レンジの使《つか》い方《かた》を紹介《しょうかい》する試食会《ししょくかい》が開《ひら》かれた

2

手《て》がよごれない

板《いた》チョコ全盛期《ぜんせいき》に画期的《かっきてき》なチョコ菓子《がし》が登場《とうじょう》

4

女《おんな》の子《こ》でいっぱい

女性《じょせい》が好《す》きな男性《だんせい》にチョコをわたす文化《ぶんか》が広《ひろ》まった

5

米飯給食《べいはんきゅうしょく》の導入《どうにゅう》

米余《こめあま》り対策《たいさく》や伝統的食習慣《でんとうてきしょくしゅうかん》を身《み》につけさせることが目的《もくてき》

年	できごと
1962（昭和《しょうわ》37）	「ポテトチップス　のり塩《しお》」（湖池屋《こいけや》）発《はつ》売《ばい》
1963（38）	バナナの輸入自由化《ゆにゅうじゆうか》。ぜいたく品《ひん》だったバナナが身近《みぢか》な果物《くだもの》に
1965（40）	家庭用電子《かていようでんし》レンジ発売《はつばい》＝写真《しゃしん》1。冷《れい》凍《とう》やレトルト食品《しょくひん》が広《ひろ》がるきっかけに
1966（41）	「ポッキー」（江崎《えざき》グリコ）発売《はつばい》2
1971（46）	「カップヌードル」（日清食品《にっしんしょくひん》）が登場《とうじょう》し、マクドナルドの1号店《ごうてん》が開店《かいてん》3
1974（49）	セブン－イレブン1号店《ごうてん》が東京《とうきょう》・豊洲《とよす》に開店《かいてん》
1975（50）ごろ	バレンタインデーが定着《ていちゃく》4。その10年後《ねんご》にはホワイトデーも定着《ていちゃく》
1976（51）	パンに代《か》わって、米飯給食《べいはんきゅうしょく》が正式《せいしき》に始《はじ》まる5
1981（56）	アイスキャンディー「ガリガリ君《くん》」（赤《あか》城乳業《ぎにゅうぎょう》）発売《はつばい》
1985（60）	「ビックリマンチョコ　悪魔《あくま》vs天使《てんし》シール」（ロッテ）が大《だい》ブームに6

6

社会問題《しゃかいもんだい》にもなりました

多《おお》くのシールを集《あつ》めようと、シールだけ抜《ぬ》き取《と》り、チョコを捨《す》てる子《こ》どもがあいつぐ

3

アメリカ発《はつ》のハンバーガー上陸《じょうりく》

日本のマクドナルド第《だい》1号《ごう》は、東京《とうきょう》の銀座三越《ぎんざみつこし》店《てん》。1984年に近《ちか》くに移転《いてん》した

タイムスリップ朝小《あさしょう》

2013年（平成25年） 12月 6日

当時の新聞記事から抜粋

和食《わしょく》ってすごい

ごはんのほかに汁もの1品とおかずを3品そろえる「一汁三菜」が、和食の基本的な献立です　農林水産省提供

無形文化遺産《むけいぶんかいさん》に登録《とうろく》

和食《わしょく》が国連教育科学文化機関《こくれんきょういくかがくぶんかきかん》（ユネスコ）の無形文《むけいぶん》化遺産《かいさん》に登録《とうろく》されたことをトップニュースで伝《つた》えました。読者《どくしゃ》アンケートの結果《けっか》もあわせて紹介《しょうかい》。好《す》きな和食《わしょく》のトップはおすしで、焼《や》き魚《ざかな》、みそ汁《しる》、おせち料理《りょうり》などもあがりました。和食《わしょく》のイメージは「栄養《えいよう》のバランスがよく健康的《けんこうてき》」「季節感《きせつかん》がある」などだそうです。

もっと知《し》りたい

バレンタインのチョコ、始《はじ》まりは？

2月14日は、3世紀《せいき》のローマに実在《じつざい》したキリスト教《きょう》の司祭《しさい》・聖《せい》バレンタインの命日《めいにち》とされ、世界各地《せかいかくち》でこの日《ひ》に愛《あい》を伝《つた》える習慣《しゅうかん》があります。

日本でチョコをおくるようになったのはなぜか。2011年2月11日の朝小《あさしょう》の記事《きじ》「恋《こい》のチョコレート　濃《こ》いのその歴史《れきし》」に書《か》かれています。メリーチョコレート（東京都大田区《とうきょうとおおたく》）が1958年に百貨店《ひゃっかてん》で「バレンタインデー」と書《か》いた看板《かんばん》を立《た》ててチョコを販売《はんばい》したのが始《はじ》まり。2012年2月9日の紙面《しめん》では、東《ひがし》日本大震災《だいしんさい》後《ご》に絆《きずな》を大《たい》切《せつ》にし、感謝《かんしゃ》を伝《つた》えるために、家族《かぞく》にチョコをおくる人《ひと》が増《ふ》えたことを紹介《しょうかい》しました。

バレンタインデーの1か月後《げつご》の3月14日はホワイトデー。贈答文化《ぞうとうぶんか》がある日本ならではのイベントで、男性《だんせい》から女性《じょせい》におかしなどをプレゼントします。

はば広《ひろ》い世代《せだい》に人気《にんき》のあるおかし「チョコレート」。女性《じょせい》から男性《だんせい》にチョコをおくる「バレンタインデー」（2月14日）は、今《いま》ではすっかり国民的《こくみんてき》なイベントとして定着《ていちゃく》しています。

7

コーヒーのほろ苦《にが》さ

イタリア料理《りょうり》の人気《にんき》とともに、全国《ぜんこく》に広《ひろ》まった

8

平成米騒動《へいせいこめそうどう》

タイ米《まい》も出回《でまわ》り、国産米《こくさんまい》のセールには長《なが》い行列《ぎょうれつ》ができた

1990（平成《へいせい》2）	イタリア料理《りょうり》のデザート「ティラミス」がブームに⑦
1994（6）	冷害《れいがい》による前年《ぜんねん》の米《こめ》の凶作《きょうさく》で、不安《ふあん》を感《かん》じた消費者《しょうひしゃ》が買《か》いだめに走《はし》った⑧
1997（9）	「キシリトールガム」（ロッテ）発売《はつばい》⑨
2000（12）ごろ	節分《せつぶん》に恵方巻《えほうま》きを食《た》べる風習《ふうしゅう》が全国《ぜんこく》に広《ひろ》まる⑩
2015（27）	食品表示法《しょくひんひょうじほう》がスタートし、原材料《げんざいりょう》などの表示《ひょうじ》ルールが一つにまとまる

9

ガムでむし歯予防《ばよぼう》

天然《てんねん》の甘味料《かんみりょう》がむし歯予防《ばよぼう》に効果《こうか》があると注目《ちゅうもく》される

10

関西《かんさい》から全国《ぜんこく》へ

江戸時代《えどじだい》に関西《かんさい》で広《ひろ》まったとされる。コンビニが全国《ぜんこく》へ

年表の写真は、⑩以外はすべて©朝日新聞社

漫画

いつの時代《じだい》もみんなが夢中《むちゅう》です

手塚治虫《てづかおさむ》さんの代表作《だいひょうさく》

「鉄腕《てつわん》アトム」のもとになった作品《さくひん》。「鉄腕《てつわん》アトム」はアニメ化《か》もされて、多《おお》くの子《こ》どもたちが夢中《むちゅう》になった

ヒット作《さく》を次々《つぎつぎ》と

2002年にはアメリカ版《ばん》も登場《とうじょう》。「NARUTO―ナルト―」などが世界的《せかいてき》なヒットに

年	できごと
1951（26）	「鉄腕《てつわん》アトム」の前身《ぜんしん》「アトム大使《たいし》」が雑誌《ざっし》「少年《しょうねん》」で連載開始《れんさいかいし》＝写真《しゃしん》❶
1954（29）	少女雑誌《しょうじょざっし》「なかよし」創刊《そうかん》❷。55年に「りぼん」、77年には「ちゃお」が登場《とうじょう》
1968（43）	「少年《しょうねん》ジャンプ」創刊《そうかん》（69年に週刊化《しゅうかんか》）❸
1969（44）	「ドラえもん」が学年別学習雑誌《がくねんべつがくしゅうざっし》「小学《しょうがく》一年生《ねんせい》」（70年1月号《ごう》）などでスタート❹。4コマ漫画《まんが》「ジャンケンポン」の連載《れんさい》が「朝日小学生新聞《あさひしょうがくせいしんぶん》」で始《はじ》まる
1976（51）	「ガラスの仮面《かめん》」が少女雑誌《しょうじょざっし》「花《はな》とゆめ」で連載開始《れんさいかいし》❺
1984（59）	「ドラゴンボール」の連載《れんさい》が「週刊少年《しゅうかんしょうねん》ジャンプ」で始《はじ》まる
1986（61）	「ちびまる子《こ》ちゃん」の連載《れんさい》が「りぼん」で始《はじ》まる。「落第忍者乱太郎《らくだいにんじゃらんたろう》」の連載《れんさい》が「朝日小学生新聞《あさひしょうがくせいしんぶん》」で始《はじ》まる
1994（6）	「週刊少年《しゅうかんしょうねん》ジャンプ」新年《しんねん》3・4合併号《がっぺいごう》の発行部数《はっこうぶすう》が過去最高《かこさいこう》の653万部《まんぶ》に
1997（9）	「ONE《ワン》 PIECE《ピース》」の連載《れんさい》が「週刊少年《しゅうかんしょうねん》ジャンプ」で始《はじ》まる

少女漫画《しょうじょまんが》とふろくに夢中《むちゅう》

現在発売《げんざいはつばい》されている漫画雑誌《まんがざっし》では最《もっと》も歴史《れきし》がある。「ふろく」も女《おんな》の子《こ》たちの心《こころ》をつかんだ

日本を代表《だいひょう》するキャラ

その後《ご》アニメ化《か》され、世界各《せかいかっ》国《こく》でも人気《にんき》に

演劇《えんげき》の世界《せかい》えがく

累計発行部数《るいけいはっこうぶすう》は5千万部《まんぶ》を突《とっ》破《ぱ》した

アニメやキャラクター商品になった作品も！

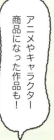

タイムスリップ朝小 あさしょう

1985年(昭和60年) 12月 26日

当時の新聞記事から抜粋

朝日小学生新聞 1985年(昭和

まんがの魅力《みりょく》について

その瞬間《しゅんかん》に夢《ゆめ》・遊《あそ》びがある

まんが家・評論家に聞く

読《よ》み手《て》と書《か》き手《て》、年齢差《ねんれいさ》がなくなった

まんが事情《じじょう》 パート8

ゆでたまご(キン肉マン)①夢をつくれる②友情、勝利。いまの子は、夢があまりに現実的。いつも人の顔をうかがってばかりいるような気もするね。そんなシラけたこどもたちに「もっと、がんばろうじゃないか」っていいたい③オバQの時代からあと、ほんとのこどものためのまんがというのがなかった。それで、ひさびさに出た少年まんがってことで、当たったのかなあ。

シラけっ子がんば

感動《かんどう》できる心《こころ》で読《よ》んで

武論尊(北斗の拳・原作者)①夢をそのままかけること②北斗の拳では、けんかをするのにも、人は心の中にいつもやさしい気持ちを持っていなきゃいけないというのがテーマだ③むずかしくてわかりません。(そのかわりにこどもたちへ―)泣いたり、笑ったり、おこったり、悲しんだり、とにかくいっぱい感動できる心を持って!

質問の内容
①まんがの持つ魅力とは
②(自分の)まんがにたくすテーマ、夢
③まんがブームの秘密

ゆでたまごさん(キン肉マン・作者)=右=、武論尊さん(北斗の拳・原作者)=左上=、赤塚不二夫さん=左下=らが登場

おもしろさと社会《しゃかい》への風刺《ふうし》と

この年《とし》は、計《けい》8回《かい》の「まんが事情《じじょう》」シリーズを掲載《けいさい》。最終回《さいしゅうかい》のこの日は、漫画家《まんがか》や評論家《ひょうろんか》へインタビュー。「天才《てんさい》バカボン」や「おそ松《まつ》くん」などで知《し》られる赤《あか》塚不二夫《つかふじお》さんは自分《じぶん》の漫画《まんが》にたくすテーマとして、おもしろいだけでなく「きちっと社会《しゃかい》に対《たい》する風刺《ふうし》をもりこむこと」と話《はな》しています。

もっと知《し》りたい

多《おお》くの子《こ》どものハートをつかむ「漫画《まんが》」は、今《いま》や日本文化《ぶんか》の一つになっています。2006年には京都精華大学《きょうとせいかだいがく》と京都市《きょうとし》が共同《きょうどう》で漫画《まんが》の文化《ぶんか》を発信《はっしん》する「京都国際《きょうとこくさい》マンガミュージアム」を京都市《きょうとし》につくりました。国内《こくない》外《がい》の漫画《まんが》に関《かん》する資料《しりょう》を集《あつ》めた博物館《はくぶつかん》で、現代《げんだい》の漫画本《まんがぼん》のほか、明治期以降《めいじきいこう》の漫画関連《まんがかんれん》の歴史的《れきしてき》な資料《しりょう》や世界各国《せかいかっこく》の漫画《まんが》をおさめています。

人気《にんき》は国内《こくない》だけに限《かぎ》りません。日本の漫画《まんが》やアニメがヨーロッパやアメリカに広《ひろ》がったのは1980年代《だい》から90年代《だい》のこと。1984年に連載《れんさい》が始《はじ》まった「ドラゴンボール」の単行本《たんこうぼん》の発行部数《はっこうぶすう》は、世界《せかい》で2億《おく》4千万《まん》部以上《ぶいじょう》になりました。「ONE《ワン》PIECE《ピース》」は世界《せかい》42以上《いじょう》の国《くに》と地域《ちいき》で読《よ》まれています。日本国内《こくない》での累計発行部数《るいけいはっこうぶすう》だけでも3億《おく》5千万部《まんぶ》を超《こ》えています。

クールジャパンの柱《はしら》に成長《せいちょう》

政府《せいふ》は今《いま》、日本独自《どくじ》の文化《ぶんか》を海外《かいがい》に発信《はっしん》する「クールジャパン戦略《せんりゃく》」を進《すす》めています。漫画《まんが》は柱《はしら》の一つ。今後《こんご》いっそう海外《かいがい》進出《しんしゅつ》することが期待《きたい》されます。

(数字《すうじ》は2017年2月現在《げんざい》)

フランスでも人気《にんき》に

日本文化《ぶんか》を紹介《しょうかい》する博覧会《はくらんかい》。漫画《まんが》は若者《わかもの》の人気《にんき》を集《あつ》める

漫画《まんが》が「学問《がくもん》」に

博物館《はくぶつかん》のほか、漫画《まんが》を学問《がくもん》として研究《けんきゅう》する大学《だいがく》も出《で》てくる

- 2000(12) 日本の漫画《まんが》などを紹介《しょうかい》する「ジャパンエキスポ」がフランス・パリで始《はじ》まる 6
- 2006(18) 国内初《こくないはつ》の総合的《そうごうてき》な漫画博物館《まんがはくぶつかん》「京都国《きょうとこく》際《さい》マンガミュージアム」開館《かいかん》 7
- 2009(21) 「進撃《しんげき》の巨人《きょじん》」の連載《れんさい》が「別冊少年《べっさつしょうねん》マガジン」で始《はじ》まる 8
- 2016(28) 「週刊少年《しゅうかんしょうねん》ジャンプ」で40年続《つづ》いた「こちら葛飾区亀有公園前派出所《かつしかくかめありこうえんまえはしゅつじょ》」の連載《れんさい》が終《お》わる

実写版《じっしゃばん》の映画《えいが》にもなったよ

小説《しょうせつ》、テレビアニメになり、2015年には実《じっ》写版《しゃばん》の映画《えいが》が話題《わだい》になる

インタビュー

泉《いずみ》昭二《しょうじ》さん

朝小《あさしょう》の4コマ漫画《まんが》「ジャンケンポン」が2016年冬《ふゆ》、のべ掲載回数《けいさいかいすう》1万《まん》5千回《かい》を超《こ》え、ギネス世界記録《せかいきろく》に認定《にんてい》されました。1969年9月から始《はじ》まったこの連載《れんさい》は、今《いま》も記録《きろく》を更新《こうしん》し続《つづ》けています。「ジャンケンポン」の漫画家《まんがか》・泉昭二《いずみしょうじ》さんに朝小《あさしょう》リポーターの2人がインタビューし、連載《れんさい》が始《はじ》まったきっかけなどを聞《き》きました。

連載第1回がのった1969年9月30日付の紙面と。左から、山田茅穂さん、泉昭二さん、清水壮太郎くん＝2016年12月10日、東京都中央区の朝日学生新聞社

掲載回数《けいさいかいすう》でギネス世界記録認定《せかいきろくにんてい》

Q《キュー》（質問《しつもん》）「ジャンケンポン」をかくきっかけは？

A《エー》（泉《いずみ》さんの答《こた》え）ぼくは大人向《おとなむ》けの漫画《まんが》をかいていたんですが、朝日小学生新聞《あさひしょうがくせいしんぶん》に子《こ》ども向《む》けの漫画《まんが》をかいてみないかと誘《さそ》われたんです。

当時《とうじ》の編集長《へんしゅうちょう》からは「1年生《ねんせい》から6年生《ねんせい》まで、みんなが読《よ》めるような漫画《まんが》を」と言《い》われて、年齢《ねんれい》のちがう3人《にん》きょうだいを主人公《しゅじんこう》にしようと思《おも》いました。だからジャンは5、6年生《ねんせい》、ケンは3、4年《ねん》生《せい》、ポンは幼稚園児《ようちえんじ》なんです。

Q《キュー》「ジャンケンポン」というタイトルにしたのは？

A《エー》子《こ》どもたちになじみのある遊《あそ》びから考《かんが》えました。

Q《キュー》漫画《まんが》のアイデアはどうやって考《かんが》えますか？

A《エー》新聞《しんぶん》やテレビからよく案《あん》を思《おも》いつきます。のっているのが新《しん》聞《ぶん》だから、なるべく時事問題《じじもんだい》もあつかおうと心《こころ》がけています。

Q《キュー》アイデアを思《おも》いつかないときはどうしますか？

A《エー》考《かんが》えるしかないの。ジャンやケン、ポンだったらどうするかなとか、人間《にんげん》がやることをミーヤにやらせたらおもしろいんじゃないかとか、ありとあらゆることを考《かんが》える。無我夢中《むがむちゅう》です。

Q《キュー》いつからかいていますか？

A《エー》小学校《しょうがっこう》に入《はい》る前《まえ》から、新聞《しんぶん》のチラシの裏《うら》にかいてました。戦《せん》争中《そうちゅう》だったから、戦車《せんしゃ》や飛行機《ひこうき》なんかをかいていたの。今《いま》は平和《へいわ》で、楽《たの》しいことがいっぱいあってうらやましい。

Q《キュー》長《なが》く続《つづ》けられた理由《りゆう》は？

A《エー》体《からだ》がじょうぶで、大《おお》きな病《びょう》気《き》をしなかったことが一番《いちばん》だと思《おも》います。あとは、楽《たの》しくやってきたこと。漫画学校《まんががっこう》の先生《せんせい》から「漫《まん》画《が》は人《ひと》を楽《たの》しませるもの。だから自分《じぶん》も楽《たの》しまなきゃだめ。苦《くる》しまないで楽《らく》にかきなさい」とよく言《い》われた。本当《ほんとう》は苦《くる》しくても、楽《たの》しいつもりでやりなさいっていうことだと思《おも》います。そういう気持《きも》ち

漫画家《まんがか》

朝日小学生新聞 2016年12月15日付から

「ジャンケンポン」とギネス世界記録《せかいきろく》®

「ジャンケンポン」は、朝日小学生新聞《あさひしょうがくせいしんぶん》の1面《めん》で掲載《けいさい》している4コマ漫画《まんが》です。小学校高学年《しょうがっこうこうがくねん》の女《おんな》の子《こ》「ジャン」、同中学年《どうちゅうがくねん》の男《おとこ》の子《こ》「ケン」、幼稚園生《ようちえんせい》の男《おとこ》の子《こ》「ポン」の3きょうだいを主人公《しゅじんこう》に展開《てんかい》します。テーマは、そのときのはやりものや、政治《せいじ》の話題《わだい》などさまざまなものを取《と》り上《あ》げます。

ギネス世界記録《せかいきろく》は、「Most strips published for the same yonkoma manga series（ひとつの4コマ漫画《まんが》シリーズにおいて最《もっと》も多《おお》く発行《はっこう》された回数《かいすう》）」というカテゴリーで認定《にんてい》されました。

（東京都・鈴木恵梨・2年）

（東京都・石井香音・3年）

（千葉県・田中日渚・4年）

読者《どくしゃ》の子《こ》どもたちから
喜《よろこ》びのハガキが
届《とど》きました！

（愛知県・小澤穂高・2年）

（神奈川県・北村妃美夏・5年）

（東京都・西井真永・5年）

（愛知県・杉原優花・6年）

でやってきたから、ここまで続《つづ》けてこられたんだと思《おも》います。

Q《キュー》 4コマ目《め》でよくずっこけますが、どうしてですか？

A《エー》 ずっこけるの、おもしろくない？（2人そろって「おもしろい！」）

いろんなオチのつけ方《かた》があるけれど、あれがぼくの一つのやり方《かた》なんだよね。ずっこけたときに、深刻《しんこく》な顔《かお》じゃなくて、目《め》が笑《わら》ってるでしょ。見《み》て、楽《たの》しんでもらえるようにと思《おも》っています。

Q《キュー》 これからも続《つづ》けていきたいですか？

A《エー》 案《あん》が出《で》ないときは、いやになっちゃうこともあるけど、これまで「やめたい」って思《おも》ったことはなかったかもしれません。体《からだ》を悪《わる》くするまでは、続《つづ》けていきたいと思《おも》っています。

プロフィル

いずみ・しょうじ 1932年東京《とうきょう》生まれ。8人《にん》きょうだいの末《すえ》っ子《こ》。大学《だいがく》を卒業《そつぎょう》し、会社員生活《かいしゃいんせいかつ》を送《おく》った後《あと》、33歳《さい》から東京《とうきょう》デザインカレッジ漫画科《まんがか》に通《かよ》い、プロになる

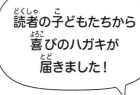

インタビュー

尼子騒兵衛《あまこそうべえ》さん

朝小《あさしょう》の人気漫画《にんきまんが》「落第忍者乱太郎《らくだいにんじゃらんたろう》」が2016年初《はじ》めに、連載開《れんさいかい》始《し》から30年《ねん》をむかえました。連載《れんさい》31年目《ねんめ》に入《はい》った尼子騒兵衛《あまこそうべえ》さんに連載《れんさい》のきっかけや、作品《さくひん》への思《おも》いを聞《き》きました。

Q《キュー》（質問《しつもん》） 朝小連載《あさしょうれんさい》のきっかけは？

A《エー》（尼子《あまこ》さんの答《こた》え） 知《し》り合《あ》いの漫画家《まんがか》さんの紹介《しょうかい》です。編集《へんしゅう》部《ぶ》で、ギャグ漫画《まんが》がかける人《ひと》をさがしていたんです。最初《さいしょ》、3か月《げつ》連載《れんさい》ということで始《はじ》めました。そのころ私《わたし》は、漫画家《まんがか》としてデビューしていましたが、会社員《かいしゃいん》でもあったんです。3か月《げつ》なら、会社《かいしゃ》に勤《つと》めながらでも何《なん》とかなるかなぁと思《おも》ったんです。連載《れんさい》が終《お》わったら「もうちょっとかきませんか」というお話《はなし》になり。そして、気《き》づけば30年《ねん》です。

「落第忍者乱太郎《らくだいにんじゃらんたろう》」連載《れんさい》30周年《しゅうねん》

Q《キュー》 忍者《にんじゃ》の学校《がっこう》が舞台《ぶたい》なのは？

A《エー》 編集《へんしゅう》の方《かた》が「忍者《にんじゃ》もので！」と希望《きぼう》されたんです。小学《しょうがく》生向《せいむ》けの新聞《しんぶん》でしたし、学校《がっこう》を舞《ぶ》台《たい》にしたお話《はなし》だったら読者《どくしゃ》の共感《きょうかん》を得《え》られるんじゃないかと思《おも》って。彼《かれ》がなぜ、忍者漫画《にんじゃまんが》を勧《すす》めてくれたのかは聞《き》かずじまいでした。当《とう》時《じ》、B級忍者映画《きゅうにんじゃえいが》がはやっていたからでしょうか。

Q《キュー》 作品《さくひん》へのこだわりは？

A《エー》 連載《れんさい》を始《はじ》めるとき、歴史的《れきしてき》な裏《うら》づけがあるものをかこうと思《おも》いました。「落乱《らくらん》」の舞台《ぶたい》は戦国時《せんごくじ》代《だい》で、忍者《にんじゃ》の世界《せかい》。当時《とうじ》の私《わたし》は、忍者《にんじゃ》の知識《ちしき》がなかったので、資料《しりょう》を集《あつ》めることから始《はじ》めました。

まさに、「本《ほん》のジャングル」を探《たん》検《けん》し続《つづ》けた30年《ねん》です。調《しら》べものをして、何《なに》か発見《はっけん》をし

尼子《あまこ》さんお気《き》に入《い》りの「落乱《らくらん》コミックス」表紙原画《ひょうしげんが》

38巻

瀬戸内海の夕日を背景に、水軍の道具を持っている乱太郎たちです。漫画家の故・やなせたかし先生がかいた絵を拝見したとき、夕日の色に刺激を受けました。光は白を生かすことでえがけますが、影の部分が思うような色が出なくて苦労しました

43巻

春のおぼろ月。サクラふぶきの中の3人組。色をぬるとき、筆では筆あとが残ってしまうので、均一にぬりたいときはエアブラシを使います。地面はエアブラシを使用。サクラの濃淡をぬり重ねながら、散る花びらは1枚1枚かきました

漫画家《まんがか》

たときの喜《よろこ》びが、漫画《まんが》をかく原動力《げんどうりょく》になっています。ポケベル、携帯電話《けいたいでんわ》、インターネット、電子書籍《でんししょせき》、SNS《エスエヌエス》――。この30年《ねん》で私《わたし》たちを取《と》り巻《ま》く環境《かんきょう》は急《きゅう》ピッチで変《か》わっていますが、私《わたし》は「本《ほん》が大好《だいす》き」です。

「落乱《らくらん》」をかくときは、いろいろな事《こと》を必《かなら》ず本《ほん》で調《しら》べます。この姿勢《しせい》は、今《いま》もこれからも変《か》わりません。みなさんにも書物《しょもつ》で調《しら》べることの大切《たいせつ》さ、楽《たの》しさを知《し》ってほしいです。

「なぜ?」と思《おも》ったことはどんどん自分《じぶん》で調《しら》べて、発見《はっけん》する喜《よろこ》びを味《あじ》わってください。大人《おとな》になってからも大《おお》いに役立《やくだ》つはずです。

Q《キュー》 連載《れんさい》の苦労《くろう》は?

A《エー》 毎回《まいかい》しめきりとのたたかいです。連載《れんさい》を始《はじ》めたころは、かき上《あ》げた原稿《げんこう》を速達郵便《そくたつゆうびん》で送《おく》っていました。郵便《ゆうびん》では間《ま》に合《あ》わなくなると、航空便《こうくうびん》で送《おく》るようになって。それでも間《ま》に合《あ》わなくなると、新幹線便《しんかんせんびん》を利用《りよう》しました。朝《あさ》、新大阪駅《しんおおさかえき》に原稿《げんこう》を届《とど》けて、新幹線《しんかんせん》で運《はこ》んでもらっていたんです。姉《あね》やマネジャーが「人力宅配便《じんりきたくはいびん》」として、東京《とうきょう》の編集部《へんしゅうぶ》まで届《とど》けにいくこともありました。今《いま》はパソコンであっという間《ま》に送《おく》ることができるので助《たす》かっています。

Q《キュー》 読者《どくしゃ》へメッセージを。

A《エー》 かき始《はじ》めた当時《とうじ》、小学生《しょうがくせい》だった読者《どくしゃ》は、今《いま》ではお父《とう》さんやお母《かあ》さんになっていて、中《なか》にはお孫《まご》さんがいる方《かた》も。30年《ねん》という時間《じかん》は、3世代《せだい》の読者《どくしゃ》を育《はぐく》んでくれました。世代《せだい》をこえて乱太郎《らんたろう》を大切《たいせつ》にしてくれるとうれしいです。

漫画家と会社員を両立していたころ＝1990年

プロフィル

あまこ・そうべえ 兵庫県尼崎市《ひょうごけんあまがさきし》生《う》まれ。歴史《れきし》が大好《だいす》きで、大学《だいがく》では日本史《し》を専攻《せんこう》。1986年から朝小《あさしょう》に「落第忍者乱太郎《らくだいにんじゃらんたろう》」連載中《れんさいちゅう》。93年からNHK《エヌエイチケー》教育《きょういく》テレビ(NHK《エヌエイチケー》 E《イー》テレ)でアニメ「忍《にん》たま乱太郎《らんたろう》」放送中《ほうそうちゅう》

落乱《らくらん》30年《ねん》のあゆみ

1986年
1月 朝小連載《あさしょうれんさい》スタート
乱太郎《らんたろう》、きり丸《まる》、しんべヱ
3人組登場《にんぐみとうじょう》

1993年
4月 NHK《エヌエイチケー》テレビアニメ
「忍《にん》たま乱太郎《らんたろう》」放送開始《ほうそうかいし》
5月 「落乱《らくらん》コミックス」1巻発売《かんはつばい》

1996年
1月 朝小連載《あさしょうれんさい》10周年《しゅうねん》
6月 劇場版《げきじょうばん》アニメ映画《えいが》
「忍《にん》たま乱太郎《らんたろう》」公開《こうかい》

2006年
1月 朝小連載《あさしょうれんさい》20周年《しゅうねん》

2011年
1月 朝小連載《あさしょうれんさい》25周年《しゅうねん》
3月 劇場版《げきじょうばん》アニメ映画《えいが》
「忍《にん》たま乱太郎《らんたろう》 忍術学園《にんじゅつがくえん》 全員出《ぜんいんしゅつ》
動《どう》!の段《だん》」公開《こうかい》
7月 実写版映画《じっしゃばんえいが》「忍《にん》たま乱太郎《らんたろう》」公開《こうかい》

2013年
7月 実写版映画《じっしゃばんえいが》
「忍《にん》たま乱太郎《らんたろう》 夏休《なつやす》み宿題《しゅくだい》
大作戦《だいさくせん》!の段《だん》」公開《こうかい》

2016年
1月 朝小連載《あさしょうれんさい》30周年《しゅうねん》
10月 「落乱《らくらん》コミックス」
60巻発売《かんはつばい》

46巻

コウモリが飛び交う満月の夜。廃寺に遊ぶ忍び装束の3人。コウモリは、縁起がよい「吉祥文様《きっしょうもんよう》」で、らん間《ま》(天井と、かもいの間の部分)の図案集を参考にえがきました。秋風に花がゆれる感じや、葉っぱを1枚1枚えがくのがちょっと大変でした

53巻

「舞楽《ぶがく》」をえがきました。舞楽は、雅楽《ががく》(宮廷の儀式などで演奏される音楽)の演奏様式の一つです。しんべヱときり丸は、楽しげに雌雄《しゆう》の竜が舞いおどるさまを表した「落蹲《らくそん》」を舞っています。3人は「裲襠《りょうとう》」という舞楽の装束を着ています

59巻

水軍を意識してかきました。尼子事務所には、船大工さんに作ってもらった小早船がかざられていて、それをモデルにしました。細かな船の仕組みがわかるでしょう。オリーブグリーンの色を基調におもしろい波をかきました

テレビ放送

技術急進歩《ぎじゅつきゅうしんぽ》、人気番組《にんきばんぐみ》が続々《ぞくぞく》

景品《けいひん》は白黒《しろくろ》テレビ

商店街《しょうてんがい》の福引《ふくびき》で特等《とくとう》の景品《けいひん》として白黒《しろくろ》テレビが並《なら》んだ

30分《ぷん》アニメの草分《くさわ》け

感情《かんじょう》を持《も》つ少年《しょうねん》ロボットが生《い》き生《い》きと活躍《かつやく》し大人気《だいにんき》に

月《つき》での1歩目《ぽめ》を生中継《なまちゅうけい》

街頭《がいとう》テレビの前《まえ》におおぜいが集《あつ》まり、人類初《じんるいはつ》の月面着陸《げつめんちゃくりく》にくぎづけになった

年	できごと
1953（昭和《しょうわ》28）	国産白黒《こくさんしろくろ》テレビ発売《はつばい》、白黒放送《しろくろほうそう》が始《はじ》まる＝写真《しゃしん》1
1960（35）	国産《こくさん》カラーテレビ発売《はつばい》、カラー本放送《ほんほうそう》開始《かいし》
1963（38）	「鉄腕《てつわん》アトム」放送開始《ほうそうかいし》。30分《ぷん》アニメが週《しゅう》1回放送《かいほうそう》されるのは日本初《はつ》2
1964（39）	東京《とうきょう》オリンピックが五輪史上初《ごりんしじょうはつ》の衛星《えいせい》中継《ちゅうけい》3
1969（44）	アポロ11号《ごう》による人類初《じんるいはつ》の月面着陸《げつめんちゃくりく》が世界《せかい》40か国《こく》で同時中継《どうじちゅうけい》4
1981（56）	バラエティー番組《ばんぐみ》「8時《じ》だョ！全員集合《ぜんいんしゅうごう》」が47・6％《パーセント》、歌番組《うたばんぐみ》「ザ・ベストテン」が41・9％と高視聴率《こうしちょうりつ》
1986（61）	放送衛星《ほうそうえいせい》「BS《ビーエス》—2b《ビー》」打《う》ち上《あ》げ5
1989（平成元《へいせいがん》）	BS《ビーエス》アナログ本放送開始《ほんほうそうかいし》
1990（2）	「ちびまる子《こ》ちゃん」がアニメで歴代最《れきだいさい》高視聴率《こうしちょうりつ》39・9％を記録《きろく》
1993（5）	アニメ「忍《にん》たま乱太郎《らんたろう》」放送開始《ほうそうかいし》

衛星放送《えいせいほうそう》が実用化《じつようか》

放送衛星《ほうそうえいせい》が鹿児島《かごしま》の種子島《たねがしま》から打《う》ち上《あ》げられ、無事《ぶじ》に軌道《きどう》に乗《の》った

聖火《せいか》リレーをテレビ放送《ほうそう》

東京《とうきょう》に向《む》かう聖火《せいか》リレーを全国《ぜんこく》の子《こ》どもたちが教室《きょうしつ》で見届《みとど》けた

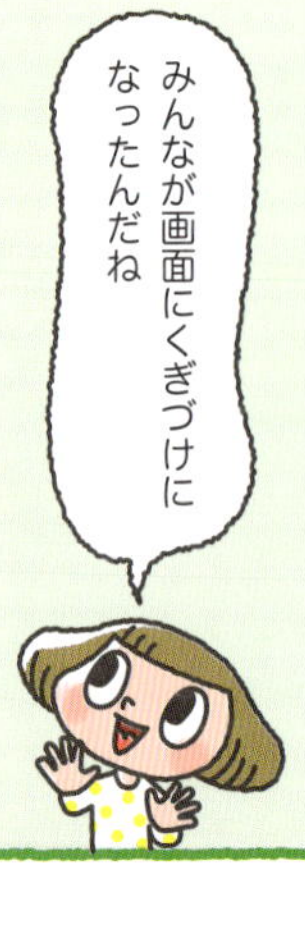

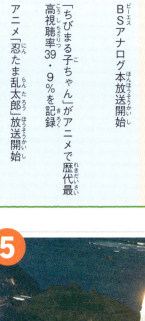

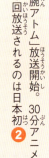

タイムスリップ朝小《あさしょう》

1985年（昭和60年） 3月29日

当時の新聞記事から抜粋

朝日小学生新聞　1985年（昭和60年）3月29日　金曜日

ドーム型スクリーン、立体（3D）映像、コンピューター・グラフィックス――。茨城県の筑波研究学園都市で開かれている「科学万博つくば'85」は、"映像博覧会"っていわれるくらい、とびっきり新しい映像技術がギッシリだ。でも、こんな最新技術が、ちょっとやそっとで生まれた、なんて思っちゃいけない。ことしは、NHKが、日本ではじめてラジオの放送を開始してから、ちょうど60周年。放送の歴史、とくにテレビの歴史をたどっていくのは、つくば博をもっと楽しむヒケツ――

こんなにかわったテレビジョン

放送がはじまって60年

サイエンスパワー

テレビ60年《ねん》の進化《しんか》をさぐる

「科学万博《かがくばんぱく》つくば'85」を楽《たの》しむ企画《きかく》として、テレビの歴史《れきし》を特集《とくしゅう》しました。日本の「テレビの父《ちち》」と呼《よ》ばれる高柳健次郎《たかやなぎけんじろう》さんは1926年、ブラウン管《かん》に「イ」の字《じ》を映《うつ》すことに成功《せいこう》。そのときのブラウン管《かん》のモデルが会場《かいじょう》に展示《てんじ》されました。立体《りったい》（3D《ディー》）映像《えいぞう》を映《うつ》すテレビなど、当時《とうじ》の最先端《さいせんたん》の技術《ぎじゅつ》も紹介《しょうかい》しています。

もっと知《し》りたい

日本でテレビ放送《ほうそう》が始《はじ》まったのは、1953年。ほぼすべての番組《ばんぐみ》が生放送《なまほうそう》でした。当時《とうじ》、テレビはとても高価《こうか》で一般《いっぱん》の家《か》庭《てい》では手《て》に入《はい》らなかったので、野球《やきゅう》やプロレスを流《なが》す街頭《がいとう》テレビに人《ひと》が集《あつ》まりました。

50年代後半《だいこうはん》には、白黒《しろくろ》テレビが洗濯機《せんたくき》、冷蔵庫《れいぞうこ》とともに、あこがれの家電製品《かでんせいひん》「三種《さんしゅ》の神《じん》器《ぎ》」と呼《よ》ばれます。59年、当時《とうじ》の皇太子《こうたいし》ご成婚《せいこん》のパレード中継《ちゅうけい》をきっかけに、テレビはお茶《ちゃ》の間《ま》に広《ひろ》がりました。

放送技術《ほうそうぎじゅつ》は、大《おお》きなイベントとともに発展《はってん》してきました。64年の東京五輪《とうきょうごりん》では、開会式《かいかいしき》、バレーボールや柔道《じゅうどう》など8競技《きょうぎ》がカラー放送《ほうそう》に。衛星《えいせい》を利用《りよう》して世界《せかい》に初《はじ》めて生中継《なまちゅうけい》するなど、東京五輪《とうきょうごりん》は「テレビオリンピック」ともいわれます。

戦後《せんご》のイベント見守《みまも》り進化《しんか》

未来《みらい》のテレビはさらに進化《しんか》し、現在《げんざい》のハイビジョン放送《ほうそう》（2K《ケー》）の4倍《ばい》、16倍《ばい》のきれいさになる「4K放送《ケーほうそう》」「8K放送《ケーほうそう》」が注目《ちゅうもく》されています。2016年にBS《ビーエス》での試験放送《しけんほうそう》が始《はじ》まり、18年にはBS《ビーエス》とCS《シーエス》で実用放送《じつようほうそう》が始《はじ》まる予定《よてい》です。

6 **W杯初勝利《ワールドカップはつしょうり》に歓喜《かんき》**
稲本潤一選手《いなもとじゅんいちせんしゅ》のゴールで日本がW杯初勝利《ワールドカップはつしょうり》

7 **地《ち》デジ化《か》で薄型人気《うすがたにんき》**
地上波《ちじょうは》デジタル放送開始《ほうそうかいし》で大《だい》画面《がめん》の薄型《うすがた》テレビが売《う》れた

1996	（8）	CS《シーエス》デジタル放送開始《ほうそうかいし》。2000年にBS《ビーエス》デジタル放送開始《ほうそうかいし》
2002	（14）	日本と韓国《かんこく》で開催《かいさい》されたサッカーのFIFA《フィファ》ワールドカップで日本対《たい》ロシア戦《せん》が視聴率《しちょうりつ》66・1%を記録《きろく》 6
2003	（15）	地上《ちじょう》デジタル放送開始《ほうそうかいし》 7。アナログ放送《ほうそう》は12年に終了《しゅうりょう》
2013	（25）	アニメ「サザエさん」が「最《もっと》も長《なが》く放映《ほうえい》されているテレビアニメ番組《ばんぐみ》」としてギネス世界記録《せかいきろく》に認定《にんてい》 8

視聴率データはすべてビデオリサーチ提供、関東地区

8 **「サザエさん」ギネス認定《にんてい》**
1969年の放送開始《ほうそうかいし》からサザエさんの声《こえ》を務《つと》める声優《せいゆう》の加藤《かとう》みどりさん（左《ひだり》）

年表の写真は、❷©手塚プロダクション・虫プロダクション、❽フジテレビ提供、他はすべて©朝日新聞社

おもちゃ

ママもパパも夢中《むちゅう》で遊《あそ》んだね

世代《せだい》をこえて愛《あい》される

60年代《だい》に出回《でまわ》った形《かたち》。この後《あと》、変化球《へんかきゅう》や「消《き》える魔球《まきゅう》」が登場《とうじょう》した

初代《しょだい》はこんな顔《かお》

日本の生活《せいかつ》スタイルに合《あ》わせて考《かんが》えられた着《き》せかえ人形《にんぎょう》。時代《じだい》とともに少《すこ》しずつ変化《へんか》している

年	できごと
1954（昭和《しょうわ》29）	電池《でんち》で動《うご》く「ミルク飲《の》み人形《にんぎょう》」（現《げん》・増田屋《ますだや》コーポレーション）発売《はつばい》
1958（33）	攻守《こうしゅ》に分《わ》かれて遊《あそ》ぶ野球《やきゅう》ゲーム「野球盤《やきゅうばん》」（エポック社《しゃ》）発売《はつばい》❶
1959（34）	国産《こくさん》ミニカー「モデルペット　トヨペット・クラウン」（旭玩具製作所《あさひがんぐせいさくしょ》）発売《はつばい》❷
1960（35）	ビニール製《せい》の人形《にんぎょう》「ダッコちゃん」（現《げん》・タカラトミー）発売《はつばい》
1965（40）	「スーパーボール」（国際貿易《こくさいぼうえき》）発売《はつばい》❸
1967（42）	着《き》せかえ人形《にんぎょう》「リカちゃん」（現《げん》・タカラトミー）発売《はつばい》❹
1968（43）	すごろく形式《けいしき》のボードゲーム「人生《じんせい》ゲーム」（現《げん》・タカラトミー）発売《はつばい》
1969（44）	電気式《でんきしき》で実際《じっさい》に調理《ちょうり》できる「ママレンジ」（アサヒ玩具《がんぐ》）発売《はつばい》❺
1980（55）	立方体《りっぽうたい》パズル「ルービックキューブ」（現《げん》・メガハウス）発売《はつばい》
	「機動戦士《きどうせんし》ガンダム」（バンダイ）のプラモデル発売《はつばい》、大《だい》ブームに

日本最初《さいしょ》のミニカー

国産《こくさん》ミニカー第《だい》1号《ごう》のトヨペット・クラウン（手前《てまえ》）

ままごと道具《どうぐ》も電化《でんか》

レンジに洗《せん》たく機《き》、ポットなど、電化《でんか》した道具《どうぐ》がままごとに流行《りゅうこう》した70年代《だい》

大人《おとな》も夢中《むちゅう》に

変化《へんか》のあるはずみ方《かた》に、子《こ》どもだけでなく大人《おとな》も夢中《むちゅう》に

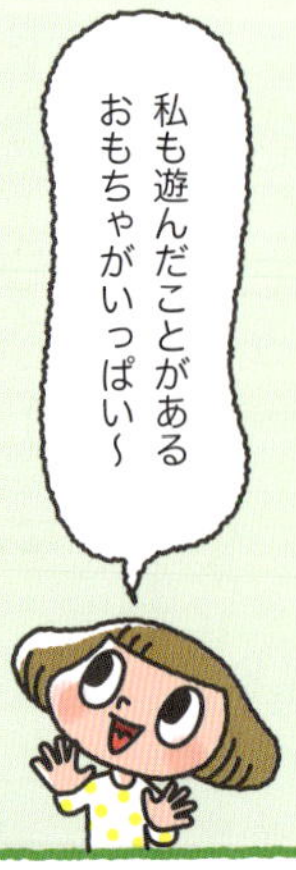

タイムスリップ朝小《あさしょう》

1989年(平成元年) 12月12日

当時の新聞記事から抜粋

朝日小学生新聞
朝小読者はよくばり天使
サンタさん おねがいね!
あれもこれもおねだり
ぬいぐるみがほしいっ
テレビゲームがいいな!

テレビゲーム、ぬいぐるみが人気《にんき》

平成元年《へいせいがん》のクリスマス前《まえ》に「ほしいプレゼント」のアンケート結果《けっか》を掲載《けいさい》。1～6年生《ねんせい》の各《かく》100人《にん》の回答《かいとう》をまとめたところ、1位《い》は小型《こがた》テレビゲーム。続《つづ》いて、ぬいぐるみ・人形《にんぎょう》、ラジオコントロールカー、テレビゲームのカセット、本《ほん》・図書券《としょけん》の順《じゅん》でした。5、6年《ねん》生《せい》の女《おんな》の子《こ》には、洋服《ようふく》も人気《にんき》でした。

もっと知《し》りたい

「世《よ》の中《なか》で話題《わだい》になっているものが、おもちゃになる」。こう話《はな》すのは、おもちゃの業界誌《ぎょうかいし》「月刊《げっかん》トイジャーナル」編集長《へんしゅうちょう》の伊吹文昭《いぶきふみあき》さんです。これまで新幹線《しんかんせん》、パンダ、エリマキトカゲがブームになったとき、それぞれのおもちゃが登場《とうじょう》。2015年は磁力《じりょく》で実際《じっさい》に浮《う》いて走《はし》るリニアモーターカーのおもちゃが注目《ちゅうもく》を集《あつ》めました。

素材《そざい》や技術《ぎじゅつ》も積極的《せっきょくてき》に取《と》り入《い》れます。1960年代《だい》にプラスチック製《せい》が増《ふ》え、70年代中《だいなか》ごろから電子機器《でんしきき》に使《つか》われるLSI《エルエスアイ》(大規模集積回路《だいきぼしゅうせきかいろ》)のゲームが登場《とうじょう》。新技術《しんぎじゅつ》の出《で》たては値段《ねだん》が高《たか》いので、やや広《ひろ》まり値段《ねだん》が手《て》頃《ごろ》になった時点《じてん》で導入《どうにゅう》されます。携帯電話《けいたいでんわ》の技術《ぎじゅつ》はラジコンのヘリコプターに使《つか》われています。

ブームに乗《の》り技術《ぎじゅつ》を導入《どうにゅう》

新《あたら》しいおもちゃが次々登場《つぎつぎとうじょう》しますが、売《う》り上《あ》げの中心《ちゅうしん》はトミカ、リカちゃん、戦隊《せんたい》シリーズ、など昔《むかし》からあるものです。「遊《あそ》びの本質《ほんしつ》は変《か》わらない」と伊吹《いぶき》さん。男子《だんし》なら「集《あつ》める、カスタマイズする、戦《たたか》わせる」。女子《じょし》なら「集《あつ》める、交換《こうかん》する、実用《じつよう》性《せい》がある」がポイントです。

6 **電子《でんし》ペットを求《もと》めて**
ファービーを求《もと》めて店頭《てんとう》には行列《ぎょうれつ》ができた

7 **対戦《たいせん》に熱中《ねっちゅう》**
日本の伝統《でんとう》おもちゃベーゴマの現代版《げんだいばん》。小学生《しょうがくせい》が熱中《ねっちゅう》

1996(平成《へいせい》8)	「たまごっち」(バンダイ)登場《とうじょう》。キーチェーンゲームのブームがやってくる
1997(9)	「ハイパーヨーヨー」(バンダイ)登場《とうじょう》
1999(11)	電子《でんし》ペット「ファービー」(現《げん》・タカラトミー)発売《はつばい》 6
2001(13)	1999年に発売《はつばい》された「ベイブレード」(現《げん》・タカラトミー)大流行《だいりゅうこう》 7
2013(25)	ゲームソフト「妖怪《ようかい》ウォッチ」(レベルファイブ)発売《はつばい》。グッズも人気《にんき》に 8

8 **ゲームやアニメ、グッズも人気《にんき》**
ゲーム、アニメが大《だい》ヒット。体操《たいそう》のほか、時計《とけい》やメダルなどのグッズも大人気《だいにんき》に

年表の写真は、4タカラトミー提供、他は©朝日新聞社

テレビゲーム

子《こ》どもの遊《あそ》びがらりと変化《へんか》

大人《おとな》がはまった

世界中《せかいじゅう》で大《だい》ヒットしたシューティングゲーム

携帯型《けいたいがた》の先《さき》がけ

時計《とけい》としても使《つか》え、国内外《こくないがい》で約《やく》4500万個《まんこ》が売《う》れる

ドラクエに長《なが》い列《れつ》

2016年で30周年《しゅうねん》の長寿《ちょうじゅ》シリーズに

手軽《てがる》に持《も》ち運《はこ》べる

テトリス(任天堂《にんてんどう》)などの人気《にんき》ソフトで、世界《せかい》で1億台以上《おくだいいじょう》売《う》れた

年	できごと
1975(昭和《しょうわ》50)	日本初《はつ》の家庭用《かていよう》ゲーム機《き》「テレビテニス」(エポック社《しゃ》)が発売《はつばい》される
1978(53)	ゲームセンターの「スペースインベーダー」(タイトー)が社会現象《しゃかいげんしょう》に=写真《しゃしん》1
1980(55)	携帯型《けいたいがた》ゲーム機《き》「ゲーム&《アンド》ウオッチ」(任天堂《にんてんどう》)発売《はつばい》2
1983(58)	ファミリーコンピュータ〈=ファミコン〉(任天堂《にんてんどう》)が発売《はつばい》される3
1985(60)	ファミコン用《よう》ソフト「スーパーマリオブラザーズ」(任天堂《にんてんどう》)発売《はつばい》
1988(63)	ファミコン用《よう》ソフト「ドラゴンクエストⅢ」(※1エニックス)が発売《はつばい》され、人気《にんき》に火《ひ》がつく4
1989(平成元《へいせいがん》)	携帯用《けいたいよう》ゲーム機《き》「ゲームボーイ」(任天堂《にんてんどう》)発売《はつばい》5
1990(2)	スーパーファミコン(任天堂《にんてんどう》)発売《はつばい》6
1994(6)	プレイステーション(※2ソニー・コンピュータエンタテインメント)発売《はつばい》7
2000(12)	プレイステーション2(※2ソニー・コンピュータエンタテインメント)発売《はつばい》

※1 現在は、スクウェア・エニックス

※2 現在は、ソニー・インタラクティブエンタテインメント

小学生《しょうがくせい》が夢中《むちゅう》に

社会現象《しゃかいげんしょう》となり、家《いえ》の中《なか》で遊《あそ》ぶ子《こ》どもが増《ふ》えたといわれる。全世界《ぜんせかい》で約《やく》6190万台《まんだい》が売《う》れた

話題《わだい》のソフト続々《ぞくぞく》

スーパーマリオワールド、ストリートファイターⅡなどで人気《にんき》に

次世代機《じせだいき》が登場《とうじょう》

セガサターン(セガ)などとともに本体《ほんたい》が高性能化《こうせいのうか》する

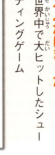

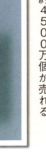

タイムスリップ朝小《あさしょう》

1986年（昭和61年）　2月21日

当時の新聞記事から抜粋

悪《わる》くも　良《よ》くも
なんてったってファミコンなんてったってブーム

なにはなくても、まず「ファミコン」。これ、テクノ少年たちの"ジョーシキ"！　アメリカからテレビゲームが上陸して、ちょうど十年。おとなたちをもまきこんでいる、このファミコンブームは、「遊びの世界の戦後最大の"事件"」といわれたインベーダーゲーム・ブーム（昭和五十四年）を、はるかにしのぐいきおいだ。いったい、何が起こっているのか。最新情報、ファミコンの長所、短所を考えながら、ブームの秘密をさぐっていこう。

ソフトの情報量《じょうほうりょう》カセットの3倍《ばい》

六軒《けん》に一台《だい》

攻略法《こうりゃくほう》の本《ほん》、大《だい》ヒット

長所《ちょうしょ》と短所《たんしょ》を考《かんが》えた

当時《とうじ》、大《だい》ブームをまき起《お》こしていたファミコンの長所《ちょうしょ》と短所《たんしょ》を考《かんが》えました。発売《はつばい》から2年半《ねんはん》がたち、日本の家庭《かてい》の6軒《けん》に1台《だい》あるほどの大《だい》ヒット。体力《たいりょく》や視力《しりょく》がおとろえる、生活《せいかつ》がみだれるなどの反対意見《はんたいいけん》がある一方《いっぽう》、親子《おやこ》の対話《たいわ》が増《ふ》える、集中力《しゅうちゅうりょく》がつくといった賛成意見《さんせいいけん》も紹介《しょうかい》されています。

もっと知《し》りたい

「みんなで攻略法《こうりゃくほう》を話《はな》し合《あ》うなど、テレビゲームはコミュニケーションの一つとして進化《しんか》してきた」。ゲームの歴史《れきし》をこうふり返《かえ》るのは、角川《かどかわ》アスキー総合研究所《そうごうけんきゅうじょ》の遠藤諭《えんどうさとし》さんです。

家庭用《かていよう》ゲーム機《き》は、カラー液晶《えきしょう》になったり、インターネットにつながったりと機能《きのう》が進化《しんか》しました。今《いま》はスマートフォンのゲームも広《ひろ》がっています。

最近《さいきん》は「ゲームを作《つく》って友《とも》だちと共有《きょうゆう》するなど、自分《じぶん》を表現《ひょうげん》する場《ば》になっている」と遠藤《えんどう》さん。「ゲームで学《まな》んだコミュニケーションや経験《けいけん》を社会《しゃかい》に生《い》かす機会《きかい》が増《ふ》えていくでしょう」

つながり合《あ》う道具《どうぐ》として進化《しんか》

2013年7月15日の朝小《あさしょう》には、ファミコン登場《とうじょう》30年《ねん》に合《あ》わせ、生《う》みの親《おや》の上村雅之《うえむらまさゆき》さんが登場《とうじょう》。名前《なまえ》の由来《ゆらい》は「家族《かぞく》で遊《あそ》べるコンピューター」で、こたつの上《うえ》にのせて楽《たの》しんでもらうことを考《かんが》えたそうです。発売当《はつばいとう》時《じ》の小学生《しょうがくせい》は、40歳前後《さいぜんご》に。「その人《ひと》たちが、今《いま》もファミコンのことを楽《たの》しそうに話《はな》したり、子《こ》どもたちといっしょにゲームを楽《たの》しんだりしてくれることがうれしい」と話《はな》していました。

8
携帯型《けいたいがた》で世界一《せかいいち》
11年発売《はつばい》のニンテンドー3D《ディー》S《エス》と合《あ》わせ世界《せかい》で2億台以上《おくだいいじょう》

9
みんなで楽《たの》しく
スポーツゲームなどが直観的《ちょっかんてき》な操作《そうさ》で楽《たの》しめるように

2002（14）
X《エックス》b《ボ》o《ッ》x《クス》（マイクロソフト）が日本で発売《はつばい》

2004（16）
携帯型《けいたいがた》ゲーム機《き》「ニンテンドーDS《ディーエス》」（任天堂《にんてんどう》）発売《はつばい》 8

2006（18）
リモコンタイプのコントローラで遊《あそ》ぶゲーム機《き》「Wii《ウィー》」（任天堂《にんてんどう》）が発売《はつばい》される 9

2013（25）
スマートフォン用《よう》アプリ「モンスターストライク」（ミクシィ）提供開始《ていきょうかいし》 10

2014（26）
プレイステーション3用《よう》ソフト「マインクラフト」が発売《はつばい》 11

10
スマホで遊《あそ》ぶ
ゲーム機《き》を買《か》わなくても、スマホで楽《たの》しめる時代《じだい》に

11
「作《つく》る」ゲームへ
ブロックを組《く》み合《あ》わせて、自《じ》分《ぶん》だけの世界《せかい》を作《つく》れる

1992年(平成4年) 10月1日 当時の新聞記事から抜粋

やっぱりほしい「ドラクエV《ファイブ》」

発売日《はつばいび》、友《とも》だちのようすをみる

「発売が待ち遠しかった」というお友だち

スーパーファミコン版《ばん》のテレビゲームソフト「ドラゴンクエストV《ファイブ》・天空《てんくう》の花嫁《はなよめ》」(エニックス)が9月27日に発売《はつばい》されました。初日《しょにち》だけで約《やく》130万本《まんぼん》が全国《ぜんこく》のおもちゃ店《てん》などに出回《でまわ》り、各地《かくち》で行列《ぎょうれつ》ができました。

発売日《はつばいび》は日曜日《にちようび》。東京《とうきょう》・池袋《いけぶくろ》「ビックカメラ新本店《しんぼんてん》」には、開店《かいてん》の午前《ごぜん》10時《じ》までに約《やく》1万《まん》5千人《にん》が行列《ぎょうれつ》をつくりました。

前日《ぜんじつ》の夜《よる》1時《じ》から並《なら》んでいた池袋《いけぶくろ》の6年生《ねんせい》の男子《だんし》は「手《て》に入《はい》ってすごくうれしい。ソフトでは『ドラクエ』シリーズが一番《いちばん》おもしろい」と声《こえ》をはずませていました。

朝小《あさしょう》リポーターの細川倫太郎《ほそかわりんたろう》くん(6年《ねん》)も当日《とうじつ》ソフトを手《て》に入《い》れました。さっそく友《とも》だちを集《あつ》めてプレーをした細川《ほそかわ》くんは「画面《がめん》がきれい。モンスターと戦《たたか》うときの音楽《おんがく》がかっこいい」と言《い》います。勝原秀弥《かつはらひでや》くん(6年《ねん》)は「キャラクターが多《おお》くなって楽《たの》しい。絵《え》もリアルになった」、奥薗一敬《おくぞのかずたか》くん(6年《ねん》)は「モンスターをたおすだけじゃなくて仲間《なかま》にできるところがよくなった」と話《はな》していました。

「ドラクエV《ファイブ》」は、5月、8月、9月と発売日《はつばいび》がのびて、ファンをやきもきさせました。「もっとおもしろくするため、難《むずか》しいプログラムにかえたからにちがいない」というのが細川《ほそかわ》くんの考《かんが》えです。

「でもソフトの値段《ねだん》は高《たか》すぎるよ」と横田真吾《よこたしんご》くん(6年《ねん》)。ゲームの内容《ないよう》より1本《ぽん》9600円《えん》という値段《ねだん》が小学生《しょうがくせい》にはきびしいのです。

ゲームセンターやテレビゲームでは、対戦型《たいせんがた》と呼《よ》ばれる何人《なんにん》かで同時《どうじ》プレーができるソフトに人気《にんき》が集《あつ》まってきています。

朝小《あさしょう》で「ゲームはおわらない」を連載《れんさい》しているゲーム評論家《ひょうろんか》、山下章《やましたあきら》さんは「確《たし》かにもくもくと1人でゲームをする時代《じだい》じゃなくなってきています。『ドラクエ』は1人用《よう》ですが、考《かんが》え方《かた》をかえると、130万人《まんにん》が発売初《はつばいしょ》日《にち》に買《か》って、同時《どうじ》にプレーをしていることになるんです。友《とも》だちと情報交換《じょうほうこうかん》しながら遊《あそ》んでいけばよりおもしろいですね」と言《い》います。

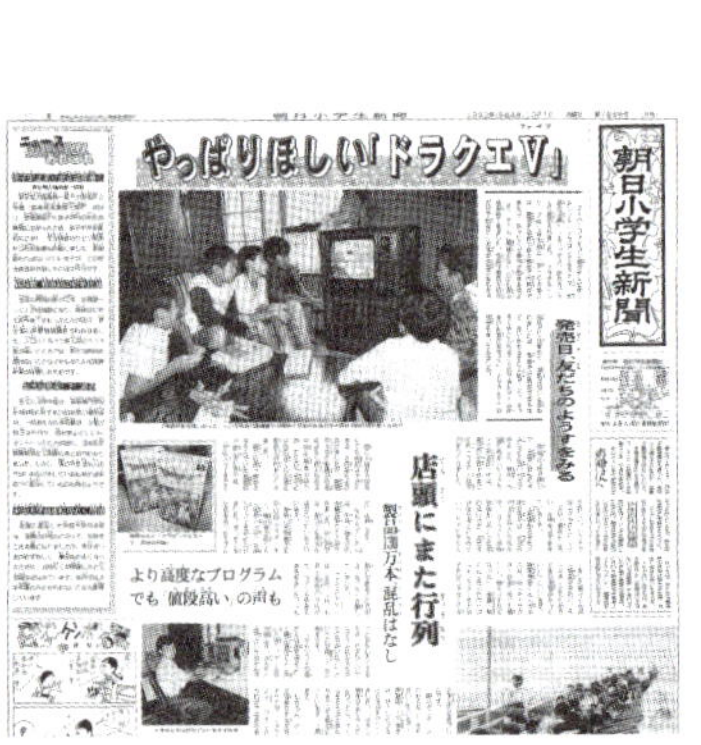

やっぱりほしい「ドラクエV」

朝日小学生新聞

店頭にまた行列

より高度なプログラムでも値段高い の声

他《ほか》にもこんなニュースが…

全国《ぜんこく》の病院《びょういん》の数《かず》が1991年、30減《へ》って1万《まん》66になり、戦後初《せんごはじ》めて前《まえ》の年《とし》を下回《したまわ》ったことがわかりました

わたしたちの未来
日本と世界のすがた
科学、技術の進歩
学び・くらし・遊び
感動くれたスポーツ
夢かなえた先輩たち

2016年（平成28年）　5月24日　当時の新聞記事から抜粋

ドラクエ　ワクワクさせて30年

生《う》みの親《おや》・堀《ほり》井《い》雄《ゆう》二《じ》さんに聞《き》く

人気《にんき》ゲームシリーズ「ドラゴンクエスト」（ドラクエ）が、シリーズ第《だい》1作《さく》の発売《はつばい》から30年《ねん》をむかえます。ドラクエの生《う》みの親《おや》のゲームデザイナー、堀《ほり》井《い》雄《ゆう》二《じ》さん（62歳《さい》）に朝小《あさしょう》リポーターが質問《しつもん》しました。

お気に入りのスライムを持つ堀井雄二さん（右）と八木葉くん＝東京都新宿区

プレーヤーは伝説《でんせつ》の勇者《ゆうしゃ》になって、悪《あく》の魔王《まおう》をたおす――。国民的《こくみんてき》なロールプレイングゲーム（RPG《アールピージー》）となったドラクエの1作目《さくめ》は、こんなストーリーで始《はじ》まりました。朝小《あさしょう》リポーターの八木葉《やぎよう》くん（6年《ねん》）は、モンスターなのにかわいい「スライム」がお気《き》に入《い》りです。

1986年の発売当時《はつばいとうじ》、日本でRPG《アールピージー》はなじみがありませんでした。83年にファミリーコンピュータ（ファミコン）が発売《はつばい》されて家庭《かてい》でゲームをする人《ひと》が増《ふ》えると、堀井《ほりい》さんは「ドラマみたいなゲームを作《つく》ればヒットする」と考《かんが》えました。

堀井《ほりい》さんはストーリーを考《かんが》え、地図《ちず》やモンスターの強《つよ》さなど、ゲームの世界《せかい》を創《つく》る設計図《せっけいず》も任《まか》されました。剣《けん》と魔法《まほう》の世《せ》界《かい》にした理由《りゆう》を聞《き》くと「ファンタジー（空想《くうそう》）として受《う》け入《い》れられる気《き》がしたから」。主人公《しゅじんこう》らが荒野《こうや》や草原《そうげん》のなかで城《しろ》や洞窟《どうくつ》を探《さが》し、宝箱《たからばこ》を見《み》つけて喜《よろこ》ぶのは、「生《う》まれ育《そだ》った淡路島《あわじしま》（兵庫県《ひょうごけん》）で遊《あそ》んだ経験《けいけん》とつながっているのかもしれません」。

「30年愛《あい》されるわけ」を質問《しつもん》すると、「だれでも簡単《かんたん》に遊《あそ》べて、ワクワクできるところ。大人《おとな》になっても、みんな少年少女《しょうねんしょうじょ》の心《こころ》を持《も》っているから」と言《い》います。

新《あたら》しいことにいどむときは「自《じ》分《ぶん》がワクワクできるかどうかが大事《だいじ》。迷《まよ》ったときでも、自分《じぶん》が喜《よろこ》ぶことをやる気《き》につなげると、多少苦《たしょうくる》しくてもがんばれる。勉強《べんきょう》だって同《おな》じ」とアドバイスします。

堀井《ほりい》さんはよく「人生《じんせい》はロールプレイング」と口《くち》にします。「ロールプレイングは、別《べつ》の人《じん》生《せい》を体験《たいけん》すること。人間《にんげん》にとっての最《もっと》も面白《おもしろ》い遊《あそ》びだと思《おも》います。悩《なや》んでも、誰《だれ》かの立場《たちば》になれば大《たい》したことないって思《おも》うこともあるはず。ドラクエで勇者《ゆうしゃ》になると、気持《きも》ちを上手《じょうず》に切《き》り替《か》えられるかもしれませんよ」

ドラクエ　ワクワクさせて30年
朝日小学生新聞
2016年5月24日

他《ほか》にもこんなニュースが…
熊本地震《くまもとじしん》にみまわれた熊本市内《くまもとしない》の中《ちゅう》学校《がっこう》で、体育大会《たいいくたいかい》が開《ひら》かれたことを伝《つた》えています

キャラクター

いろんな活躍《かつやく》 ずっと愛《あい》して

キティちゃんに大人女子《おとなじょし》もキュン

若《わか》い女性《じょせい》や女子高生《じょしこうせい》でにぎわうグッズの専門店《せんもんてん》

キャラクターの数《かず》で「世界一《せかいいち》」

たくさんのキャラクターに囲《かこ》まれる、アンパンマンの作者《さくしゃ》のやなせたかしさん

年	できごと
1974（昭和《しょうわ》49）	サンリオのキャラクター「ハローキティ」が誕生《たんじょう》。1990年代後半《だいこうはん》には、若《わか》い女性《じょせい》や女子高生《じょしこうせい》らにもキティちゃんグッズが流行《りゅうこう》＝写真《しゃしん》1
1983（58）	千葉県浦安市《ちばけんうらやすし》に、テーマパーク「東京《とうきょう》ディズニーランド」がオープン2
1984（59）	スヌーピーなどのキャラクターで知《し》られる漫画《まんが》「ピーナッツ」が、世界中《せかいじゅう》で2千誌《し》に掲載《けいさい》され、「世界《せかい》で最《もっと》も掲載誌《けいさいし》が多《おお》い漫画《まんが》」として、ギネス世界記録《せかいきろく》に認定《にんてい》される
1993（平成《へいせい》5）	朝小《あさしょう》の連載《れんさい》「落第忍者乱太郎《らくだいにんじゃらんたろう》」が、NHK《エヌエイチケー》のアニメ「忍《にん》たま乱太郎《らんたろう》」として放送開始《ほうそうかいし》
2009（21）	テレビアニメ「それいけ！アンパンマン」が、1988年の放送開始以来《ほうそうかいしいらい》、登場《とうじょう》したキャラクターの数《かず》が1768体《たい》をこえ、ギネス世界記録《せかいきろく》に認定《にんてい》される3
2010（22）	滋賀県彦根市《しがけんひこねし》の「ひこにゃん」4が、「ゆるキャラグランプリ」で初代日本一《しょだいにちいち》に。その後《ご》、ご当地《とうち》キャラクターを使《つか》った地域《ちいき》おこしが全国的《ぜんこくてき》なブームに
2011（23）	「ドラえもん」の作者《さくしゃ》、藤子《ふじこ》・F《エフ》・不二《ふじ》雄《お》さんが長年暮《ながねんく》らした神奈川県川崎市《かながわけんかわさきし》に、「川崎市《かわさきし》藤子《ふじこ》・F《エフ》・不二雄《ふじお》ミュー

東京《とうきょう》ディズニーランドが開園《かいえん》

開園《かいえん》を祝《いわ》うミッキーマウスらディズニーの人気《にんき》キャラクター

地元《じもと》のじまんをPR《ピーアール》するよ

もちつきをするひこにゃん。後《うし》ろにあるのが、地元《じもと》の観光名所《かんこうめいしょ》でもある彦根城《ひこねじょう》

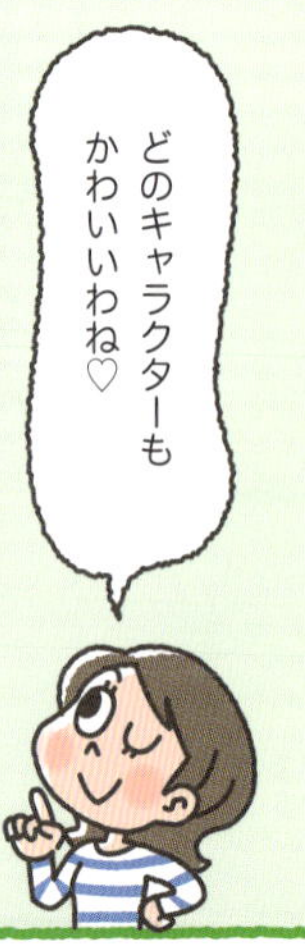

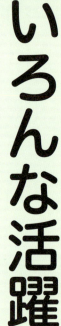

タイムスリップ朝小 あさしょう

1986年(昭和61年) 1月7日

当時の新聞記事から抜粋

朝小生《あさしょううま》まれといえば乱太郎《らんたろう》

尼子騒兵衛《あまこそうべえ》さんの漫画《まんが》「落第忍者乱太郎《らくだいにんじゃらんたろう》」の連載《れんさい》が、この日《ひ》から始《はじ》まりました。初回《しょかい》は「忍術学園《にんじゅつがくえん》」の門《もん》をたたいた乱太郎《らんたろう》と、しんベヱとの出会《であ》いをえがいています。1993年からＮＨＫ《エヌエイチケー》でアニメ「忍《にん》たま乱太郎《らんたろう》」がスタート。日本中《じゅう》の子《こ》どもたちに親《した》しまれるキャラクターとして、大《おお》きくはばたきました。

もっと知《し》りたい

アニメなどの登場人物《とうじょうじんぶつ》を指《さ》す「キャラクター」という言葉《ことば》は、「性格《せいかく》」「人格《じんかく》」という意味《いみ》の英《えい》語《ご》「character《キャラクター》」がもとになっています。さらにさかのぼると、「刻印《こくいん》」を意味《いみ》するギリシャ語《ご》に由来《ゆらい》しているといわれます。

アメリカやヨーロッパでは、小説《しょうせつ》や映画《えいが》などに作品《さくひん》を象徴《しょうちょう》する存在《そんざい》としてキャラクターの考《かんが》え方《かた》が取《と》り入《い》れられていきました。20世紀《せいき》に入《はい》ると、ディズニー映画《えいが》の登場人物《とうじょうじんぶつ》が人気者《にんきもの》になり、それをモチーフにした商品《しょうひん》も生《う》まれました。

今《いま》や地域振興《ちいきしんこう》の担《にな》い手《て》に

日本では20世紀半《せいきなか》ば以降《いこう》、ディズニー映画《えいが》の輸入《ゆにゅう》をきっかけに、漫画《まんが》やアニメ、ゲームなどの分野《ぶんや》で独自《どくじ》のキャラクター文《ぶん》化《か》、産業《さんぎょう》を生《う》み出《だ》しました。

一方《いっぽう》、地域振興《ちいきしんこう》を目的《もくてき》にした「ゆるキャラ」も登場《とうじょう》し、話題《わだい》になりました。こちらは、地域《ちいき》の共同体《きょうどうたい》のつながりを強《つよ》める役割《やくわり》を担《にな》っています。

キャラクターは、単《たん》なる絵柄《えがら》ではありません。命《いのち》ある存在《そんざい》ととらえ、大切《たいせつ》に育《そだ》てられたものが、長《なが》く愛《あい》される息《いき》の長《なが》い存在《そんざい》になっています。

トーマス号《ごう》、出発進行《しゅっぱつしんこう》〜！
絵本《えほん》やアニメで子《こ》どもたちに人気《にんき》のトーマス号《ごう》が、本物《ほんもの》の蒸気機関車《じょうききかんしゃ》に

2014(26)

ジアム」が開館《かいかん》

「きかんしゃトーマス」のトーマスを再《さい》現《げん》した蒸気機関車《じょうききかんしゃ》が静岡県《しずおかけん》の大井川鉄《おおいがわてつ》道《どう》で運行開始《うんこうかいし》❺

ムーミンの作者《さくしゃ》トーベ・ヤンソンさんが生誕《せいたん》100周年《しゅうねん》。ムーミンは1945年に誕生《たんじょう》し、日本では69年に講談社《こうだんしゃ》から「ムーミンまんがシリーズ」が刊行《かんこう》、同《おな》じ年《とし》にテレビアニメ化《か》された

2016(28)

4月に発生《はっせい》した熊本地震《くまもとじしん》の後《あと》、約《やく》1か月《げつ》にわたって活動《かつどう》をひかえていた熊本《くまもと》県《けん》のキャラクター「くまモン」が再始動《さいしどう》。地元《じもと》の人《ひと》をはげます存在《そんざい》に❻

くまモン　避難者《ひなんしゃ》をはげますモン
避難生活《ひなんせいかつ》を送《おく》る人《ひと》たちに大歓迎《だいかんげい》されるくまモン。熊本県西原村《くまもとけんにしはらむら》で

年表の写真は、❶❷❹❻©朝日新聞社、❺©2017 Gullane(Thomas)Limeted.

ペット

犬《いぬ》や猫《ねこ》からカブトムシ、ロボも

昆虫採集《こんちゅうさいしゅう》はデパートで？
東京《とうきょう》・銀座《ぎんざ》のデパート屋上《おくじょう》で開《ひら》かれた「生《い》きたこん虫大《ちゅうだい》バーゲン」

「いやし系《けい》」で人気《にんき》
小《ちい》さくて鳴《な》き声《ごえ》を立《た》てないのでマンションにぴったり

お店《みせ》には行列《ぎょうれつ》が
女子高生《じょしこうせい》らに爆発的《ばくはつてき》ヒット。04年に新型発売《しんがたはつばい》で人気復活《にんきふっかつ》

年	できごと
1965（昭和《しょうわ》40）ごろ	都会《とかい》のデパートなどで、カブトムシをはじめとする昆虫《こんちゅう》がさかんに売《う》られるようになる＝写真《しゃしん》1
1970（45）ごろ	飼育玩具《しいくがんぐ》「シーモンキー」が人気《にんき》に。卵《たまご》から生《う》まれるミニ怪獣《かいじゅう》とうたっているが、正体《しょうたい》は1センチほどに育《そだ》つエビ
1985（60）	メキシコ産《さん》の両生類《りょうせいるい》ウーパールーパーがテレビCM《シーエム》に登場《とうじょう》2
1991（平成《へいせい》3）	シベリアンハスキーが人気《にんき》。ジャパンケネルクラブの登録《とうろく》が4万《まん》3897頭《とう》になり、犬種別《けんしゅべつ》で1位《い》に3
1995（7）ごろ	イタチ科《か》のフェレットや、モモンガなど小型《こがた》のペットが人気《にんき》に4
1996（8）	携帯型《けいたいがた》ペット育成《いくせい》ゲーム機《き》「たまごっち」発売《はつばい》5
1999（11）	日本への昆虫《こんちゅう》の輸入《ゆにゅう》が解禁《かいきん》。体長《たいちょう》15センチ以上《いじょう》になるヘラクレスオオカブトムシなどが、続々《ぞくぞく》と輸入《ゆにゅう》される。生態系《せいたいけい》への影響《えいきょう》を心配《しんぱい》する声《こえ》も6
	犬型《いぬがた》ロボット「AIBO《アイボ》」発売《はつばい》。2006年まで販売《はんばい》された7
2002	テレビCM《シーエム》がきっかけで、チワワが大《だい》

飼育《しいく》する学校《がっこう》も
名前《なまえ》は、メキシコの言葉《ことば》で「愛《あい》の使者《ししゃ》」という意味《いみ》

世界最大《せかいさいだい》の迫力《はくりょく》
展示《てんじ》する昆虫館《こんちゅうかん》などでは、子《こ》どもたちに大人気《だいにんき》

オオカミじゃないよ
漫画《まんが》「動物《どうぶつ》のお医者《いしゃ》さん」で注《ちゅう》目《もく》を集《あつ》める

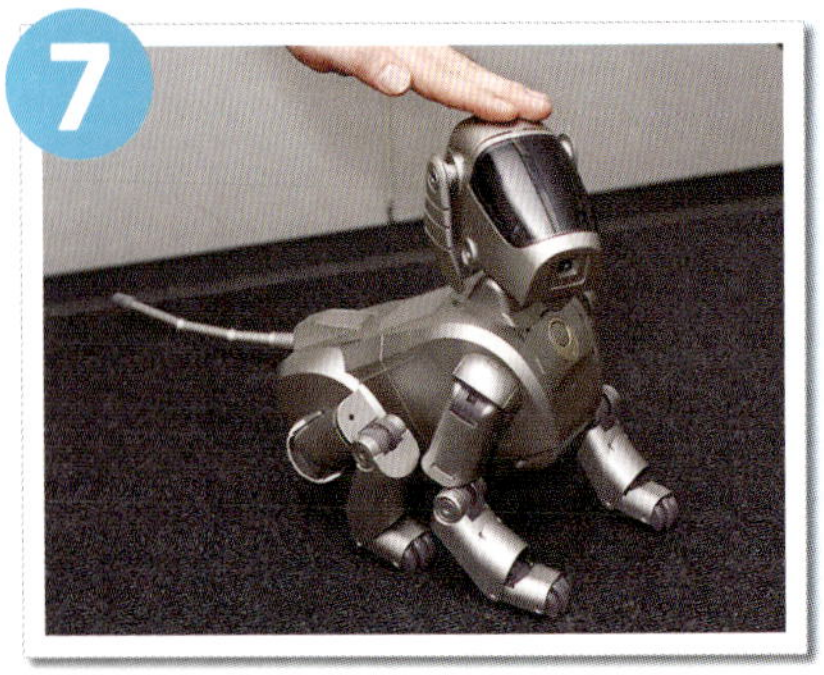

ロボペットだワン
値段《ねだん》は25万円《まんえん》ほど。新型《しんがた》も次々登場《つぎつぎとうじょう》し、愛《あい》されました

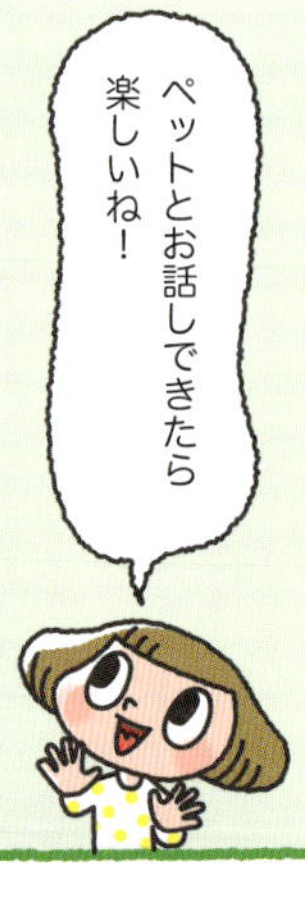

タイムスリップ朝小 あさしょう

2002年(平成14年) 5月15日

当時の新聞記事から抜粋

イヌの心《こころ》がわかる?!

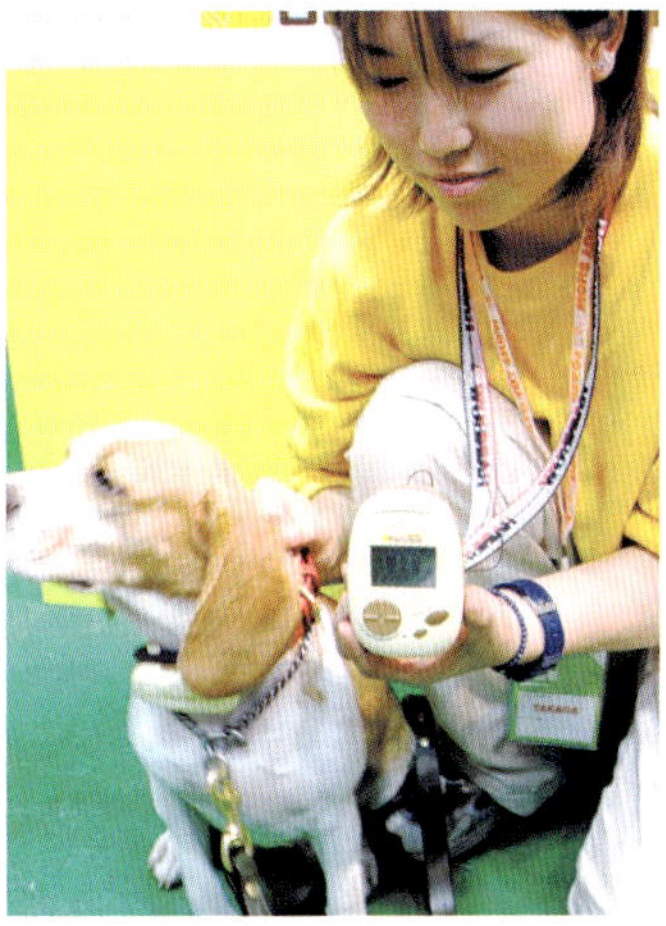

イヌの首輪につけたマイクで音をひろい、手に持った本体にイヌの感情が表示されます＝東京・有明

鳴《な》き声《こえ》を人《ひと》の言葉《ことば》に翻訳《ほんやく》

イヌの気持《きも》ちが読《よ》み取《と》れる「バウリンガル」が、おもちゃの見本市《みほんいち》「東京《とうきょう》おもちゃショー」に登場《とうじょう》しました。マイクで鳴《な》き声《こえ》をひろい、人《ひと》の言葉《ことば》に翻訳《ほんやく》。「たのみたいコトがあるんだ」など約《やく》200種類《しゅるい》の言葉《ことば》を表示《ひょうじ》できます。この年《とし》、人々《ひとびと》を笑《わら》わせ、考《かんが》えさせた研究《けんきゅう》におくられる「イグノーベル賞《しょう》」の平和賞《へいわしょう》を受賞《じゅしょう》しました。

もっと知《し》りたい

昔《むかし》も今《いま》も虫《むし》は子《こ》どもの友《とも》だち

カブトムシにカマキリ、スズムシ。昔《むかし》から子《こ》どもは、いろいろな虫《むし》を飼《か》ってきました。虫捕《むしと》りもさかんで、朝小創刊当時《あさしょうそうかんとうじ》の50年《ねん》ほど前《まえ》は、夏休《なつやす》みの自由研究《じゆうけん》きゅう》の話題《わだい》としてくり返《かえ》し登場《とうじょう》しました。

1973年7月21日の紙面《しめん》では、カブトムシとアリの観察《かんさつ》のしかたを紹介《しょうかい》。カブトムシは「ツノの動《うご》きを調《しら》べるため、ツノに糸《いと》をつけ、マッチ箱《ばこ》を引《ひ》っぱらせてみるとおもしろいですよ」。アリは「透明《とうめい》の容器《ようき》ですと、中《なか》のアリが見《み》え、アリがあなをほったり、卵《たまご》を産《う》むところがバッチリわかります」。

最近《さいきん》では、虫《むし》ぎらいの子《こ》が増《ふ》えたのかなと思《おも》わせるニュースもありました。2012年から15年まで「ジャポニカ学習帳《がくしゅうちょう》」の表紙《ひょうし》から虫《むし》が消《き》えました。「子《こ》どもが気持《きも》ち悪《わる》がる」といった声《こえ》が、先生《せんせい》や親《おや》から寄《よ》せられたそうです。

「復活《ふっかつ》」のきっかけは、また販《はん》売《ばい》してほしい学習帳《がくしゅうちょう》を選《えら》ぶネット投票《とうひょう》で、昆虫《こんちゅう》が上位《じょうい》につけたこと。発売元《はつばいもと》のショウワノートは、販売《はんばい》を再開《さいかい》しました。

(14) 人気《にんき》に。小型犬《こがたけん》ブームが続《つづ》く 8

2003 (15) 犬《いぬ》が自由《じゆう》に走《はし》り回《まわ》れる専用《せんよう》スペース「ドッグラン」が、全国《ぜんこく》の公園《こうえん》や遊園地《ゆうえんち》などに広《ひろ》がる

2004 (16) ニワトリなどがかかる鳥《とり》インフルエンザが、国内《こくない》では79年《ねん》ぶりに発生《はっせい》。国外《こくがい》では、人《ひと》への感染《かんせん》も確認《かくにん》された。小学校《しょうがっこう》などで、チャボなどの鳥類《ちょうるい》をはじめ動物《どうぶつ》の飼育《しいく》をやめる例《れい》があいつぐ 9

2007 (19) お茶《ちゃ》を飲《の》みながらネコとふれあえる「猫《ねこ》カフェ」が全国的《ぜんこくてき》に人気《にんき》に 10

8

大《おお》きなウルウルおめめが魅力《みりょく》

メキシコ原産《げんさん》の知《し》りたがり屋《や》。ダックスフント、プードルと並《なら》び人気《にんき》ランキング上位《じょうい》を占《し》めます

9

気《き》をつけてお世話《せわ》

小学校《しょうがっこう》では、マスク着用《ちゃくよう》や手《て》洗《あら》いなどに注意《ちゅうい》しました

10

飼《か》い主《ぬし》気分《きぶん》に

全国《ぜんこく》に広《ひろ》がり、鳥《とり》や虫類《ちゅうるい》のカフェも登場《とうじょう》しています

年表の写真は、9以外はすべて©朝日新聞社

話題の生き物

パンダやトカゲが大《だい》ブームに!!

ようこそパンダ
上野《うえの》に着《つ》いたカンカン（おす）とランラン（めす）。2頭《とう》を見《み》ようと3千人《にん》が並《なら》ぶなど大騒《おおさわ》ぎに

人《ひと》の顔《かお》に見《み》える？
山口県庁前《やまぐちけんちょうまえ》の堀《ほり》にいた黒《くろ》いコイ。顔《かお》にご注目《ちゅうもく》ください

愛称《あいしょう》「タマちゃん」
川《かわ》にちなんだ名前《なまえ》。横浜市西《よこはましにし》区《く》は「住民票《じゅうみんひょう》」を発行《はっこう》

年	できごと
1972（昭和《しょうわ》47）	国交《こっこう》が回復《かいふく》した記念《きねん》に、中国《ちゅうごく》から東京《とうきょう》・上野動物園《うえのどうぶつえん》にジャイアントパンダがおくられた＝写真《しゃしん》1
1984（59）	えりを立《た》てて走《はし》るエリマキトカゲが自動車《じどうしゃ》のCM《シーエム》に登場《とうじょう》し、大《だい》ブームに2
	コアラが初《はじ》めて日本に。東京都《とうきょうと》、愛知《あいち》県《けん》、鹿児島県《かごしまけん》の動物園《どうぶつえん》に計《けい》6匹《ぴき》が到着《とうちゃく》3
1990（平成《へいせい》2）	週刊誌《しゅうかんし》の報道《ほうどう》をきっかけに、各地《かくち》で人《ひと》の顔《かお》に似《に》た「人面魚《じんめんぎょ》」が注目《ちゅうもく》を集《あつ》めた4
2000（12）	愛知県犬山市《あいちけんいぬやまし》にある京都大学霊長類研究所《きょうとだいがくれいちょうるいけんきゅうじょ》のチンパンジー「アイ」が、ヒトと同《おな》じような「記憶力《きおくりょく》」を持《も》っていることがわかった
2002（14）	東京都《とうきょうと》と神奈川県《かながわけん》の境《さかい》を流《なが》れる多摩川《たまがわ》で、北極海《ほっきょくかい》などにすむアゴヒゲアザラシが見《み》つかった5
2003（15）	ディズニー映画《えいが》「ファインディング・ニモ」が公開《こうかい》され、大《だい》ヒット。主役《しゅやく》の熱帯魚《ねったいぎょ》・カクレクマノミが話題《わだい》に6
2005（17）	千葉市動物公園《ちばしどうぶつこうえん》のレッサーパンダの「風太《ふうた》」くんが、人《ひと》のように背筋《せすじ》を伸《の》ばす

走《はし》る姿《すがた》も話題《わだい》
オーストラリア北部《ほくぶ》の熱帯地《ねったいち》方《ほう》などに生息《せいそく》する

「ニモ」が人気《にんき》
沖縄《おきなわ》などの海《うみ》で、サンゴとともにくらす

「珍獣《ちんじゅう》」がやって来《き》た
オーストラリアから日本への友情《ゆうじょう》の証《あか》しだった

背筋《せすじ》ピンッ！
CM《シーエム》にも出《で》た人気者《にんきもの》。孫《まご》の立《た》ち姿《すがた》も話題《わだい》に

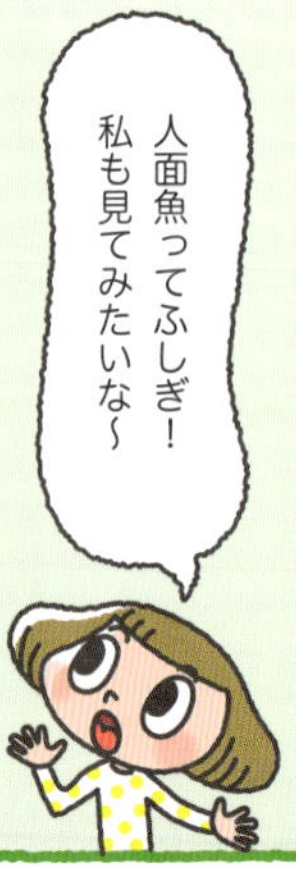

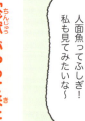

列車《れっしゃ》のモデルにも
「たま電車《でんしゃ》」に乗《の》って多《おお》くの人《ひと》が会《あ》いにいった

日本産《さん》は絶滅《ぜつめつ》
日本の野生《やせい》のトキは2003年に絶滅《ぜつめつ》し、中国産《ちゅうごくさん》を繁殖《はんしょく》

して立《た》ち上《あ》がり、一躍有名《いちやくゆうめい》に⑦

2007（19）
和歌山電鉄貴志駅《わかやまでんてつきしえき》（和歌山県紀の川市《わかやまけんきのかわし》）の駅長《えきちょう》に、三毛猫《みけねこ》「たま」が就任《しゅうにん》した⑧

2008（20）
国《くに》の特別天然記念物《とくべつてんねんきねんぶつ》トキの試験放鳥《しけんほうちょう》が、新潟県《にいがたけん》の佐渡島《さどがしま》であった⑨。3年前《ねんまえ》には兵庫県豊岡市《ひょうごけんとよおかし》で国《くに》の特別天然記念物《とくべつてんねんきねんぶつ》コウノトリが放鳥《ほうちょう》された⑩

2015（27）
名古屋市《なごやし》の東山動植物園《ひがしやまどうしょくぶつえん》のゴリラ「シャバーニ」が「イケメン」だと話題《わだい》に⑪

再《ふたた》び大空《おおぞら》を
日本の野生《やせい》のコウノトリは1971年に絶滅《ぜつめつ》、放鳥《ほうちょう》で回復《かいふく》へ

「イケメン」だぜ
ネットで話題《わだい》になり、写真集《しゃしんしゅう》やカレンダーも出《で》たゴリラ

年表の写真は、❸❾は代表撮影、他はすべて©朝日新聞社

タイムスリップ朝小《あさしょう》

1990年（平成2年） 5月22日

当時の新聞記事から抜粋

捕獲器《ほかくき》を手《て》に300人《にん》がガサゴソ

広島県上下町《ひろしまけんじょうげちょう》で、幻《まぼろし》の生《い》き物《もの》「ツチノコ」の探索会《たんさくかい》が開《ひら》かれ、約《やく》300人《にん》が参加《さんか》しました。元祖《がんそ》ツチノコのふるさとを名乗《なの》る町《まち》は、300万円《まんえん》の生《い》けどり賞金《しょうきん》を用意《ようい》。参加者《さんかしゃ》は虫取《むしと》り網《あみ》などの捕獲器《ほかくき》を手《て》に真剣《しんけん》に探《さが》しましたが、見《み》つかったのは普通《ふつう》のヘビ3匹《ひき》でした。

もっと知《し》りたい

和歌山電鉄貴志川線貴志駅《わかやまでんてつきしがわせんきしえき》の三毛猫《みけねこ》「たま」駅長《えきちょう》は、「招《まね》き猫《ねこ》」として活躍《かつやく》を続《つづ》け、世界《せかい》からも注目《ちゅうもく》を集《あつ》めました。

貴志川線《きしがわせん》の利用者数《りようしゃすう》は2005年度《ど》が192万《まん》2千人《にん》でしたが、07年1月にたまが駅長《えきちょう》になると知名度《ちめいど》があがり、14年度《ど》には227万人《まんにん》まで増加《ぞうか》しました。15年6月のお葬式《そうしき》には約《やく》3千人《にん》が参加《さんか》し、中東《ちゅうとう》の衛星《えいせい》テレビ局《きょく》もかけつけました。たまは「名誉永久駅長《めいよえいきゅうえきちょう》」と呼《よ》ばれるようになります。16年2月には県《けん》の名声《めいせい》を広《ひろ》める業績《ぎょうせき》を残《のこ》した人《ひと》や生《い》き物《もの》をたたえる「和歌山殿堂《わかやまでんどう》」に、第《だい》1号《ごう》として殿堂入《でんどうい》りしました。

ペンギンにウサギ駅長《えきちょう》も

鉄道《てつどう》や地域《ちいき》を盛《も》り上《あ》げたたまに続《つづ》けと、全国各地《ぜんこくかくち》に動物駅長《どうぶつえきちょう》が登場《とうじょう》しました。ネコやイヌだけではありません。09年に近畿《きんき》日本鉄道賢島駅《にっぽんてつどうかしこじまえき》（三重県志摩市《みえけんしまし》）にペンギン「志摩《しま》ちゃん」が特別駅長《とくべつえきちょう》に就任《しゅうにん》。10年には山形鉄道《やまがたてつどう》フラワー長井線《ながいせん》の宮内駅《みやうちえき》（山形県南陽市《やまがたけんなんようし》）でウサギ駅長《えきちょう》「もっちぃ」が現《あらわ》れました。たまを上回《うわまわ》る人気《にんき》の駅長《えきちょう》は誕生《たんじょう》するでしょうか。

万博・テーマパーク・遊園地

趣向《しゅこう》こらしたテーマパーク続々《ぞくぞく》

日本でもアジアでも初《はつ》の万博《ばんぱく》

中央《ちゅうおう》に見《み》えるのが、芸術家《げいじゅつか》の岡本太郎《おかもとたろう》さんが制作《せいさく》し、万博《ばんぱく》のシンボルとなった「太陽《たいよう》の塔《とう》」

真夏《まなつ》の雪《ゆき》に大《おお》はしゃぎ

科学万博《かがくばんぱく》の展示《てんじ》の一つ、人工《じんこう》雪《ゆき》で遊《あそ》ぶ子《こ》どもたち

今《いま》も現役《げんえき》コースター

1953年にできたジェットコースターは現役《げんえき》で国内《こくない》最古《さいこ》

年	できごと
1970（昭和《しょうわ》45）	3月14日〜9月13日、日本、アジアで初《はじ》めての国際博覧会《こくさいはくらんかい》「日本万国博覧会《にっぽんばんこくはくらんかい》」（通称《つうしょう》・大阪万博《おおさかばんぱく》）が大阪府《おおさかふ》で開《ひら》かれる＝写真《しゃしん》❶
1975（50）	7月19日〜翌年《よくねん》1月18日、沖縄国際海洋博覧会《おきなわこくさいかいようはくらんかい》（沖縄海洋博《おきなわかいようはく》）が沖縄県《おきなわけん》で開《ひら》かれる
1983（58）	4月15日、ミッキーマウスなどのディズニーのキャラクターが活躍《かつやく》する「東京《とうきょう》ディズニーランド（TDL《ティーディーエル》）」が千葉《ちば》県浦安市《けんうらやすし》に開園《かいえん》❷
1985（60）	3月16日〜9月16日、国際科学技術博覧会《こくさいかがくぎじゅつはくらんかい》（つくば科学万博《かがくばんぱく》）が茨城県《いばらきけん》で開《ひら》かれる❸
1990（平成《へいせい》2）	3月31日〜9月30日、国際花《こくさいはな》と緑《みどり》の博覧会《はくらんかい》（花《はな》の万博《ばんぱく》）が、大阪府《おおさかふ》で開《ひら》かれる
2001（13）	3月31日、アメリカ映画《えいが》のテーマパーク「ユニバーサル・スタジオ・ジャパン（USJ《ユーエスジェイ》）」が大阪府大阪市《おおさかふおおさかし》に開園《かいえん》 9月4日、「東京《とうきょう》ディズニーシー（TDS《ティーディーエス》）」がTDL《ティーディーエル》のとなりに開園《かいえん》
2003（15）	日本の遊園地《ゆうえんち》の草分《くさわ》け「浅草花《あさくさはな》やしき」（東京都台東区《とうきょうとたいとうく》）開園《かいえん》から150年《ねん》❹

モリゾー、キッコロ大人気《だいにんき》

「愛《あい》・地球博《ちきゅうはく》」のマスコット、モリゾー（右《みぎ》）、キッコロと歩《ある》く子《こ》どもたち

「夢《ゆめ》の国《くに》」がオープン

開園当日《かいえんとうじつ》、入園《にゅうえん》した親子《おやこ》連《づ》れに囲《かこ》まれ、愛《あい》きょうをふりまくミッキーマウス

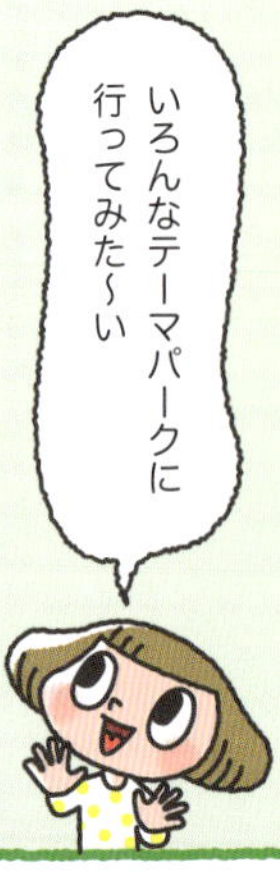

タイムスリップ朝小《あさしょう》

1970年（昭和45年） 3月14日

当時の新聞記事から抜粋

万国博いよいよオープン
小学生新聞
壮大な未来都市ついに誕生
アジアではじめて
はなやかに世界いろどる

人類《じんるい》の進歩《しんぽ》と調和《ちょうわ》がテーマ

大阪万博《おおさかばんぱく》の開幕《かいまく》に合《あ》わせ、朝小《あさしょう》では2人の子《こ》ども記《き》者《しゃ》が事前取材《じぜんしゅざい》した見《み》どころを掲載《けいさい》しました。「人類《じんるい》の進《しん》歩《ぽ》と調和《ちょうわ》」をテーマに企業《きぎょう》が建《た》てた展示館《てんじかん》（パビリオン）をまわり、最新《さいしん》の映像技術《えいぞうぎじゅつ》を楽《たの》しんだり、レーザー光線《こうせん》を利用《りよう》した演出《えんしゅつ》に心《こころ》をうばわれたりしたことを、生《い》き生《い》きと伝《つた》えました。

もっと知《し》りたい

テーマパークは、展示《てんじ》や乗《の》り物《もの》などが、あるテーマで統一《とういつ》されているレジャー施設《しせつ》です。

外国《がいこく》の雰囲気《ふんいき》が味《あじ》わえる長崎《ながさき》県《けん》の「ハウステンボス」や三重《みえ》県《けん》の「志摩《しま》スペイン村《むら》」、歴史《れきし》にふれられる栃木県《とちぎけん》の「日光江戸《にっこうえど》村《むら》」や愛知県《あいちけん》の「博物館明治村《はくぶつかんめいじむら》」などがあります。ほかにも、職《しょく》業体験《ぎょうたいけん》ができる「キッザニア」（東京《とうきょう》と兵庫《ひょうご》）など、さまざまな分野《ぶんや》があります。

日本で2大《だい》テーマパークといわれるのが「東京《とうきょう》ディズニーリゾート（TDR《ティーディーアール》）」（千葉県《ちばけん》）と

2大《だい》テーマパーク以外《いがい》も各地《かくち》に

「ユニバーサル・スタジオ・ジャパン（USJ《ユーエスジェイ》）」（大阪府《おおさかふ》）です。USJ《ユーエスジェイ》は2010年代《だい》に「ワンピース」や「ハリー・ポッター」をとりいれて人気《にんき》が高《たか》まりました。15年度《ど》の入場者数《にゅうじょうしゃすう》は1390万人《まんにん》で、過去最高《かこさいこう》を更新《こうしん》しました。TDR《ティーディーアール》は3019万人《まんにん》でした。

日本発《はつ》のキャラクターでは東《とう》京都《きょうと》の「サンリオピューロランド」や全国《ぜんこく》5か所《しょ》の「アンパンマンこどもミュージアム」、鳥《とっ》取県《とりけん》の「ゲゲゲの妖怪楽園《ようかいらくえん》」などがあります。

6
ハウステンボス再出発《さいしゅっぱつ》
開業《かいぎょう》は1992年。オランダ風《ふう》の風車《ふうしゃ》などが並《なら》ぶ

7
関西《かんさい》の風物詩《ふうぶつし》も復活《ふっかつ》
平清盛《たいらのきよもり》と源頼朝《みなもとのよりとも》をテーマにした菊人形展《きくにんぎょうてん》を園内《えんない》で開催《かいさい》

2005（17） 3月24日～9月25日、日本国際博覧会《にっぽんこくさいはくらんかい》（愛知万博《あいちばんぱく》、愛称《あいしょう》は愛《あい》・地球博《ちきゅうはく》）が愛知《あいち》県《けん》で開《ひら》かれる 5

2010（22） 4月28日、九州最大《きゅうしゅうさいだい》のテーマパーク「ハウステンボス」（長崎県佐世保市《ながさきけんさせぼし》）が、リニューアルオープン 6

2012（24） 10月6日、大阪府枚方市《おおさかふひらかたし》の遊園地《ゆうえんち》「ひらかたパーク」が開園《かいえん》100周年《しゅうねん》 7

2014（26） 7月15日、USJ《ユーエスジェイ》に、人気映画《にんきえいが》「ハリー・ポッター」をテーマにした新《しん》エリアがオープンし、人気《にんき》を集《あつ》める 8

8
ハリポタのエリアがオープン
「ハリー・ポッター」の物語《ものがたり》に登場《とうじょう》するホグワーツ城《じょう》の前《まえ》で、「バタービール」を飲《の》む人《ひと》たち

年表の写真は、すべて©朝日新聞社

ファッション

おしゃれは時代《じだい》を映《うつ》す鏡《かがみ》♡

1

「ミニの女王《じょおう》」
ツイッギーの愛称《あいしょう》で呼《よ》ばれたレズリー・ホーンビーさん。日本のCM《シーエム》にも出演《しゅつえん》。世代《せだい》をこえた人気《にんき》に

4

女子高生《じょしこうせい》の定番《ていばん》アイテムに
だんだん長《なが》くなり、伸《の》ばすと1メートル以上《いじょう》になるものもあった

年	できごと
1967（昭和《しょうわ》42）	イギリスのモデル「ツイッギー」＝写真《しゃしん》＝❶が来日《らいにち》。ミニスカートがブームに
1970年代後半《だいこうはん》～80年代《だい》	神戸《こうべ》発《はつ》の「ニュートラ」、横浜《よこはま》発《はつ》の「ハマトラ」❷という女性《じょせい》のファッションスタイルが流行《りゅうこう》。女性《じょせい》ファッション雑誌《ざっし》がつけた呼《よ》び名《な》
1981（56）	全身黒《ぜんしんくろ》ずくめの「カラス族《ぞく》」と呼《よ》ばれるファッションが街《まち》にあふれる
1980年代後半《だいこうはん》～90年代《だい》	ポロシャツやローファー、ジーンズ、紺色《こんいろ》のブレザーなどを身《み》にまとったスタイルが「渋谷《しぶや》カジュアル」。通称《つうしょう》「渋カジ」が若者《わかもの》の間《あいだ》で流行《りゅうこう》する❸
1995（平成《へいせい》7）	女子高生《じょしこうせい》の間《あいだ》では、ボリュームのある厚手《あつで》のハイソックス「ルーズソックス」❹が定番《ていばん》に。この年《とし》にソロデビューした歌手《かしゅ》の安室奈美恵《あむろなみえ》さんのファッションをまねする「アムラー」が若《わか》い女性《じょせい》の間《あいだ》でブームに。ミニスカートに厚底《あつぞこ》のサンダル❺やブーツ、茶色《ちゃいろ》に染《そ》めた髪《かみ》などが特徴《とくちょう》
1996（8）	ナイキのスニーカー「エアマックス」が大人気《だいにんき》に。高値《たかね》で転売《てんばい》されて問題《もんだい》となるなど社会現象《しゃかいげんしょう》になる

2

雑誌《ざっし》がスタイル提案《ていあん》
「横浜《よこはま》トラディショナル」の略《りゃく》。巻《ま》きスカートなどが特徴《とくちょう》

5

厚底靴《あつぞこぐつ》で街《まち》を行《ゆ》く
15センチ以上《いじょう》の高《たか》さのある厚《あつ》底靴《ぞこぐつ》が登場《とうじょう》

3

渋谷《しぶや》から全国《ぜんこく》へ
カジュアルさが高校生《こうこうせい》でもまねしやすく、全国《ぜんこく》に広《ひろ》がった

6

歩《ある》くお人形《にんぎょう》さん
西洋人形《せいようにんぎょう》のようにドレスや小《こ》物《もの》をコーディネート

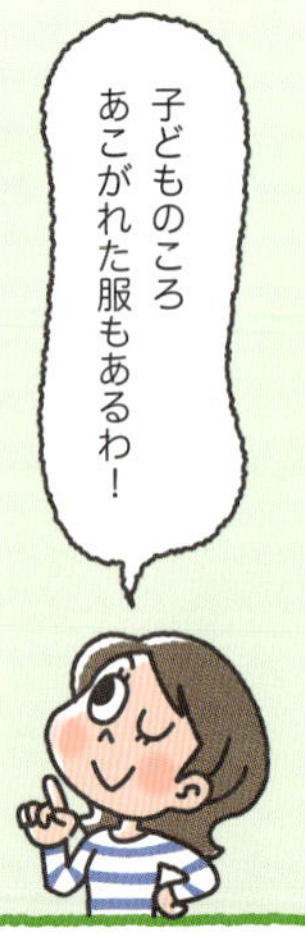
子どものころ
あこがれた服もあるわ！

タイムスリップ朝小《あさしょう》

2001年（平成13年）4月26日

当時の新聞記事から抜粋

お出《で》かけファッションをチェック

ゴールデンウィークを前《まえ》に、お出《で》かけファッションの参考《さんこう》にしてもらおうと特集《とくしゅう》した記事《きじ》です。東京《とうきょう》や大《おお》阪の街角《まちかど》で、おしゃれな子《こ》どもたちが登場《とうじょう》しました。コーディネートや髪形《かみがた》、着こなし方《かた》などおしゃれへのこだわりがいっぱい。ジーンズを合《あ》わせたカジュアルなスタイルが定番《ていばん》です。

もっと知《し》りたい

大人《おとな》の影響《えいきょう》受《う》ける子《こ》どもの装《よそお》い

文化服装学院《ぶんかふくそうがくいん》の専任教授《せんにんきょうじゅ》の朝日真《あさひしん》さん（西洋服飾史《せいようふくしょくし》）によると、日本のファッションは今《いま》もヨーロッパやアメリカの後《あと》をついていっています。ジーンズはアメリカから入《はい》ってきたファッションですが、日本のファッションの幅《はば》を広《ひろ》げ、今《いま》ではすっかり定着《ていちゃく》しています。

子《こ》どもは、大人《おとな》のファッションの影響《えいきょう》を大《おお》きく受《う》けています。ただ、大人《おとな》ほど流行《りゅうこう》がめまぐるしく変《か》わるわけではありません。

親《おや》が子《こ》どもに高額《こうがく》な服《ふく》を買《か》い与《あた》えるようになったのは、子ども服《ふく》ブランド「ミキハウス」ができたのが始《はじ》まりです。日本が経済的《けいざいてき》に豊《ゆた》かになったことと、少子化《しょうしか》で1人の子《こ》どもにかけるお金《かね》の額《がく》が増《ふ》えたことが関係《かんけい》しています。

「ユニクロ」などのファストファッションの店《みせ》がたくさんでき、だれもが流行《りゅうこう》の物《もの》を安《やす》く手《て》に入《い》れられるようになったため、日本人《じん》のファッションに対《たい》する意識《いしき》は徐々《じょじょ》に高《たか》くなり、服装《ふくそう》のセンスもレベルアップしてきています。

❼
小中学生《しょうちゅうがくせい》に人気《にんき》「ナカムラくん」
「ナカムラくん」（右《みぎ》のブルーのキャラクター）がえがかれたT《ティー》シャツなどが大人気《だいにんき》に

2000（12）ごろ　フリルのついたスカートなどの「ロリータファッション」が広《ひろ》がる❻

2000〜05（12〜17）　ジュニア向《む》けのブランド「エンジェルブルー」❼や「ベティーズブルー」などが小中学生《しょうちゅうがくせい》の間《あいだ》で流行《りゅうこう》する

2008（20）　スウェーデンの洋服《ようふく》ブランド「H&M《エイチアンドエム》」❽が日本に初出店《はつしゅってん》。最先端《さいせんたん》の流行《りゅうこう》を安《やす》く提供《ていきょう》する「ファストファッション」が全国《ぜんこく》に広《ひろ》がる

2010（22）ごろ　歌手《かしゅ》のきゃりーぱみゅぱみゅさんを代《だい》表とする原宿系《はらじゅくけい》ファッションが外国《がいこく》からも注目《ちゅうもく》される

❽
最先端《さいせんたん》のものを安《やす》く
H&M《エイチアンドエム》のほか、ZARA《ザラ》などの「ファストファッションブランド」が全国《ぜんこく》に出店《しゅってん》する

年表の写真は、❶〜❻❽©朝日新聞社、❼ナルミヤ・インターナショナル提供

5

感動《かんどう》くれたスポーツ

50年《ねん》をふりかえる

スポーツ選手《せんしゅ》の活躍《かつやく》は、世《よ》の中《なか》に夢《ゆめ》や勇気《ゆうき》、感動《かんどう》を与《あた》えてくれます。指導法《しどうほう》の進歩《しんぽ》などを受《う》け、記録《きろく》は飛《ひ》躍的《やくてき》にのびています。さまざまな分野《ぶんや》で、50年前《ねんまえ》には「夢《ゆめ》」だったことが、実際《じっさい》に達成《たっせい》されつつあります。夏季《かき》、冬季《とうき》オリンピック、野球《やきゅう》、サッカーを中心《ちゅうしん》に、日本のスポーツの移《うつ》り変《か》わりをまとめました。

夏のオリンピック
名場面《めいばめん》残《のこ》した日本の選手《せんしゅ》たち

アジアで初《はじ》めての開催《かいさい》
日本初《はつ》、アジア初《はつ》のオリンピックに、93の国《くに》と地域《ちいき》が参加《さんか》。日本は、女子《じょし》バレーボール（愛称《あいしょう》・東洋《とうよう》の魔女《まじょ》）、体操《たいそう》などで金《きん》

年	できごと
1964（昭和《しょうわ》39）	第《だい》18回《かい》東京大会《とうきょうたいかい》＝写真《しゃしん》1 ○日本の成績《せいせき》は、金《きん》16、銀《ぎん》5、銅《どう》8
1968（43）	第《だい》19回《かい》メキシコシティー（メキシコ）大会《たいかい》 ○金《きん》11、銀《ぎん》7、銅《どう》7
1972（47）	第《だい》20回《かい》ミュンヘン（旧西《きゅうにし》ドイツ）大会《たいかい》 ○金《きん》13、銀《ぎん》8、銅《どう》8 2
1976（51）	第《だい》21回《かい》モントリオール（カナダ）大会《たいかい》 ○金《きん》9、銀《ぎん》6、銅《どう》10
1980（55）	第《だい》22回《かい》モスクワ（旧《きゅう》ソビエト連邦《れんぽう》）大会《たいかい》。冷戦《れいせん》でアメリカや日本は不参加《ふさんか》
1984（59）	第《だい》23回《かい》ロサンゼルス（アメリカ）大会《たいかい》 ○金《きん》10、銀《ぎん》8、銅《どう》14 3
1988（63）	第《だい》24回《かい》ソウル（韓国《かんこく》）大会《たいかい》 ○金《きん》4、銀《ぎん》3、銅《どう》7
1992（平成《へいせい》4）	第《だい》25回《かい》バルセロナ（スペイン）大会《たいかい》 ○金《きん》3、銀《ぎん》8、銅《どう》11 4
1996（8）	第《だい》26回《かい》アトランタ（アメリカ）大会《たいかい》 ○金《きん》3、銀《ぎん》6、銅《どう》5
2000（12）	第《だい》27回《かい》シドニー（オーストラリア）大会《たいかい》 ○金《きん》5、銀《ぎん》8、銅《どう》5 5

ミュンヘンの奇跡《きせき》
男子《だんし》バレーボールは、準決勝《じゅんけっしょう》での大逆転《だいぎゃくてん》をへて優勝《ゆうしょう》

汗《あせ》と涙《なみだ》の表彰台《ひょうしょうだい》
柔道《じゅうどう》の山下泰裕《やましたやすひろ》選手《せんしゅ》は、右足《みぎあし》の肉《にく》ばなれをおしての金《きん》

14歳《さい》のメダリスト
岩崎恭子《いわさききょうこ》選手《せんしゅ》（平泳《ひらおよ》ぎ）は、五《ご》輪競泳《りんきょうえい》史上最年少《しじょうさいねんしょう》で優勝《ゆうしょう》

笑顔《えがお》で金《きん》のゴール
女子《じょし》マラソンの高橋尚子《たかはしなおこ》選手《せんしゅ》は当時《とうじ》の五輪記録《ごりんきろく》でゴール

タイムスリップ朝小《あさしょう》

1984年（昭和59年） 7月10日

当時の新聞記事から抜粋

おみやげはメダルだよ

ロス五輪

教《おし》え子《こ》と約束《やくそく》した先生選手《せんせいせんしゅ》

ロサンゼルス五輪《ごりん》の重量挙《じゅうりょうあ》げ56キロ級《きゅう》に出場《しゅつじょう》した小《こ》高正宏選手《たかまさひろせんしゅ》（当時《とうじ》24歳《さい》）は、兵庫県立盲学校《ひょうごけんりつもうがっこう》（神戸市《こうべし》）の体育《たいいく》の先生《せんせい》。日本選手《せんしゅ》でただ１人、小学生《しょうがくせい》と学校生《がっこうせい》活《かつ》を送《おく》る先生《せんせい》でした。「ロスみやげはメダル」。子《こ》どもたちとの約束《やくそく》を胸《むね》に、直前練習《ちょくぜんれんしゅう》に汗《あせ》を流《なが》す姿《すがた》を伝《つた》えました。この後《あと》、みごと銅《どう》メダルにかがやきました。

もっと知《し》りたい

１９６４年10月10日、東京五輪《とうきょうごりん》は、秋晴《あきば》れの空《そら》のもと開幕《かいまく》しました。この日《ひ》に間《ま》に合《あ》うように東海道新幹線《とうかいどうしんかんせん》が開業《かいぎょう》し、高速《こうそく》道路《どうろ》も整備《せいび》されました。日本の経済《けいざい》がぐんぐん成長《せいちょう》していた元《げん》気《き》な時代《じだい》でした。

開会式《かいかいしき》で聖火台《せいかだい》に火《ひ》をともした最終《さいしゅう》ランナーは、早稲田大学《わせだだいがく》の学生《がくせい》だった坂井義則《さかいよしのり》さん。１９４５年８月６日、広島《ひろしま》に原《げん》爆《ばく》が落《お》とされた日《ひ》に県内《けんない》で生《う》まれた坂井《さかい》さんは、戦後復興《せんごふっこう》と平《へい》和《わ》の象徴《しょうちょう》として選《えら》ばれたのです。

その後《ご》、報道《ほうどう》の仕事《しごと》にたずさわった坂井《さかい》さんは、オリンピックが「平和《へいわ》の祭典《さいてん》」と呼《よ》ばれるのに、世界《せかい》でテロや紛争《ふんそう》が起《お》きていることに心《こころ》を痛《いた》めていました。

戦後《せんご》の復興《ふっこう》を世界《せかい》にアピール

２０２０年、２度目《どめ》の東京五《とうきょうご》輪《りん》はどんな大会《たいかい》になるでしょう。亡《な》くなる前《まえ》の年《とし》の13年、坂井《さかい》さんは朝小《あさしょう》の取材《しゅざい》に「今度《こんど》の東京《とうきょう》五輪《ごりん》は、本当《ほんとう》の意味《いみ》で平和《へいわ》の祭《さい》典《てん》にすることが、日本でやることの責任《せきにん》だと思《おも》います。日本人《じん》が『日本は平和《へいわ》なんだ！ 日本を見習《みなら》えよ！』と自信《じしん》を持《も》って、世界《せかい》を引《ひ》っぱっていかなければ」と語《かた》っていました。

「チョー気持《きも》ちいい」

競泳平泳《きょうえいひらおよ》ぎで２つの金《きん》にかがやいた北島康介選《きたじまこうすけせん》手《しゅ》のひと言《こと》は、この年《とし》の流行語大賞《りゅうこうごたいしょう》に

- 2004 ⑯ 第《だい》28回《かい》アテネ（ギリシャ）大会《たいかい》 ○金《きん》16、銀《ぎん》9、銅《どう》12 ⑥
- 2008 ⑳ 第《だい》29回《かい》北京《ペキン》（中国《ちゅうごく》）大会《たいかい》 ○金《きん》9、銀《ぎん》6、銅《どう》10 ⑦
- 2012 (24) 第《だい》30回《かい》ロンドン（イギリス）大会《たいかい》 ○金《きん》7、銀《ぎん》14、銅《どう》17
- 2016 (28) 第《だい》31回《かい》リオデジャネイロ（ブラジル）大《たい》会《かい》 ○金《きん》12、銀《ぎん》8、銅《どう》21 ⑧
- 2020 第《だい》32回東京大会《かいとうきょうたいかい》。7月24日～8月9日

女子《じょし》パワー爆発《ばくはつ》

女子《じょし》ソフトボールは、アメリカを倒《たお》して悲願《ひがん》の優勝《ゆうしょう》

体操王国《たいそうおうこく》ニッポン

体操《たいそう》の団体総合《だんたいそうごう》で金《きん》。内村航《うちむらこう》平選手《へいせんしゅ》は個人総合《こじんそうごう》で２連覇《れんぱ》

年表の写真は、すべて©朝日新聞社

インタビュー

鈴《すず》木《き》大《だい》地《ち》さん

スポーツ庁長官《ちょうちょうかん》　ソウル五輪《ごりん》（韓国《かんこく》）金《きん》メダリスト

小学《しょうがく》2年生《ねんせい》で水泳《すいえい》を始《はじ》めたのは、体《からだ》を強《つよ》くするためでした。小《ちい》さくてやせていて、まだ泳《およ》げなかったのに、スイミングスクールの入会《にゅうかい》の目的《もくてき》を「オリンピック選手《せんしゅ》になるため」と書《か》きました。

そのときは「無理《むり》に決《き》まってる」と言《い》われましたが、小《ちい》さな成功体験《せいこうたいけん》を積《つ》み重《かさ》ね、一歩《いっぽ》ずつ階段《かいだん》を上《のぼ》っていくと実現《じつげん》するんですね。目標《もくひょう》や夢《ゆめ》を実現《じつげん》するのは、そんなに難《むずか》しいことじゃない。才能《さいのう》よりも、努力《どりょく》を続《つづ》けられるかです。

練習《れんしゅう》はきつかったですよ。2年《ねん》後《ご》には選手《せんしゅ》コースに入《い》れられ、朝《あさ》5時《じ》に起《お》きてプールへ。親《おや》の協力《きょうりょく》がなかったら、できなかったでしょうね。日曜日《にちようび》もクリスマスも1万《まん》メートルは泳《およ》ぎました。「何《なん》でこんなことをやっているんだ」って水中《すいちゅう》めがねに涙《なみだ》がたまっていくけれど、外《はず》す時間《じかん》もないんです。

「有言実行《ゆうげんじっこう》」で夢《ゆめ》をかなえる

ソウル五輪《ごりん》の前《まえ》には「金《きん》メダルを取《と》る」と公言《こうげん》しました。自分《じぶん》を追《お》いこむと、生活習慣《せいかつしゅうかん》や考《かんが》え方《かた》がついてきて、応援《おうえん》してくれる人《ひと》も現《あらわ》れます。人間《にんげん》なかなか毎日《まいにち》はがんばれないので、いかに自分《じぶん》の尻《しり》をたたくか、最後《さいご》は心《こころ》の勝負《しょうぶ》です。

（オリンピック後《ご》に朝小《あさしょう》の取材《しゅざい》を受《う》けた）このころは、金《きん》メダルを「取《と》った」と言《い》っていましたが、今《いま》は多《おお》くの人《ひと》の支《ささ》えがあったことがわかります。だから「いただいた」と言《い》うようにしています。

スポーツ庁《ちょう》の長官《ちょうかん》としては、オリンピックとパラリンピックで日本選手《せんしゅ》に活躍《かつやく》してもらい、一人でも多《おお》くの子《こ》どもたちに「あんな選《せん》手《しゅ》になりたい」と思《おも》ってもらいたいですね。夢《ゆめ》をあたえる大《おお》きな仕《し》事《ごと》だと思《おも》っています。

自分《じぶん》の小学生《しょうがくせい》の息子《むすこ》を見《み》ていても思《おも》いますが、日本《にほん》の子《こ》どもたちにはもっとスポーツに打《う》ちこめる環境《かんきょう》が必要《ひつよう》です。特《とく》に都会《とかい》では、3、4年生《ねんせい》で塾《じゅく》に通《かよ》い始《はじ》め、勉強《べんきょう》かスポーツかを選《えら》ばなくてはならない分岐点《ぶんきてん》がきます。脳《のう》の発達《はったつ》だけでなく、運動神経《うんどうしんけい》も伸《の》びる時期《じき》。学校体育《がっこうたいいく》で、運動《うんどう》が好《す》きな子《こ》だけでなく、苦手《にがて》な子《こ》への指導法《しどうほう》も提案《ていあん》していきたいですね。

プロフィル

1967年　千葉県《ちばけん》に生《う》まれる

1979年　千葉県習志野市立大久保小学校卒業《ちばけんならしのしりつおおくぼしょうがっこうそつぎょう》

1988年　ソウル五輪《ごりん》の競泳男子《きょうえいだんし》100メートル背泳《せおよ》ぎで金《きん》メダル

2015年　日本水泳連盟会長《にほんすいえいれんめいかいちょう》をへて、初代《しょだい》スポーツ庁長官《ちょうちょうかん》に就任《しゅうにん》

タイムスリップ朝小 あさしょう

1989年（昭和64年） 1月1日

当時の新聞記事から抜粋

あこがれちゃうな五輪選手《ごりんせんしゅ》

やさしい素顔《すがお》がすてき 夢心地《ゆめごこち》のお友《とも》だち

ソウル五輪金《ごりんきん》メダリストの鈴木大地選手《すずきだいちせんしゅ》に、千葉県印旛村立《ちばけんいんばそんりつ》六合小学校《ろくごうしょうがっこう》6年《ねん》の加藤雅浩《かとうまさひろ》くんと阿部《あべ》まとかさんが初夢《はつゆめ》インタビューをしたよ。どんな話《はなし》がとび出《だ》したのかな。

鈴木大地選手となごやかに握手。左が阿部まとかさん、右が加藤雅浩くん＝千葉・順天堂大学

「こんちは！ へえ、きみたちが取材《しゅざい》するの？」。鈴木選手《すずきせんしゅ》は加藤《かとう》くんたちを見《み》つけるなり、いきなり声《こえ》をかけてきた。オリンピックのときのきびしい表情《ひょうじょう》からは想像《そうぞう》もできない、気《き》さくなお兄《にい》さん。

Q《キュー》（リポーターの質問《しつもん》） 水泳《すいえい》はいつから始《はじ》めましたか？

A《エー》（鈴木《すずき》さんの答《こた》え） 小学《しょうがく》2年生《ねんせい》のとき、家《いえ》の近《ちか》くのスイミングスクールに通《かよ》い始《はじ》めたんだ。小学生時代《しょうがくせいじだい》は陸上《りくじょう》も得意《とくい》で、将来《しょうらい》はスポーツ選手《せんしゅ》になるのが夢《ゆめ》だったね。

Q《キュー》 金《きん》メダルを取《と》ったときは、どんな気持《きも》ちでしたか？

A《エー》 練習《れんしゅう》をしてきてよかったなあって思《おも》った。となりで泳《およ》いだバーコフ（アメリカ）と「よくやった」と、たたえあったよ。

Q《キュー》 泳《およ》いでいるときは何《なに》を考《かんが》えているの？

A《エー》 相手《あいて》を見《み》ながら、いつスパートをかけてくるかなって考《かんが》えているんだ。

Q《キュー》 好《す》きな女《おんな》の人《ひと》のタイプは？

A《エー》 まいったなあ……。えーっとね、かわいい子《こ》です。

こがれちゃうな五輪選手《ごりんせんしゅ》
春訪問インタビュー
やさしい素顔がすてき

さかんにてれる金《きん》メダリストを見《み》て2人はびっくり。加藤《かとう》くんは「やさしかった。握手《あくしゅ》したら、手《て》がすごく大《おお》きかった」、阿《あ》部《べ》さんは「テレビで見《み》るよりかっこよかった」と夢心地《ゆめごこち》だった。

ソウル五輪の競泳男子100メートル決勝で優勝し、ガッツポーズ＝1988年9月24日、韓国・ソウル
©朝日新聞社

他《ほか》にもこんなニュースが…

カルガリー冬季五輪《とうきごりん》（カナダ）の女子《じょし》フィギュアスケート代表《だいひょう》、八木沼純子選手《やぎぬまじゅんこせんしゅ》にもインタビューしたよ

インタビュー

高橋尚子《たかはしなおこ》さん

スポーツキャスター
シドニー五輪《ごりん》(オーストラリア)金《きん》メダリスト

シドニー五輪《ごりん》は、本当《ほんとう》に楽《たの》しかったですね。(ライバルの)リディア・シモン選手《せんしゅ》と空気《くうき》を切《き》りさきながら走《はし》る空間《くうかん》には、一生懸命《いっしょうけんめい》やってきたことを披露《ひろう》できる達成感《たっせいかん》や充実感《じゅうじつかん》がありました。1番《ばん》ではなく、2番《ばん》や3番《ばん》だったとしても楽《たの》しかったと思《おも》うんです。

子《こ》どものころから、外《そと》で遊《あそ》ぶのが好《す》きでした。近《ちか》くの山《やま》で虫《むし》とりをしたり、田《た》んぼでザリガニをつかまえたり。自然《しぜん》のなかで、いろいろな風景《ふうけい》に出合《であ》いました。

（P121の記事《きじ》の）取材《しゅざい》でも話《はな》しましたが、現役《げんえき》のころから1日の最後《さいご》に10分《ぷん》だけ多《おお》く走《はし》ってきました。厳《きび》しく苦《くる》しい練習《れんしゅう》もあったけれど、この10分《ぷん》で野山《のやま》をかけ回《まわ》っていた子《こ》ども時代《じだい》や、中学《ちゅうがく》で陸上《りくじょう》を始《はじ》めたころの気持《きも》ちを思《おも》い出《だ》していました。毎日《まいにち》、原点《げんてん》にもどっていたので、楽《たの》しい気持《きも》ちを持《も》ち続《つづ》けられたのだと思《おも》います。

アテネ五輪《ごりん》（ギリシャ）に行《い》けなかった2004年は、陸上選手《りくじょうせんしゅ》としては悲《かな》しい1年《ねん》だったのかもしれません。でも、実《じつ》はうれし涙《なみだ》を一番多《いちばんおお》く流《なが》した年《とし》。マラソンは孤独《こどく》なスポーツとも言《い》われますが、温《あたた》かい声《こえ》を寄《よ》せてくれる人《ひと》たちからパワーをもらいました。だから次《つぎ》の年《とし》の東京国際女子《とうきょうこくさいじょし》マラソンは、私《わたし》のようにちょっとうまくいかなくて沈《しず》んでいる人《ひと》たちのために走《はし》ろうと思《おも》いました。優勝《ゆうしょう》インタビューで「今《いま》、暗闇《くらやみ》にいる人《ひと》も、どうか夢《ゆめ》を持《も》って1日を過《す》ごしてほしい」と伝《つた》えることができて、目標《もくひょう》を達成《たっせい》できたと思《おも》いました。

私《わたし》は、マラソンを始《はじ》めて3年半《ねんはん》でオリンピックの金《きん》メダルを取《と》り、人生《じんせい》が変《か》わりました。小学生《しょうがくせい》のみなさんの学校生活《がっこうせいかつ》は、その倍近《ばいちか》い6年間《ねんかん》です。この時間《じかん》をどう過《す》ごすかで、人生《じんせい》は変《か》わってくると思《おも》うのです。夢《ゆめ》や目標《もくひょう》がある人《ひと》は、なりたい自分《じぶん》をイメージして、そこに近《ちか》づくために「今日《きょう》、何《なに》をすべきか」を考《かんが》えてみましょう。まだ何《なに》をしたいかわからない子《こ》たちには、まずは何《なに》ごとにも一生懸命《いっしょうけんめい》チャレンジして、自分《じぶん》が好《す》きなものを見《み》つけてほしいですね。

なりたい自分《じぶん》、イメージしよう

プロフィル

1972年　岐阜県《ぎふけん》に生《う》まれる
1985年　岐阜市立芥見南小学校《ぎふしりつあくたみみなみしょうがっこう》（当時《とうじ》）卒業《そつぎょう》
2000年　シドニー五輪《ごりん》の女子《じょし》マラソンで金《きん》メダル
2005年　東京国際女子《とうきょうこくさいじょし》マラソン優勝《ゆうしょう》。08年に現役引退《げんえきいんたい》を発表《はっぴょう》

タイムスリップ朝小 あさしょう

2002年（平成14年） 1月3日

当時の新聞記事から抜粋

ことしも笑顔《えがお》のゴールを見《み》せてQ《キュー》ちゃん

あしたはもっと速《はや》く／毎日《まいにち》を少《すこ》しずつがんばれ

シドニー五輪女子《ごりんじょし》マラソンの金《きん》メダリスト高橋尚子選手《たかはしなおこせんしゅ》に、朝小《あさしょう》リポーターの2人がインタビューしました。あこがれの人《ひと》を前《まえ》に知《し》りたいことがいっぱいの2人に、いつもの「Q《キュー》ちゃんスマイル」で答《こた》えてくれました。

高橋尚子選手（中央）にインタビューした金子綾乃さん（左）と花井駿くん（右）＝千葉県佐倉市

高橋選手《たかはしせんしゅ》にインタビューしたのは、金子綾乃《かねこあやの》さん（千葉県《ちばけん》・6年《ねん》）と花井駿《はないしゅん》くん（東京都《とうきょうと》・6年《ねん》）。マラソンを始《はじ》めたきっかけをたずねると「中学校《ちゅうがっこう》の部活《ぶかつ》動《どう》で始《はじ》めたんですけど、最初《さいしょ》はバスケットボールにしようか陸《りく》上《じょう》にしようかまよったの」という答《こた》え。両方《りょうほう》を見学《けんがく》して選《えら》んだといいます。「陸上部《りくじょうぶ》は本格的《ほんかくてき》で、ピンのついたスパイクで走《はし》っていたり、スタートにピストルを使《つか》ったり、なんてかっこいいんだろうと思《おも》いました」

「マラソンをやめたいと思《おも》ったことは」。花井《はない》くんは思《おも》いきって聞《き》いてみました。高橋選手《たかはしせんしゅ》は「やめるって思《おも》ったことはないなあ。きょう、つらい練習《れんしゅう》をしたら、あしたはもっと速《はや》くなれると思《おも》って、今《いま》はマラソンがすごく好《す》き」ときっぱり。

「高橋選手《たかはしせんしゅ》にとってのマラソンとはどんなもの？」とつっこむと、少《すこ》し考《かんが》えて「すべてをかけられるもので、今《いま》は生活《せいかつ》の一《いち》部《ぶ》かな」と話《はな》しました。

「きょう1日を大切《たいせつ》にして、その日にできること、今《いま》やれることをするのが大事《だいじ》。私《わたし》は練習《れんしゅう》のとき、みんなより10分《ぶん》だけ長《なが》く走《はし》っています。1日10分《ぶん》でも1週間続《しゅうかんつづ》ければ1日分《ぶん》くらいの練《れん》習《しゅう》になります。夢《ゆめ》を持《も》って毎日《まいにち》少《すこ》しずつがんばれば、きっとなんでもできるよ」

高橋尚子選手
ことしも笑顔のゴールを見せてQちゃん
朝小リポーターが初夢インタビュー
朝日小学生新聞
Qちゃんと Q&A

シドニー五輪の女子マラソンで優勝＝2000年 ©朝日新聞社

他《ほか》にもこんなニュースが…

4月から新《あたら》しくなる小学校《しょうがっこう》の学習内《がくしゅうない》容《よう》を特集《とくしゅう》。毎週《まいしゅう》土日《どにち》が休《やす》みになり、学《まな》ぶ内容《ないよう》が3割減《わりへ》らされました

冬のオリンピック

寒《さむ》さを忘《わす》れる4年《ねん》に1度《ど》の熱戦《ねっせん》

冬《ふゆ》の五輪《ごりん》も札幌《さっぽろ》がアジア初《はつ》

スキージャンプ70メートル級《きゅう》で笠谷幸生選手《かさやゆきおせんしゅ》ら「日《ひ》の丸飛行隊《まるひこうたい》」がメダルを独占《どくせん》

夏冬《なつふゆ》7大会出場《たいかいしゅつじょう》

橋本聖子選手《はしもとせいこせんしゅ》がスピードスケートで銅《どう》。夏《なつ》の自転車《じてんしゃ》も出場《しゅつじょう》

力合《ちからあ》わせ2連覇《れんぱ》

ジャンプとクロスカントリーのノルディック複合団体《ふくごうだんたい》で金《きん》

年	できごと
1968（昭和《しょうわ》43）	第《だい》10回《かい》グルノーブル（フランス）大会《たいかい》 ○日本の成績《せいせき》は、金《きん》0、銀《ぎん》0、銅《どう》0
1972（47）	第《だい》11回《かい》札幌《さっぽろ》（北海道《ほっかいどう》）大会《たいかい》 ○金《きん》1、銀《ぎん》1、銅《どう》1 ❶
1976（51）	第《だい》12回《かい》インスブルック（オーストリア）大会《たいかい》○金《きん》0、銀《ぎん》0、銅《どう》0
1980（55）	第《だい》13回《かい》レークプラシッド（アメリカ）大会《たいかい》○金《きん》0、銀《ぎん》1、銅《どう》0
1984（59）	第《だい》14回《かい》サラエボ（旧《きゅう》ユーゴスラビア）大会《たいかい》○金《きん》0、銀《ぎん》1、銅《どう》0
1988（63）	第《だい》15回《かい》カルガリー（カナダ）大会《たいかい》 ○金《きん》0、銀《ぎん》0、銅《どう》1
1992（平成《へいせい》4）	第《だい》16回《かい》アルベールビル（フランス）大会《たいかい》 ○金《きん》1、銀《ぎん》2、銅《どう》4 ❷
1994（6）	第《だい》17回《かい》リレハンメル（ノルウェー）大会《たいかい》 ○金《きん》1、銀《ぎん》2、銅《どう》2 ❸
1998（10）	第《だい》18回《かい》長野大会《ながのたいかい》 ○金《きん》5、銀《ぎん》1、銅《どう》4 ❹
2002（14）	第《だい》19回《かい》ソルトレークシティー（アメリカ）大会《たいかい》○金《きん》0、銀《ぎん》1、銅《どう》1

日《ひ》の丸飛行隊再《まるひこうたいふた》び

ジャンプ団体《だんたい》が優勝《ゆうしょう》し、選手《せんしゅ》4人《にん》が抱《だ》き合《あ》って喜《よろこ》んだ

金《きん》メダルラッシュ

スピードスケートでは、清水《しみず》宏保選手《ひろやすせんしゅ》が優勝《ゆうしょう》した

地元《じもと》の小学生《しょうがくせい》も参加《さんか》

開会式《かいかいしき》に地元《じもと》の子《こ》150人《にん》が「雪《ゆき》ん子《こ》」として登場《とうじょう》。教育《きょういく》プログラム「一校一国運動《いっこういっこくうんどう》」も生《う》まれた

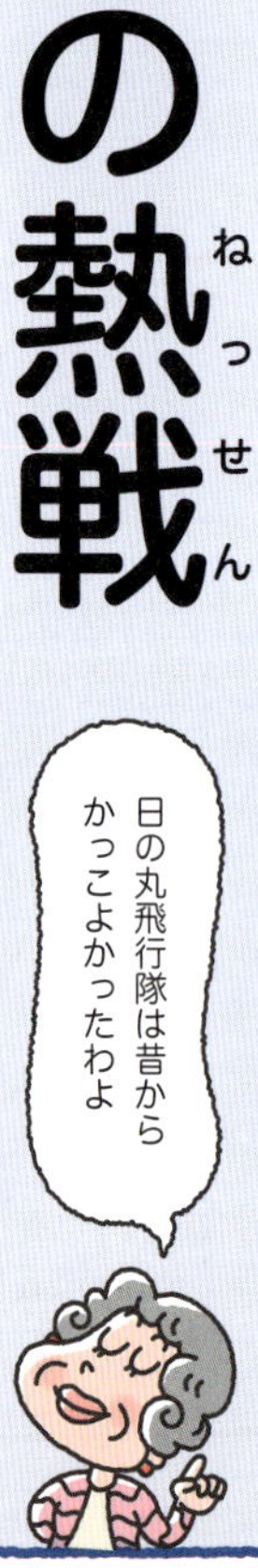

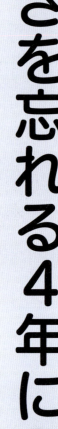

タイムスリップ朝小《あさしょう》

1972年（昭和47年） 2月9日

当時の新聞記事から抜粋

みごと開いた五輪《ごりん》の花

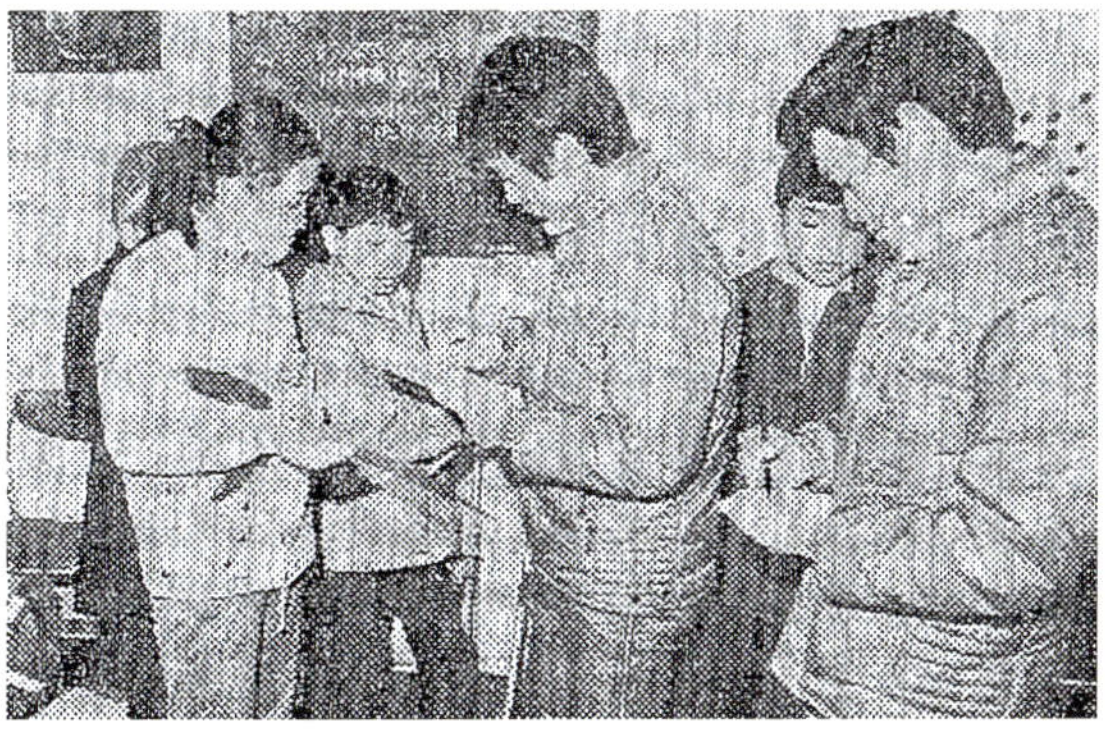

札幌《さっぽろ》で豆記者《まめきしゃ》が大活躍《だいかつやく》

札幌市立美香保小学校《さっぽろしりつみかほしょうがっこう》の5、6年生《ねんせい》5人《にん》が、朝小《あさしょう》の「豆記者《まめきしゃ》」として札幌五輪《さっぽろごりん》を取材《しゅざい》しました。選手村《せんしゅむら》ではスキーのノルディック複合《ふくごう》の勝呂裕司選手《かつろゆうじせんしゅ》と中野秀樹選手《なかのひできせんしゅ》にインタビュー。「みんな強敵《きょうてき》だからね」と話《はな》した勝呂選手《かつろせんしゅ》が、5位入賞《いにゅうしょう》しました。豆記者《まめきしゃ》の一人は、札幌《さっぽろ》に「五輪《ごりん》の花《はな》」が開《ひら》いたとリポートしました。

もっと知《し》りたい

年間《ねんかん》を通《つう》じて暑《あつ》い地域《ちいき》ではウインタースポーツは身近《みぢか》になりにくく、冬《ふゆ》のオリンピックは夏《なつ》とくらべて規模《きぼ》が小《ち》さいです。1972年の札幌五輪《さっぽろごりん》に参加《さんか》した国《くに》と地域《ちいき》は35でした。98年の長野五輪《ながのごりん》は72、2014年のソチ五輪《ごりん》は88と増《ふ》え、スキーのモーグルやスノーボードなど、新《あたら》しい競技《きょうぎ》も加《くわ》わっています。

札幌五輪《さっぽろごりん》や長野五輪《ながのごりん》では、スキーのジャンプを多《おお》くの観客《かんきゃく》が応援《おうえん》しました。札幌《さっぽろ》では笠谷幸生選手《かさやゆきおせんしゅ》、長野《ながの》では船木和喜選手《ふなきかずよしせんしゅ》や原田雅彦選手《はらだまさひこせんしゅ》たちが金《きん》メダルをとり、人気者《にんきもの》になりました。

フィギュアスケートは日本選手《せんしゅ》が強《つよ》くなり、人気《にんき》が高《たか》まる一方《いっぽう》です。

2010年4月14日の紙面《しめん》では、浅田真央選手《あさだまおせんしゅ》に朝小《あさしょう》リポーターがインタビューしています。浅田選手《あさだせんしゅ》は、バンクーバー五輪《ごりん》で達成《たっせい》できなかった金《きん》メダルという目標《もくひょう》を、翌月《よくげつ》の世界選手権《せかいせんしゅけん》で達成《たっせい》できたと、笑顔《えがお》で話《はな》しました。読者《どくしゃ》に「みなさんも目標《もくひょう》を持《も》てば、達成《たっせい》できたときの喜《よろこ》びが味《あじ》わえると思《おも》います」とメッセージを送《おく》っています。

参加国《さんかこく》や競技《きょうぎ》が増《ふ》えてきたよ

5 華麗《かれい》にイナバウアー

荒川静香選手《あらかわしずかせんしゅ》がフィギュアスケートでアジア初《はつ》の金《きん》

6 ライバル対決《たいけつ》

韓国《かんこく》のキムヨナ選手《せんしゅ》と優勝《ゆうしょう》を争《あらそ》った浅田真央選手《あさだまおせんしゅ》（左《ひだり》）が銀《ぎん》

2006（18） 第《だい》20回《かい》トリノ（イタリア）大会《たいかい》 ○金《きん》1、銀《ぎん》0、銅《どう》0 5

2010（22） 第《だい》21回《かい》バンクーバー（カナダ）大会《たいかい》 ○金《きん》0、銀《ぎん》3、銅《どう》2 6

2014（26） 第《だい》22回《かい》ソチ（ロシア）大会《たいかい》 ○金《きん》1、銀《ぎん》4、銅《どう》3 7

2018 第《だい》23回《かい》平昌《ピョンチャン》（韓国《かんこく》）大会《たいかい》。2月9日～25日

2022 第《だい》24回《かい》北京《ペキン》（中国《ちゅうごく》）大会《たいかい》。2月4日～20日

7 19歳《さい》で五輪王者《ごりんおうじゃ》に

羽生結弦選手《はにゅうゆづるせんしゅ》がフィギュア男子《だんし》で金《きん》。東《ひがし》日本大《だい》震災《しんさい》の被災地出身《ひさいちしゅっしん》の19歳《さい》が笑顔《えがお》を届《とど》けた

年表の写真は、すべて©朝日新聞社

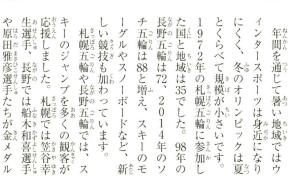

1972年（昭和47年） 2月 6日

当時の新聞記事から抜粋

寝《ね》袋《ぶくろ》持って観《かん》戦《せん》 札幌オリンピック

雪《ゆき》と氷《こおり》の祭《さい》典《てん》、中《ちゅう》盤《ばん》戦《せん》へ

寒《さむ》空《ぞら》に歓《かん》声《せい》こだまする

世界三十五か国の選手が、雪と氷にはげしい競技（きょうぎ）の火花をちらす、札幌（さっぽろ）オリンピックも、いよいよ中ばん戦（せん）にはいります。

競《きょう》技《ぎ》場《じょう》はお友だちでいっぱい

マスクをかけ寝袋（ねぶくろ）にすっぽりはいって観戦（かんせん）するお友だちとお父さん（真駒内屋外競技場で、朝日新聞社うつす）

開会式の日の夕方からアイスホッケーの試合（しあい）の始まった真駒内（まこまない）と月寒（つきさっぷ）の屋内（おくない）スケート競技場（きょうぎじょう）をはじめ、距離（きょり）の真駒内距離競技場、滑降（かっこう）の恵庭岳（えにわだけ）滑降競技場、スピードスケートの真駒内スピードスケート競技場、リュージュ、ボブスレーの手稲山（ていねやま）競技場など、各（かく）競技場は、連日、熱心（ねっしん）な観客（かんきゃく）がつめかけて大にぎわい。

なかでも大はりきりなのが、お友だちです。大会期間（きかん）中、札幌市の小学校は臨時（りんじ）休校（きゅうこう）とあって、どの競技場もお友だちでいっぱい、「ガンバレー」「イイゾーッ」と黄（き）色い歓声（かんせい）が寒空にこだましています。

ところで、競技場には熱気がうずまいているとはいえ、やはり、北国の札幌です。氷点下（ひょうてんか）七、八度という寒さに、「フー、寒い」と、ガタガタ歯（は）がなり、「かいろ」が飛（と）ぶように売れています。

魔法（まほう）びんにつめた熱い紅茶（こうちゃ）をのんだり、寝袋（ねぶくろ）にすっぽりはいって観戦（かんせん）しているお友だちもいます。

しかし「やっぱりオリンピックはすばらしいな」と、世紀（せいき）の祭典（さいてん）のすばらしさをかみしめていました。

小学生に流《りゅう》行《こう》 笠《かさ》谷《や》スタイル

数多くの有名（ゆうめい）選手（せんしゅ）の中で、小学生のお友だちにとくに人気があるのが、ジャンプの笠谷（かさや）選手です。

札幌（さっぽろ）市真駒内（まこまない）曙（あけぼの）小学校二年の佐藤潔（さとう・きよし）君は、笠谷選手の毛糸（けいと）の帽子（ぼうし）と同じものを、お母さんにつくってもらいました。黒っぽいこん色で、白線が一本はいっています。

また、笠谷選手がバッグにぶらさげている「クマのジャンパー」のマスコットを、自分のカバンにもつけて、ちょっととくいなようすです。

他《ほか》にもこんなニュースが…

東京《とうきょう》・浅草《あさくさ》の観音様《かんのんさま》で豆《まめ》まきの行事《ぎょうじ》がありました。東京地方《とうきょうちほう》に雪《ゆき》が降《ふ》りましたが、たくさんの人《ひと》が集《あつ》まりました

1998年（平成10年） 2月18日　当時の新聞記事から抜粋

「雪《ゆき》ん子《こ》の願《ねが》い」世界《せかい》へ発信《はっしん》

5万人《まんにん》の歓声《かんせい》 平和《へいわ》への思《おも》い強《つよ》く

平和への願いをこめて聖火をかかげるクリス・ムーンさん（中央）といっしょに走る雪ん子たち＝7日、長野市の南長野運動公園で

熱戦《ねっせん》がつづく長野五輪《ながのごりん》。大会《たいかい》テーマのひとつが「子《こ》どもたちの参加《さんか》」です。開会式《かいかいしき》では「雪《ゆき》ん子《こ》」にふんした子《こ》どもたちが、歌声《うたごえ》にのせて「戦争《せんそう》のない世界《せかい》をつくろう」と全世界《ぜんせかい》に発信《はっしん》しました。

開会式《かいかいしき》をいろどった「雪《ゆき》ん子《こ》」は150人《にん》。長野市《ながのし》の全小中学《ぜんしょうちゅうがっ》校《こう》、盲学校《もうがっこう》、ろう学校《がっこう》、養護学《ようごがっ》校《こう》から2人ずつえらばれました。

増田綾《ますだあや》さんは、長野盲学校小《ながのもうがっこうしょう》学部《がくぶ》6年生《ねんせい》。1歳《さい》のころの病気《びょうき》が原因《げんいん》で、視力《しりょく》がほとんどありません。ダンスなんてしたことがなかったから、不安《ふあん》でした。

練習《れんしゅう》が始《はじ》まったのは8月の終《お》わり。毎週土曜《まいしゅうどよう》、日曜《にちよう》の練習《れんしゅう》に綾《あや》さんは自分《じぶん》でつくった点字《てんじ》の歌詞《かし》カードを持《も》って参加《さんか》しました。最初《さいしょ》は練習《れんしゅう》がきつくて「やだな」と思《おも》うこともありましたが、だんだん週末《しゅうまつ》が待《ま》ち遠《どお》しくなってきました。友《とも》だちに会《あ》えるからです。

本番《ほんばん》の日《ひ》、5万人《まんにん》の観客《かんきゃく》が見《み》つめる舞台《ぶたい》。綾《あや》さんは、生《う》まれて初《はじ》めて挑戦《ちょうせん》したダンスの楽《たの》しさを、体全体《からだぜんたい》で表現《ひょうげん》しました。

「今《いま》まで聞《き》いたことがないくらい大《おお》きな歓声《かんせい》が耳元《みみもと》で聞《き》こえた。世界中《せかいじゅう》の人《ひと》に見《み》てもらっているんだ。そう思《おも》ったらうれしくなって、大《おお》きな声《こえ》で歌《うた》えました。ダンスも楽《たの》しかった。また、みんなでおどりたいな」

◇

雪《ゆき》ん子《こ》たちは大相撲《おおずもう》の力士《りきし》とともに、各国選手団《かっこくせんしゅだん》の先導《せんどう》もつとめました。入場行進《にゅうじょうこうしん》のトップはギリシャ。その先頭《せんとう》に、清水《しみず》瑛介《えいすけ》くん（昭和小《しょうわしょう》6年《ねん》）の晴《は》れやかな顔《かお》がありました。

久保佳与《くぼかよ》さん（三本柳小《さんぼんやなぎしょう》6年《ねん》）は、一校一国運動《いっこういっこくうんどう》で応援《おうえん》しているボスニア・ヘルツェゴビナの選手団《せんしゅだん》を先導《せんどう》。内戦《ないせん》を乗《の》りこえ、初《はじ》めて冬季《とうき》オリンピックに参加《さんか》した国《くに》に、特別《とくべつ》な思《おも》いがありました。

全選手団《ぜんせんしゅだん》の入場後《にゅうじょうご》、佳与《かよ》さんたち雪《ゆき》ん子《こ》は、聖火《せいか》の最終《さいしゅう》ランナー、クリス・ムーンさんといっしょにスタジアムを走《はし》りました。ムーンさんは地雷《じらい》を取《と》りのぞく作業中《さぎょうちゅう》にあやまって地雷《じらい》をふみ、右手《みぎて》と右足《みぎあし》を失《うしな》いました。今《いま》は地雷禁止活動《じらいきんしかつどう》をしています。

朝日小学生新聞
「雪ん子」の願い 世界へ発信
ムーンさんと走り 平和への願い強く

他《ほか》にもこんなニュースが…

南極観測船《なんきょくかんそくせん》の「しらせ」が昭和基地《しょうわきち》沖《おき》をはなれて、帰国《きこく》の途《と》につきました

インタビュー

安藤美姫《あんどうみき》さん

プロフィギュアスケーター

9歳《さい》でフィギュアスケートを始《はじ》めたころから、コーチになるのが夢《ゆめ》でした。門奈裕子《もんなゆうこ》先生《せんせい》の笑顔《えがお》が大好《だいす》きで、先生《せんせい》みたいなコーチになりたいと思《おも》ってきました。コーチになるために学《まな》べることはすべて学《まな》ぼう、学《まな》んだことが次《つぎ》につながる、という感《かん》じでした。

18歳《さい》でトリノ五輪《ごりん》（イタリア）に出《で》るチャンスをいただいたときは「夢《ゆめ》の舞台《ぶたい》で4回転《かいてん》ジャンプに挑戦《ちょうせん》する」という目標《もくひょう》をクリアしたいなと思《おも》いました。でも万全《ばんぜん》の状態《じょうたい》ではなく、フィギュアスケートと100%《パーセント》向《む》き合《あ》えていなかったんです。

トリノの後《あと》に「もう一度《いちど》自分《じぶん》らしく、スケートが大好《だいす》きな気持《きも》ちを忘《わす》れずに演技《えんぎ》をしたい」「日本代表《だいひょう》としてリンクに立《た》たせていただく感謝《かんしゃ》の気持《きも》ちや責任《せきにん》をきちんと理解《りかい》してすべりたい」と思《おも》い、バンクーバー五輪《ごりん》（カナダ）を意識《いしき》しました。

バンクーバーでは「一つの舞台《ぶたい》に世界中《せかいじゅう》の人《ひと》の心《こころ》が集《あつ》まっているのはすてきだな」と気《き》づけて、その中《なか》にいられる幸《しあわ》せを感《かん》じました。

将来《しょうらい》コーチになったら「オリンピックの舞台《ぶたい》に立《た》たせてあげたい」という気持《きも》ちで教《おし》えたいですね。

自分《じぶん》らしい輝《かがや》きを大切《たいせつ》にして

フィギュアスケートは、個人《こじん》の魅力《みりょく》や輝《かがや》きを大事《だいじ》にするスポーツだと思《おも》います。海外《かいがい》の子《こ》どもはすぐ打《う》ち解《と》けて、質問《しつもん》をしてくれます。日本の子《こ》はコーチの言《い》うことを聞《き》き入《い》れる力《ちから》はすごいので、自《じ》分《ぶん》の感情《かんじょう》や気持《きも》ちが加《くわ》わったらもっとよくなるんじゃないかなってずっと思《おも》っていました。自分《じぶん》からコーチに聞《き》きに行《い》けるように、意《い》見《けん》や気持《きも》ちをうまく言《い》えるように、と導《みちび》くようにしています。

小学生《しょうがくせい》には「人《ひと》とちがっていいんだよ」って言《い》ってあげたいです。日本人《じん》の団体行動《だんたいこうどう》や、年上《としうえ》の方《かた》への敬意《けいい》のはらい方《かた》は、すてきなところだと思《おも》うんです。それを忘《わす》れずに、でも自分《じぶん》らしさを失《うしな》わずにいてほしいな。人《ひと》とちがうのは悪《わる》いことじゃないし、本当《ほんとう》にすばらしいこと。自分《じぶん》に正直《しょうじき》に、自分《じぶん》らしく生《い》きていってほしいです。

プロフィル

1987年 愛知県《あいちけん》に生《う》まれる

2000年 愛知県名古屋市立見付《あいちけんなごやしりつみつけ》小学校卒業《しょうがっこうそつぎょう》

2007年 世界選手権《せかいせんしゅけん》（東京《とうきょう》）で金《きん》

2010年 バンクーバー五輪出場《ごりんしゅつじょう》。5位入賞《いにゅうしょう》

2011年 世界選手権《せかいせんしゅけん》（ロシア）で2回目《かいめ》の金《きん》

タイムスリップ朝小《あさしょう》

2012年（平成24年） 1月5日

当時の新聞記事から抜粋

被災地《ひさいち》への思《おも》いこめてすべる

「レクイエム」は日本のために

平井理央さん（右）の緊張をほぐしながら、やさしく質問に答えた安藤美姫さん＝東京都千代田区

フィギュアスケート選手《せんしゅ》の安《あん》藤美姫《どうみき》さんは、東《ひがし》日本大震災後《だいしんさいご》すぐにチャリティーを始《はじ》め、被《ひ》災地《さいち》への思《おも》いをこめたプログラムをすべり続《つづ》けています。朝小《あさしょう》リポーターの平井理央《ひらいりお》さん（5年《ねん》）がインタビューしました。

Q《キュー》（平井《ひらい》さんの質問《しつもん》） 海外《かいがい》のショーでも日本への支援《しえん》の思《おも》いを感《かん》じますか。

A《エー》（安藤《あんどう》さんの答《こた》え） 知《し》らない人《ひと》も「がんばってね」って声《こえ》をかけてくれます。震災《しんさい》のときは海外《かいがい》の選手《せんしゅ》がすぐにメールをくれたり、日本にお金《かね》を送《おく》ってくれたりしました。

私《わたし》は小学校《しょうがっこう》3年生《ねんせい》のときに父《ちち》を交通事故《こうつうじこ》で亡《な》くしているので、昨日《きのう》までいた家族《かぞく》がいなくなってしまう悲《かな》しさはわかります。モーツァルト作曲《さっきょく》の「レクイエム（鎮魂曲《ちんこんきょく》）」を震災後《しんさいご》は「日本のために」という思《おも》いですべりました。

Q《キュー》 02年に女子選手《じょしせんしゅ》として史《し》上初《じょうはつ》の4回転《かいてん》ジャンプを成功《せいこう》させたときの気持《きも》ちは?

A《エー》 ただジャンプすることが楽《たの》しくて「3回転《かいてん》はできたから次《つぎ》は4回転《かいてん》」「成功《せいこう》した!」というだけだったんです。ギネス世《せ》界記録《かいきろく》に認定《にんてい》されて初《はじ》めて「すごいことをしたのかな」って。

Q《キュー》 私《わたし》は体操競技《たいそうきょうぎ》をやっています。試合《しあい》でドキドキしたらどうしたらいいでしょう?

A《エー》 練習《れんしゅう》を緊張《きんちょう》するくらい真《しん》剣《けん》にやって、自分《じぶん》が楽《たの》しくてやってるってことを忘《わす》れなければ、試合《しあい》では緊張《きんちょう》しないよ。あとは、ほかの選手《せんしゅ》のことは気《き》にしないこと! 自分《じぶん》には自分《じぶん》のいいところがあるから。

2012年（平成24年）1月5日
朝日小学生新聞
被災地への思いこめてすべる 安藤美姫さん
朝小リポーター平井理央さん（5年）がインタビュー
「夢に向かって楽しもう」
「レクイエム」は日本のために
応援してくれる家族に感謝を
「15年に消費税10％」
平安気分で「かるた始め」

2011年の世界選手権で2度目の優勝を決めました＝ロシア・モスクワ ©朝日新聞社

他《ほか》にもこんなニュースが…

東《ひがし》日本大震災《だいしんさい》で岩手県大槌町《いわてけんおおつちちょう》の港《みなと》から流《なが》された船《ふね》が約《やく》10か月後《げつご》、日本海《かい》に面《めん》した兵庫県香美町《ひょうごけんかみちょう》で見《み》つかりました

パラリンピック
世界最高峰《せかいさいこうほう》のスポーツ大会《たいかい》へ

日本で初開催《はつかいさい》
日本で初《はじ》めての開催《かいさい》で、21か国《こく》378人《にん》が参加《さんか》。開会式《かいかいしき》では日本代表《だいひょう》の選手《せんしゅ》が宣誓《せんせい》

チームプレーで栄光《えいこう》
ウィルチェアーラグビーで銅《どう》など計《けい》24個《こ》のメダルを獲得《かくとく》

日本のパワー爆発《ばくはつ》
日本は合計《ごうけい》41個《こ》のメダルを獲《かく》得《とく》し、国《くに》・地域別《ちいきべつ》では4位《い》に

夏季《かき》大会《たいかい》

年	できごと
1960(昭和《しょうわ》35)	第《だい》1回《かい》ローマ(イタリア)大会 日本不参加《ふさんか》
1964(39)	第《だい》2回《かい》東京大会《とうきょうたいかい》=写真《しゃしん》1 ○日本の成績《せいせき》は、金《きん》1、銀《ぎん》5、銅《どう》4
1968(43)	第《だい》3回《かい》テルアビブ(イスラエル)大会《たいかい》 ○金《きん》2、銀《ぎん》2、銅《どう》8
1972(47)	第《だい》4回《かい》ハイデルベルグ(西《にし》ドイツ=当《とう》時《じ》)大会《たいかい》 ○金《きん》4、銀《ぎん》5、銅《どう》3
1976(51)	第《だい》5回《かい》トロント(カナダ)大会《たいかい》 ○金《きん》10、銀《ぎん》6、銅《どう》3
1980(55)	第《だい》6回《かい》アーネム(オランダ)大会《たいかい》 ○金《きん》9、銀《ぎん》10、銅《どう》7
1984(59)	第《だい》7回《かい》ニューヨーク(アメリカ)/ストーク・マンデビル(イギリス)大会《たいかい》 ○金《きん》9、銀《ぎん》7、銅《どう》8
1988(63)	第《だい》8回《かい》ソウル(韓国《かんこく》)大会《たいかい》 ○金《きん》17、銀《ぎん》12、銅《どう》17
1992(平成《へいせい》4)	第《だい》9回《かい》バルセロナ(スペイン)大会《たいかい》 ○金《きん》8、銀《ぎん》7、銅《どう》15
2016(28)	第《だい》15回《かい》リオデジャネイロ(ブラジル)大会《たいかい》2 ○金《きん》0、銀《ぎん》10、銅《どう》14
2020	第《だい》16回《かい》東京大会《とうきょうたいかい》

冬季《とうき》大会《たいかい》

年	できごと
1976(昭和《しょうわ》51)	第《だい》1回《かい》エンシェルツビーク(スウェーデン)大会《たいかい》 日本不参加《ふさんか》
1980(55)	第《だい》2回《かい》ヤイロ(ノルウェー)大会《たいかい》 ○金《きん》0、銀《ぎん》0、銅《どう》0
1984(59)	第《だい》3回《かい》インスブルック(オーストリア)大会《たいかい》 ○金《きん》0、銀《ぎん》0、銅《どう》0
1988(63)	第《だい》4回《かい》インスブルック(オーストリア)大会《たいかい》 ○金《きん》0、銀《ぎん》0、銅《どう》2
1992(平成《へいせい》4)	第《だい》5回《かい》ティーニュ/アルベールビル(フランス)大会《たいかい》 ○金《きん》0、銀《ぎん》0、銅《どう》2
1994(6)	第《だい》6回《かい》リレハンメル(ノルウェー)大会《たいかい》 ○金《きん》0、銀《ぎん》3、銅《どう》3

タイムスリップ朝小 あさしょう

1998年（平成10年） 3月3日

当時の新聞記事から抜粋

朝日小学生新聞
パラリンピックをお友《とも》だちも応援《おうえん》
長野県で5日から
聖火ランナーの得意
橋本沙樹さん
地元の選手を招き激励
歌声をプレゼント
卒業生に応援旗を
はじまりは？
押し花はがきを選手に
330枚を手づくり おくる輪が全国
PARALYMPICS NAGANO'98

小学生《しょうがくせい》も大会《たいかい》盛《も》り上《あ》げようと一役《ひとやく》

長野《ながの》パラリンピック冬季競技大会《とうききょうぎたいかい》で、聖火《せいか》リレーに参加《さんか》したり、選手《せんしゅ》に手作《てづく》りの品《しな》をおくってはげましたりする子《こ》どもたちのようすを伝《つた》えています。選手《せんしゅ》と交流会《こうりゅうかい》を開《ひら》くなどして競技《きょうぎ》への理解《りかい》を深《ふか》めたり、卒業生《そつぎょうせい》に応援旗《おうえんき》を作《つく》ったりした小学校《しょうがっこう》もあります。

笑顔《えがお》はじける金《きん》
アイススレッジスピードレースで金《きん》メダル3個《こ》と銀《ぎん》メダル1個《こ》を獲得《かくとく》した松江美季《まつえみき》さん

年表の写真はすべて©朝日新聞社

1996（8）	第《だい》10回《かい》アトランタ（アメリカ）大会《たいかい》 ○金《きん》14、銀《ぎん》10、銅《どう》13
2000（12）	第《だい》11回《かい》シドニー（オーストラリア）大会《たいかい》 ○金《きん》13、銀《ぎん》17、銅《どう》11
2004（16）	第《だい》12回《かい》アテネ（ギリシャ）大会《たいかい》 ○金《きん》17、銀《ぎん》15、銅《どう》20
2008（20）	第《だい》13回《かい》北京《ペキン》（中国《ちゅうごく》）大会《たいかい》 ○金《きん》5、銀《ぎん》14、銅《どう》8
2012（24）	第《だい》14回《かい》ロンドン（イギリス）大会《たいかい》 ○金《きん》5、銀《ぎん》5、銅《どう》6

→

1998（10）	第7回長野大会 ○金《きん》12、銀《ぎん》16、銅《どう》13 3、4
2002（14）	第《だい》8回《かい》ソルトレークシティ（アメリカ）大会《たいかい》 ○金《きん》0、銀《ぎん》0、銅《どう》3
2006（18）	第《だい》9回《かい》トリノ（イタリア）大会《たいかい》 ○金《きん》2、銀《ぎん》5、銅《どう》2
2010（22）	第《だい》10回《かい》バンクーバー（カナダ）大会《たいかい》 ○金《きん》3、銀《ぎん》3、銅《どう》5
2014（26）	第《だい》11回《かい》ソチ（ロシア）大会《たいかい》 ○金《きん》3、銀《ぎん》1、銅《どう》2
2018	第《だい》12回平昌《かいピョンチャン》（韓国《かんこく》）大会《たいかい》

もっと知《し》りたい

もう一つのオリンピック

身体障《しんたいしょう》がい者《しゃ》のスポーツは第《だい》2次世界大戦後《じせかいたいせんご》、けがをした兵士《へいし》の社会復帰《しゃかいふっき》を目的《もくてき》にイギリスで広《ひろ》まりました。イギリスの病院《びょういん》が中心《ちゅうしん》となって、1960年、オリンピックが開《ひら》かれたローマ（イタリア）で、脊髄《せきずい》（背骨《せぼね》を走《はし》る神経《しんけい》）をけがした人《ひと》たちの大会《たいかい》が開《ひら》かれたのが、パラリンピックの1回目《かいめ》とされます。

冬季大会《とうきたいかい》は76年のエンシェルツビーク大会《たいかい》（スウェーデン）から。今《いま》は4年《ねん》ごとに夏季《かき》、冬季《とうき》の大会《たいかい》が開《ひら》かれます。

日本が開催地《かいさいち》となったのはこれまで夏季《かき》と冬季《とうき》の1回《かい》ずつです。次《つぎ》は2020年の東京大会《とうきょうたいかい》です。

「パラリンピック」の名前《なまえ》が使《つか》われるようになったのは1964年の東京大会《とうきょうたいかい》から。当時《とうじ》は、脊髄《せきずい》をけがした選手《せんしゅ》が中心《ちゅうしん》だったので「パラプレジア（下半身《かはんしん》まひ）」と「オリンピック」を組《く》み合《あ》わせました。

その後《ご》、目《め》の不自由《ふじゆう》な人《ひと》や脳性《のうせい》まひの人《ひと》らも競技《きょうぎ》をするようになり、「もう一つのオリンピック」と呼《よ》ばれるようになりました。

甲子園《こうしえん》は時代《じだい》のスターを生《う》む

豪腕光《ごうわんひか》る王貞治選手《おうさだはるせんしゅ》
投手《とうしゅ》としても活躍《かつやく》。57年夏《なつ》は、ノーヒットノーラン達成《たっせい》

初《はつ》の春夏連覇《はるなつれんぱ》
連覇《れんぱ》を成《な》しとげた作新学院《さくしんがくいん》の選手《せんしゅ》たち

ゴジラ松井《まつい》が登場《とうじょう》
松井選手《まついせんしゅ》と握手《あくしゅ》した朝小《あさしょう》リポーターは「手《て》がごつくて、まめがたくさんだ」と喜《よろこ》んだ

年	できごと
1957（昭和《しょうわ》32）	春《はる》、王貞治選手《おうさだはるせんしゅ》のいる早稲田実業《わせだじつぎょう》（早《そう》実《じつ》、東京《とうきょう》）が優勝《ゆうしょう》した＝写真《しゃしん》❶
1962（37）	夏《なつ》、作新学院《さくしんがくいん》（栃木《とちぎ》）が、大会史上初《たいかいしじょうはつ》の春夏連覇《はるなつれんぱ》を達成《たっせい》❷
1974（49）	❸夏《なつ》、金属製《きんぞくせい》バットの使用《しよう》が許可《きょか》される
1978（53）	春《はる》、前橋《まえばし》（群馬《ぐんま》）の松本稔投手《まつもとみのるとうしゅ》が大会史《たいかいし》上初《じょうはつ》の完全試合《かんぜんじあい》を成《な》しとげる
1980（55）	夏《なつ》、早実《そうじつ》の荒木大輔投手《あらきだいすけとうしゅ》が登場《とうじょう》し、人気《にんき》を集《あつ》める❹
1985（60）	夏《なつ》、PL学園《ピーエルがくえん》（大阪《おおさか》）のKK《ケーケー》コンビ（桑田真澄投手《くわたますみとうしゅ》、清原和博選手《きよはらかずひろせんしゅ》）最後《さいご》の甲子園《こうしえん》。同校《どうこう》3度目《どめ》の夏《なつ》の優勝《ゆうしょう》で幕《まく》
1990（平成《へいせい》2）	夏《なつ》、イチローこと鈴木一朗選手《すずきいちろうせんしゅ》の愛工大名電《あいこうだいめいでん》（愛知《あいち》）が出場《しゅつじょう》。初戦敗退《しょせんはいたい》
1992（4）	夏《なつ》、星稜《せいりょう》（石川《いしかわ》）の松井秀喜選手《まついひできせんしゅ》❺が、5打席連続《だせきれんぞく》で敬遠《けいえん》される
1996（8）	夏《なつ》、記録員《きろくいん》1人のベンチ入《い》りが認《みと》められ、女子《じょし》マネジャーが初登場《はつとうじょう》❻
1998（10）	夏《なつ》、横浜《よこはま》（神奈川《かながわ》）の松坂大輔投手《まつざかだいすけとうしゅ》が活躍《かつやく》し、春夏連覇《はるなつれんぱ》を達成《たっせい》❼

金属製《きんぞくせい》バット登場《とうじょう》
木製《もくせい》バットより飛距離《ひきょり》が出《で》るため、ホームランが増《ふ》えた

大《だい》ちゃんフィーバー
初登板《はつとうばん》は1安打完封《あんだかんぷう》。ハンサムな顔立《かおだ》ちも人気《にんき》を集《あつ》めた

女子《じょし》マネ、ベンチへ
取材《しゅざい》に「選手《せんしゅ》といっしょに試合《しあい》している感《かん》じです」

春夏連覇《はるなつれんぱ》に導《みちび》く
取材《しゅざい》に、三振《さんしん》は「1試合《しあい》10個《こ》はとる」と答《こた》える松坂投手《まつざかとうしゅ》

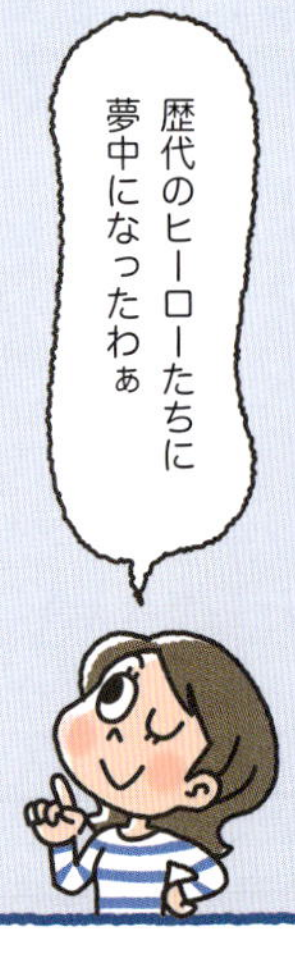

タイムスリップ朝小《あさしょう》

1967年（昭和42年） 8月13日

当時の新聞記事から抜粋

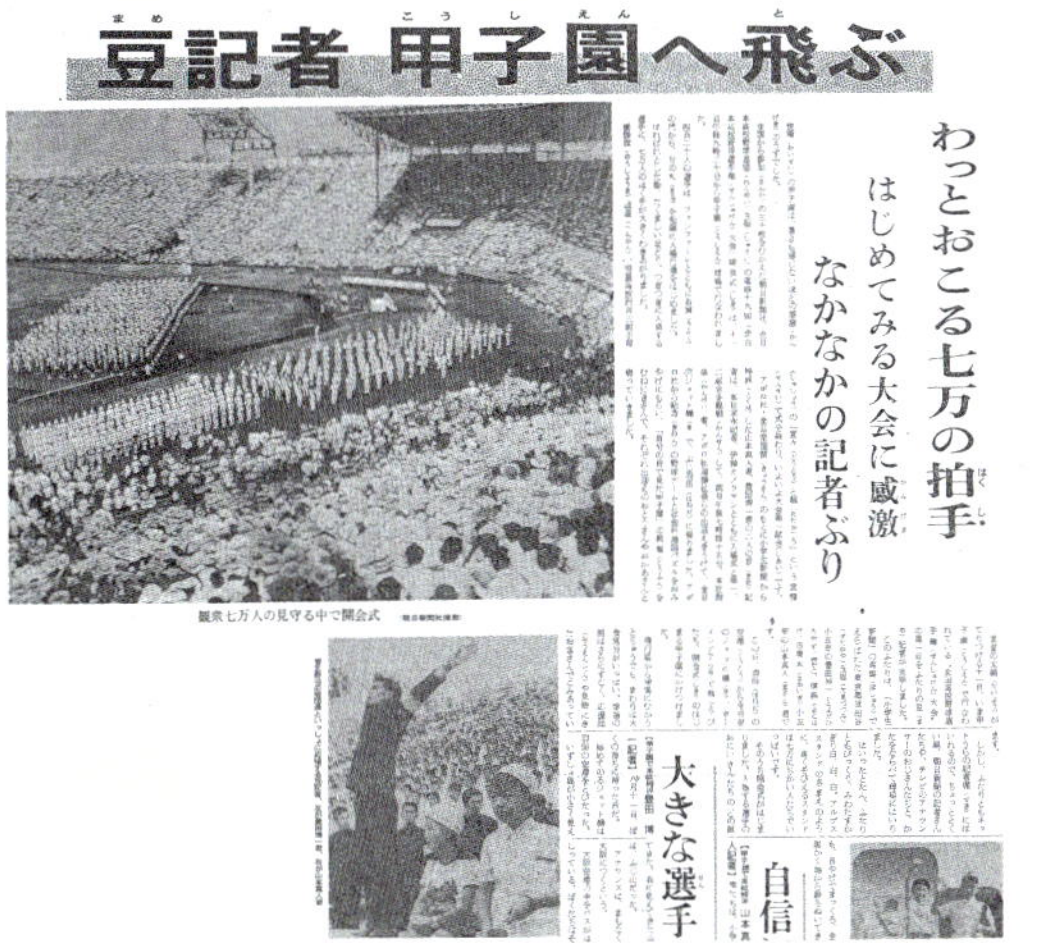
豆記者《まめきしゃ》 甲子園《こうしえん》へ飛《と》ぶ

わっとおこる七万の拍手《はくし》
はじめてみる大会に感激《かんげき》
なかなかの記者ぶり

大きな選手

自信

大人《おとな》の記者《きしゃ》と肩並《かたなら》べ取材《しゅざい》

第《だい》49回高校野球選手権大会《かいこうこうやきゅうせんしゅけんたいかい》の開会式《かいかいしき》。創刊《そうかん》から4か月《げつ》の朝小《あさしょう》は、小学《しょうがく》5年生《ねんせい》の豆記者《まめきしゃ》2人を派遣《はけん》しました。ネット裏《うら》の記者席《きしゃせき》で、大人《おとな》の新聞記者《しんぶんきしゃ》やテレビ局《きょく》のアナウンサーと肩《かた》を並《なら》べて取材《しゅざい》しました。宮崎大宮高校《みやざきおおみやこうこう》のエース投手《とうしゅ》と握手《あくしゅ》した豆記者《まめきしゃ》は、「大《おお》きな手《て》だ。この手《て》でバットをにぎるのだ」とリポートしました。

もっと知《し》りたい

全国高校野球選手権大会《ぜんこくこうこうやきゅうせんしゅけんたいかい》の前身《ぜんしん》の大会《たいかい》が大阪《おおさか》・豊中《とよなか》グラウンドで始《はじ》まったのは、1915年（大正《たいしょう》4年）のことです。甲子園《こうしえん》球場《きゅうじょう》が完成《かんせい》した24年に、春《はる》の選抜高校野球大会《せんばつこうこうやきゅうたいかい》もスタートしました。球場《きゅうじょう》の名前《なまえ》は、この年《とし》が60年に一度《いちど》の「甲子《きのえね》」の年《とし》だったことにちなみます。

第《だい》2次世界大戦《じせかいたいせん》（39〜45年）の影響《えいきょう》で、41年夏《なつ》から46年春《はる》まで中止《ちゅうし》に。42年夏《なつ》に文部省《もんぶしょう》（今《いま》の文部科学省《もんぶかがくしょう》）主催《しゅさい》で開《ひら》かれましたが、目的《もくてき》は戦意《せんい》を高《たか》めることでした。大会史《たいかいし》に記録《きろく》されず「幻《まぼろし》の甲子園《こうしえん》」といわれます。

歴史《れきし》とともに歩《あゆ》んで1世紀《せいき》

甲子園《こうしえん》といえば、最後《さいご》の試合《しあい》の後《あと》、選手《せんしゅ》が球場《きゅうじょう》の土《つち》を持《も》ち帰《かえ》るのが有名《ゆうめい》です。戦後《せんご》、沖縄《おきなわ》は72年までアメリカ軍《ぐん》に統治《とうち》されていました。沖縄《おきなわ》が58年に初出場《はつしゅつじょう》したときは、植物防疫法《しょくぶつぼうえきほう》で「外国《がいこく》の土《つち》」とされ、持《も》ち帰《かえ》れませんでした。

2012年に大阪桐蔭《おおさかとういん》（大阪《おおさか》）を春夏連覇《はるなつれんぱ》に導《みちび》いた藤浪晋太郎投手《ふじなみしんたろうとうしゅ》は朝小《あさしょう》の取材《しゅざい》に、「甲子園《こうしえん》の土《つち》は親《おや》が実家《じっか》で保管《ほかん》してくれていると思《おも》います」と笑顔《えがお》で話《はな》していました。

8 **21世紀枠《せいきわく》できる**
くじを引《ひ》く21世紀枠出場校《せいきわくしゅつじょうこう》・宜野座《ぎのざ》（沖縄《おきなわ》）の主将《しゅしょう》

9 **ダルビッシュ人気《にんき》**
ノーヒットノーラン達成後《たっせいご》、捕手《ほしゅ》とグラブでタッチ

2001（13） 春《はる》、新《あたら》しい選抜枠《せんばつわく》「21世紀枠《せいきわく》」を設《もう》けた 8

2004（16） 春《はる》、東北《とうほく》（宮城《みやぎ》）のダルビッシュ有投手《ゆうとうしゅ》がノーヒットノーランを達成《たっせい》 9

2006（18） 夏《なつ》、早実《そうじつ》・斎藤佑樹投手《さいとうゆうきとうしゅ》と駒大苫小牧《こまだいとまこまい》（南北海道《みなみほっかいどう》）・田中将大投手《たなかまさひろとうしゅ》 10 が決勝《けっしょう》で対決《たいけつ》。引《ひ》き分《わ》け再試合《さいしあい》を制《せい》し、早実《そうじつ》が夏《なつ》の初優勝《はつゆうしょう》

2007（19） 夏《なつ》、仙台育英《せんだいいくえい》（宮城《みやぎ》）の佐藤由規投手《さとうよしのりとうしゅ》が球速《きゅうそく》155キロを記録《きろく》

10 **マー君《くん》VS.《バーサス》ハンカチ王子《おうじ》**
「マー君《くん》」と呼《よ》ばれた田中投手《たなかとうしゅ》＝中央《ちゅうおう》＝と、「ハンカチ王子《おうじ》」こと斎藤投手《さいとうとうしゅ》は、ともに人気者《にんきもの》に

年表の写真は、❺❻❼❿以外は©朝日新聞社

インタビュー

辻内崇伸《つじうちたかのぶ》さん

女子《じょし》プロ野球《やきゅう》「埼玉《さいたま》アストライア」コーチ

大阪桐蔭《おおさかとういん》（大阪《おおさか》）時代《じだい》、甲子園《こうしえん》に出《で》られたのは特別《とくべつ》な思《おも》い出《で》です。初戦《しょせん》の春日部共栄《かすかべきょうえい》（埼玉《さいたま》）戦《せん》。甲子園《こうしえん》のマウンドで初《はじ》めて投《な》げたときの、球場《きゅうじょう》のどよめきが忘《わす》れられません。

プレッシャーもありました。初《はじ》めて球速《きゅうそく》150キロをこえたのは、高《こう》2の夏《なつ》。まわりの期待《きたい》も大《おお》きくなり、「スピードを出《だ》さなきゃ」という意識《いしき》が強《つよ》まりました。

ただ、本番《ほんばん》では結果《けっか》を求《もと》めるのではなく、自然《しぜん》と試合《しあい》を重《かさ》ねるうちに、奪三振《だつさんしん》の数《かず》や球速《きゅうそく》の記録《きろく》がついてきた。楽《たの》しんで野球《やきゅう》ができていたからだと思《おも》います。

その後《ご》、ジャイアンツ（巨人《きょじん》）に入団《にゅうだん》しましたが、けがが続《つづ》いて結果《けっか》を残《のこ》せませんでした。野球《やきゅう》が仕事《しごと》なのにできない。まわりから期待《きたい》される。これはつらかったですね。つい、痛《いた》みを感《かん》じながらも投《な》げたこともありました。

そのときどきを一生懸命《いっしょうけんめい》に

現役《げんえき》を引退《いんたい》したときは、野球《やきゅう》と離《はな》れようと思《おも》いました。でも、「経験《けいけん》を生《い》かせるのは野球《やきゅう》」と嫁《よめ》に背中《せなか》を押《お》され、女子《じょし》プロ野球《やきゅう》のコーチの道《みち》を選《えら》びました。今《いま》は、日本女子《じょし》プロ野球《やきゅう》のチーム・埼玉《さいたま》アストライアで指導《しどう》しています。

コーチとして支《ささ》えにしているのは、ジャイアンツ時代《じだい》の小谷正勝《こたにただかつ》コーチの教《おし》えです。じっと選手《せんしゅ》を観察《かんさつ》し、「上《うえ》に投《な》げてみな」など簡単《かんたん》な言葉《ことば》でヒントをぼそっと言《い》う。私《わたし》も選手《せんしゅ》を教《おし》えるとき、すぐに答《こた》えを言《い》うのではなく、何《なに》が問題《もんだい》か相手《あいて》に考《かんが》えさせる指導《しどう》を大切《たいせつ》にしています。

目標《もくひょう》は女子《じょし》で130キロを出《だ》せる投手《とうしゅ》を育《そだ》てること。これまでの経験《けいけん》を生《い》かし、女子《じょし》プロ野球《やきゅう》の発展《はってん》に力《ちから》を注《そそ》ぎたいです。

今《いま》、左腕《ひだりうで》ではキャッチボールも満足《まんぞく》にできなくなりました。でも後悔《こうかい》はしていません。そのときどきを、一生懸命《いっしょうけんめい》にできたことが幸《しあわ》せです。

小学生《しょうがくせい》のみなさん、小学校時代《しょうがっこうじだい》は一度《いちど》きりです。後悔《こうかい》しないように毎日《まいにち》を過《す》ごしてください。そして、お父《とう》さんとお母《かあ》さんへの感謝《かんしゃ》を忘《わす》れないように。

プロフィル

1987年　奈良県《ならけん》に生《う》まれる

2000年　奈良県川西町立結崎小学校《ならけんかわにしちょうりつゆうざきしょうがっこう》（当時《とうじ》）卒業《そつぎょう》

2005年　甲子園出場《こうしえんしゅつじょう》。歴代《れきだい》3位《い》タイの1試合奪三振《しあいだつさんしん》「19」を記録《きろく》

2013年　プロ野球《やきゅう》・巨人《きょじん》を退団《たいだん》

2016年　レイアのコーチに

タイムスリップ朝小《あさしょう》

2005年（平成17年） 8月 7日　当時の新聞記事から抜粋

選手《せんしゅ》も球場《きゅうじょう》も大《おお》きいなあ

第《だい》87回《かい》全国《ぜんこく》高校《こうこう》野球《やきゅう》選手権《せんしゅけん》大会《たいかい》が6日、阪神《はんしん》甲子園《こうしえん》球場《きゅうじょう》で開幕《かいまく》しました。地方大会《ちほうたいかい》を勝《か》ちぬいた49校《こう》が熱戦《ねっせん》をくり広《ひろ》げています。朝小《あさしょう》リポーター3人《にん》が注目《ちゅうもく》のチームや選手《せんしゅ》を取材《しゅざい》しました。

朝小リポーターから応援の花束を受けとる大阪桐蔭の辻内崇伸投手（左から３人目）と平田良介選手＝大阪府大東市

大阪桐蔭《おおさかとういん》、浪速《なにわ》の注目選手《ちゅうもくせんしゅ》

開幕《かいまく》の前日《ぜんじつ》、大阪府大東市《おおさかふだいとうし》にある大阪桐蔭《おおさかとういん》（大阪《おおさか》）のグラウンドをたずね、練習《れんしゅう》のようすを取材《しゅざい》しました。

最高球速《さいこうきゅうそく》が150キロをこえる左腕《さわん》のエース、辻内崇伸投手《つじうちたかのぶとうしゅ》や、高校《こうこう》で通算《つうさん》65本《ほん》のホームランを打《う》っている平田良介選手《ひらたりょうすけせんしゅ》らがいて、優勝候補《ゆうしょうこうほ》として注目《ちゅうもく》されるチームです。

一球一球《いっきゅういっきゅう》に力《ちから》をこめる辻内投《つじうちとう》手《しゅ》のピッチングを見《み》たリポーターたち。「スピードがあるとは聞《き》いていたけど、これほど速《はや》いなんて」と口《くち》をそろえます。

「初《はじ》めて球速《きゅうそく》150キロをこえたときは、どんな気持《きも》ちでしたか」。横山大希《よこやまひろき》くん（6年《ねん》）の問《と》いかけに、辻内投手《つじうちとうしゅ》は「とにかくうれしかったよ」と笑顔《えがお》で言《い》いました。大《だい》リーグの左腕《さわん》、ランディー・ジョンソン投手《とうしゅ》（ヤンキース）にあこがれているそうです。

「甲子園《こうしえん》で強豪《きょうごう》チームと対戦《たいせん》できることを心待《こころま》ちにしています。強打者《きょうだしゃ》も打《う》ちとれるように、1球《きゅう》1球勝負《きゅうしょうぶ》したいですね」と抱負《ほうふ》を話《はな》しました。

平田選手《ひらたせんしゅ》の力強《ちからづよ》いバッティングも見学《けんがく》しました。「思《おも》っていた以上《いじょう》に選手《せんしゅ》の体《からだ》が大《おお》きくて、迫力《はくりょく》が伝《つた》わってきました。注目《ちゅうもく》の選手《せんしゅ》がちょっぴり身近《みぢか》になりました」。黒澤茉佑《くろさわまゆ》さん（6年《ねん》）の感想《かんそう》です。

選手も球場も大きいなあ
朝小リポーター
朝日小学生新聞

2017年　埼玉《さいたま》アストライアのコーチに

甲子園では球速152キロの球を投げました＝05年、兵庫県西宮市

ほか
他《ほか》にもこんなニュースが…

被爆《ひばく》60年《ねん》の「原爆《げんばく》の日《ひ》」となる6日、広島《ひろしま》で平和記念式《へいわきねんしき》が開《ひら》かれ、約《やく》5万《まん》5千人《にん》が参列《さんれつ》しました

プロ野球 私《わたし》をドームに連《つ》れてって♪

GIANTS
1

❶ 王選手《おうせんしゅ》が世界《せかい》のホームラン王《おう》に

フラミンゴのように右足《みぎあし》を上《あ》げて打《う》つ「一本足打法《いっぽんあしだほう》」を、子《こ》どもたちはこぞってまねした

❸ メジャーリーグに旋風《せんぷう》

「トルネード投法《とうほう》」の野茂英雄投手《のもひでおとうしゅ》。落差《らくさ》の大《おお》きいフォークボールを武器《ぶき》に三振《さんしん》の山《やま》を築《きず》いた

年	できごと
1965（昭和《しょうわ》40）	新人選手選択《しんじんせんしゅせんたく》（ドラフト）会議《かいぎ》が始《はじ》まる
1969（44）	金田正一投手《かねだまさいちとうしゅ》（国鉄《こくてつ》、巨人《きょじん》）が通算《つうさん》400勝《しょう》を達成《たっせい》
1973（48）	巨人《きょじん》が9年連続《ねんれんぞく》日本シリーズ優勝《ゆうしょう》
1975（50）	パ・リーグが指名打者《しめいだしゃ》（DH《ディーエイチ》＝投手《とうしゅ》の代《か》わりの打者《だしゃ》が入《はい》る）制《せい》を導入《どうにゅう》
1977（52）	王貞治選手《おうさだはるせんしゅ》（巨人《きょじん》）が756本塁打《ほんるいだ》の世《せ》界記録《かいきろく》を達成《たっせい》＝写真《しゃしん》❶
1988（63）	日本初《はつ》の屋根《やね》つき球場《きゅうじょう》「東京《とうきょう》ドーム」完成《かんせい》❷
1993（平成《へいせい》5）	フリーエージェント制《せい》（FA《エフエー》＝ある球団《きゅうだん》に一定《いってい》の期間《きかん》いる選手《せんしゅ》が他球団《たきゅうだん》にうつる権利《けんり》を持《も》つ制度《せいど》）を導入《どうにゅう》
1995（7）	野茂英雄投手《のもひでおとうしゅ》❸がアメリカ（米《べい》）大《だい》リーグのロサンゼルス・ドジャース入団《にゅうだん》。ナ・リーグ新人王《しんじんおう》に
2001（13）	イチロー選手《せんしゅ》（米《べい》シアトル・マリナーズ）がア・リーグ新人王《しんじんおう》に。16年には マイアミ・マーリンズで歴代最多安打《れきだいさいたあんだ》記録《きろく》4257本《ほん》を達成《たっせい》（日米通算《にちべいつうさん》）❹

❷ 雨《あめ》の日《ひ》も安心《あんしん》

東京《とうきょう》ドームが完成《かんせい》。愛称《あいしょう》はビッグエッグ（大《おお》きな卵《たまご》）。屋根《やね》つき球場《きゅうじょう》が広《ひろ》まるきっかけに

❹ イチロー、前人未到《ぜんじんみとう》の境地《きょうち》へ

「走攻守《そうこうしゅ》（走塁《そうるい》、打撃《だげき》、守備《しゅび》）」がそろったイチロー選手《せんしゅ》。アメリカの野球殿堂入《やきゅうでんどうい》りは確実《かくじつ》

広々としたスタジアムは気持ちいいね

タイムスリップ朝小《あさしょう》

1996年（平成8年）1月1日

当時の新聞記事から抜粋

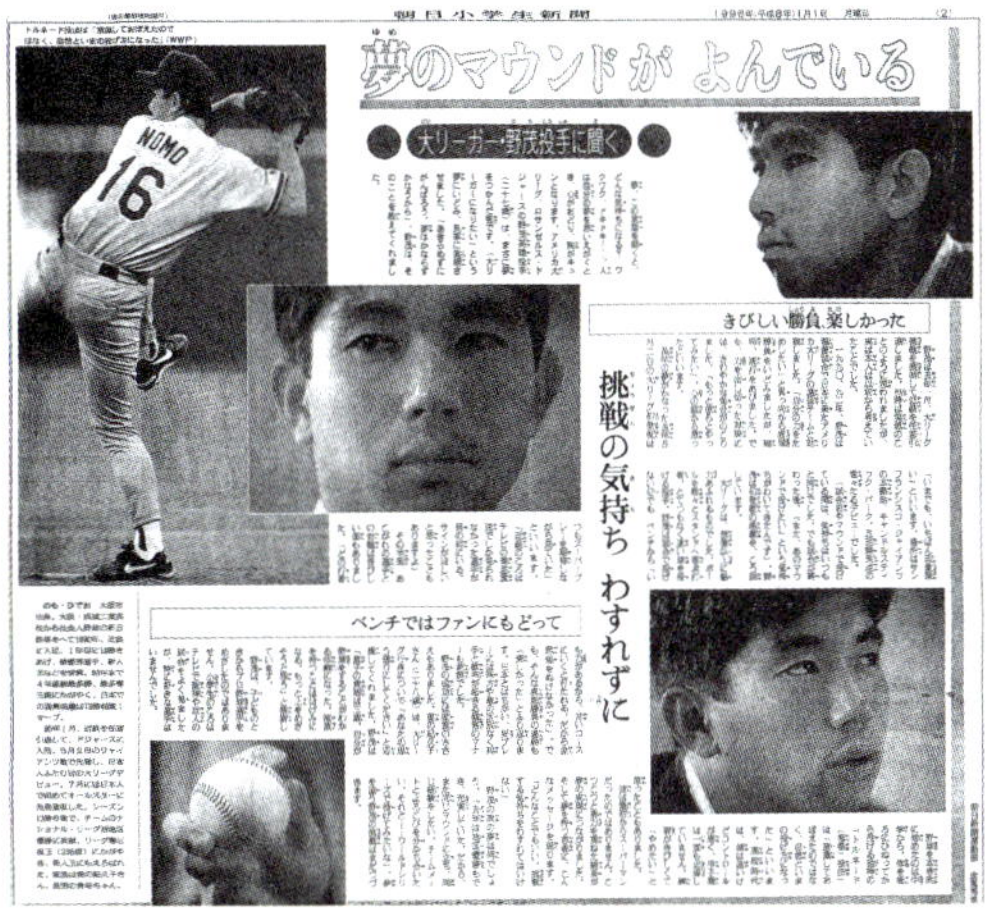
朝日小学生新聞
夢のマウンドが よんでいる
大リーガー野茂投手に聞く
きびしい勝負楽しかった
挑戦の気持ち わすれずに
ベンチではファンにもどって

大《だい》リーガー、野茂投手《のもとうしゅ》に聞《き》く

1995年にアメリカのロサンゼルス・ドジャースに入《にゅう》団《だん》し、大活躍《だいかつやく》した野茂英雄投手《のもひでおとうしゅ》の特集《とくしゅう》。野球《やきゅう》を本格的《ほんかくてき》に始《はじ》めたのは中学《ちゅうがく》からで、体《からだ》を後《うし》ろにひねって投《な》げる「トルネード（竜巻《たつまき》）投法《とうほう》」は「意識《いしき》して覚《おぼ》えたのではない」と言《い》います。「どんなことでもいい。挑戦《ちょうせん》する気持《きも》ちを忘《わす》れてはいけない」と語《かた》りました。

もっと知《し》りたい

野球《やきゅう》は明治時代《めいじじだい》の初《はじ》めにアメリカから伝《つた》わり、1920年（大正《たいしょう》9年）に初《はつ》のプロチームができました。第《だい》2次世界大戦《じせかいたいせん》が激《はげ》しくなると一時休止《いちじきゅうし》しましたが、戦後《せんご》に復活《ふっかつ》すると、次第《しだい》に人気《にんき》が高《たか》まりました。

大《おお》きな変化《へんか》は90年代半《だいなか》ば。それまでは「本場《ほんば》」のアメリカとは圧倒的《あっとうてき》な力《ちから》の差《さ》があり、日本選手《せんしゅ》は通用《つうよう》しないと思《おも》われていましたが、野茂英雄投手《のもひでおとうしゅ》がそれをくつがえしたのです。その後《ご》、野手《やしゅ》や捕手《ほしゅ》も大《だい》リーグに挑戦《ちょうせん》するようになり、松井秀喜選手《まついひできせんしゅ》や城島健司選手《じょうじまけんじせんしゅ》をはじめ、これまで計《けい》50人以上《にんいじょう》がプレー。中《なか》でもイチロー選手《せんしゅ》は、多《おお》くの記録《きろく》をぬりかえています。

東京五輪《とうきょうごりん》でさらに世界《せかい》へ

日本のプロ野球《やきゅう》も、人気《にんき》は落《お》ちていません。2016年度《ど》の入場者数《にゅうじょうしゃすう》は、過去《かこ》67年間《ねんかん》でセ・リーグとパ・リーグともに歴代《れきだい》トップ。セ・リーグは約《やく》1385万人《まんにん》、パ・リーグは約《やく》1113万人《まんにん》です（日本野球機構調《にほんやきゅうきこうしら》べ）。

野球《やきゅう》は20年の東京五輪《とうきょうごりん》で、追加競技《ついかきょうぎ》に決定《けってい》しています。野球《やきゅう》があまり盛《さか》んでない国《くに》へ、どれだけ広《ひろ》まるかが課題《かだい》です。

5 ストライキで試合中止《しあいちゅうし》

近鉄《きんてつ》とオリックスの合併《がっぺい》の「1年間凍結《ねんかんとうけつ》」を求《もと》めて史上初《しじょうはつ》のストライキ

- 2004（16） 球団《きゅうだん》の統合《とうごう》をめぐる問題《もんだい》から、選手会《せんしゅかい》が史上初《しじょうはつ》のストライキ **5**
- 2006（18） 「ワールド・ベースボール・クラシック」（WBC《ダブリュビーシー》）で日本代表《だいひょう》が優勝《ゆうしょう》 **6**
- 2007（19） クライマックスシリーズを導入《どうにゅう》。セ・パそれぞれシーズン上位《じょうい》3チームが、日本シリーズへの出場権《しゅつじょうけん》を争《あらそ》う
- 2016（28） ロンドン五輪《ごりん》（イギリス）から外《はず》れた野《や》球《きゅう》が、20年東京五輪《とうきょうごりん》の追加競技《ついかきょうぎ》に決定《けってい》

6 日本が世界一《せかいいち》に

国別世界一《くにべつせかいいち》を争《あらそ》うWBC第《ダブリュビーシーだい》1回大会《かいたいかい》で優勝《ゆうしょう》し、2回目《かいめ》（09年）も連覇《れんぱ》。3回目《かいめ》（13年）は3位《い》

年表の写真は、❶❷❸❹❺©朝日新聞社、❻AFP時事

インタビュー

菊池雄星《きくちゆうせい》さん

プロ野球《やきゅう》・西武投手《せいぶとうしゅ》

高校生《こうこうせい》のころの記事《きじ》（P137）を見《み》ると恥《は》ずかしいですね。でも基本的《きほんてき》には変《か》わっていません。「24時間《じかん》をいかに使《つか》うか、ふだんの生活《せいかつ》が大事《だいじ》」ってことも、「読書《どくしょ》が好《す》き」というのも同《おな》じ。本《ほん》は多《おお》いときは1日《にち》3冊《さつ》読《よ》みます。体重《たいじゅう》は98キロなので、そのころと20キロくらいちがいます。トレーニングで大《おお》きくしました。体《からだ》が強《つよ》くないと気持《きも》ちも強《つよ》くならないんで。

プロを漠然《ばくぜん》とめざすようになったのは、野球《やきゅう》を始《はじ》めた小《しょう》3のころから。桑田真澄《くわたますみ》さん（元巨人《もときょじん》）が好《す》きでした。「なれるかも」と思《おも》ったのは中《ちゅう》3くらいからです。

高校時代《こうこうじだい》に注目《ちゅうもく》されたことには、とまどいがありました。何《なに》も知《し》らない田舎《いなか》の高校生《こうこうせい》が甲子園《こうしえん》で勝《か》っただけで、いきなりマスコミに囲《かこ》まれるようになったので。でも仲間《なかま》とは、変《か》わらず同《おな》じ距離感《きょりかん》でつきあいたいと思《おも》っていました。

練習《れんしゅう》でしかうまくならない

プロはやっぱりレベルが全然《ぜんぜん》ちがう。球場《きゅうじょう》の半分《はんぶん》はアウェー（敵《てき》）ですし、「勝負《しょうぶ》の世界《せかい》」だなと改《あらた》めて感《かん》じます。お金《かね》をはらって来《き》てくださったファンががっかりするような、中途半端《ちゅうとはんぱ》なピッチングはできない。「今日《きょう》も負《ま》けられない」という思《おも》いは強《つよ》いです。

2016年のシーズンが12勝《しょう》と好調《こうちょう》だったのは「たまたま」。プロは3、4年間《ねんかん》、安定《あんてい》した結果《けっか》を出《だ》して初《はじ》めて評価《ひょうか》されるので、これからが勝負《しょうぶ》だと思《おも》ってます。プロで6年間《ねんかん》勝《か》ったり負《ま》けたりいろいろ経験《けいけん》を積《つ》んだことで、ピンチになっても動揺《どうよう》せずにやれるようになりました。

ストレートが武器《ぶき》ですが、今《いま》はスピードにこだわりはありません。信頼《しんらい》されるピッチャーになりたい。ファンやチームメートから「雄星《ゆうせい》が投《な》げれば大丈夫《だいじょうぶ》」と思《おも》われるようになりたいです。そのためには長《なが》いイニングを投《な》げて、けがしないことも必要《ひつよう》だと思《おも》います。

プロをめざす子《こ》には「練習《れんしゅう》でしかうまくならない」と伝《つた》えたい。前提《ぜんてい》となるのは、だれよりも練習《れんしゅう》すること。「練習《れんしゅう》ができる」というのも一つの能力《のうりょく》だと思《おも》います。

プロフィル

1991年　岩手県《いわてけん》に生《う》まれる

2004年　岩手県盛岡市立見前小《いわてけんもりおかしりつみるまえしょう》卒業《そつぎょう》

2009年　花巻東高《はなまきひがしこう》3年《ねん》のときに、春《はる》の甲子園《こうしえん》で準優勝《じゅんゆうしょう》、夏《なつ》はベスト4。プロ野球《やきゅう》・西武《せいぶ》に入団《にゅうだん》を発表《はっぴょう》。11年、初勝利《はつしょうり》

2016年　12勝《しょう》で初《はつ》の2けた勝利《しょうり》

タイムスリップ朝小《あさしょう》

2010年（平成22年）　1月　3日　当時の新聞記事から抜粋

プラス思考《しこう》で夢《ゆめ》はかなう

菊池《きくち》雄星《ゆうせい》投手《とうしゅ》（西武《せいぶ》）から小学生《しょうがくせい》のみなさんへ

プロ野球《やきゅう》に期待《きたい》の新星《しんせい》が登場《とうじょう》します。朝小《あさしょう》リポーターの岡根《おかね》史弥《ふみや》くん（4年《ねん》）と竹内明日香《たけうちあすか》さん（6年《ねん》）が、西武《せいぶ》に入団《にゅうだん》した菊池雄星投手《きくちゆうせいとうしゅ》にインタビュー。野球《やきゅう》を通《とお》して学《まな》んだことや、小学生時代《しょうがくせいじだい》の話《はなし》を聞《き》きました。

寮生活《りょうせいかつ》で白球《はっきゅう》を追《お》った花巻東《はなまきひがし》高《こう》（岩手県花巻市《いわてけんはなまきし》）の野球場《やきゅうじょう》。バックネット裏《うら》の一室《いっしつ》で、やわらかな口調《くちょう》で真剣《しんけん》に答《こた》えてくれました。

朝小リポーターの質問にやさしく答えた菊池雄星投手
＝岩手県花巻市の花巻東高校

Q《キュー》（リポーターの質問《しつもん》）本番《ほんばん》で強《つよ》くなるには？

A《エー》（菊池投手《きくちとうしゅ》の答《こた》え）まず緊《きん》張《ちょう》しないようにするのが一番《いちばん》。野球《やきゅう》でも試合《しあい》と思《おも》うから緊張《きんちょう》する。ふだん通《どお》りのことをふだん通《どお》りやれば結果《けっか》は出《で》ます。

Q《キュー》 調子《ちょうし》が悪《わる》いときは？

A《エー》 野球《やきゅう》がどうこうじゃなく、まず部屋《へや》や学校《がっこう》のロッカー、机《つくえ》の中《なか》を見《み》ます。たいてい結果《けっか》が出《で》ないときはきたない。そうじして、心《こころ》をきれいにしてから野球《やきゅう》に向《む》かいます。

Q《キュー》 どんな小学生《しょうがくせい》でしたか？

A《エー》 寝《ね》なくていいって感《かん》じ。学校終《がっこうお》わったら夜《よる》7時《じ》、8時《じ》まで練習《れんしゅう》。家《いえ》に帰《かえ》っても、眠《ねむ》いけど素振《すぶ》りしようかなって100本《ぼん》200本《ぼん》やって。読書《どくしょ》は月《つき》10冊《さつ》くらい。野球《やきゅう》の本《ほん》も読《よ》むけど、人間《にんげん》としてどう生《い》きるかを考《かんが》えさせられる本《ほん》も好《す》きです。

Q《キュー》 読者《どくしゃ》にメッセージを。

A《エー》 小学生《しょうがくせい》のころはやりたいことを発見《はっけん》するのが大事《だいじ》。ぼくの場合《ばあい》、たくさんやっていた習《なら》い事《ごと》（水泳《すいえい》など計《けい》8つ）が生《い》きてます。指導者《しどうしゃ》や友《とも》だちと出会《であ》えて、家《いえ》や学校以外《がっこういがい》でもふれあって成長《せいちょう》できたと思《おも》います。

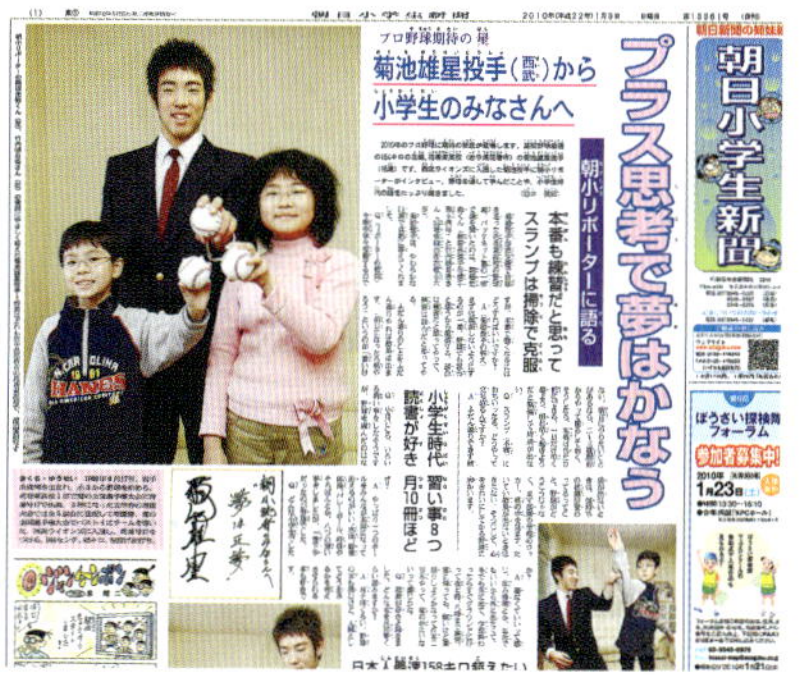

2011年、プロ初勝利を挙げた菊池投手＝西武提供

他《ほか》にもこんなニュースが…

2010年は日本の都《みやこ》が「平城京《へいじょうきょう》」に移《うつ》された年《とし》から1300年《ねん》。奈良時代《ならじだい》の人々《ひとびと》の生活《せいかつ》のようすを紹介《しょうかい》しているよ

サッカー

オーレ！人気《にんき》スポーツに成長《せいちょう》

初《はつ》のプロリーグ誕生《たんじょう》

10クラブで始《はじ》まり、今《いま》はＪ《ジェイ》1～Ｊ《ジェイ》3まで計《けい》54クラブとU《ユー》23チームに拡大《かくだい》。代表《だいひょう》チーム強化《きょうか》の場《ば》になった

世界《せかい》をおどろかせた銅《どう》メダル

開催国《かいさいこく》メキシコを破《やぶ》ってメダル獲得《かくとく》。試合《しあい》の終《お》わりの方《ほう》は、地元《じもと》の観客《かんきゃく》も日本に応援《おうえん》の声《こえ》

年	できごと
1968（昭和《しょうわ》43）	メキシコシティー五輪《ごりん》（メキシコ）で日本が銅《どう》メダル獲得《かくとく》。7得点《とくてん》をあげた釜本邦茂選手《かまもとくにしげせんしゅ》が大会得点王《たいかいとくてんおう》に＝写真《しゃしん》❶
1977（52）	奥寺康彦選手《おくでらやすひこせんしゅ》が日本人《じん》で初《はじ》めてドイツ1部《ぶ》リーグでプロ契約《けいやく》。リーグ優勝《ゆうしょう》も経験《けいけん》❷
1993（平成《へいせい》5）	Ｊ《ジェイ》リーグが開幕《かいまく》❸。三浦知良選手《みうらかずよしせんしゅ》らの日本代表《だいひょう》は、ワールドカップ（Ｗ《ワールド》杯《カップ》）アメリカ大会《たいかい》・アジア最終予選《さいしゅうよせん》でイラクと対戦《たいせん》。試合終了間際《しあいしゅうりょうまぎわ》で初出場《はつしゅつじょう》をのがす「ドーハの悲劇《ひげき》」が起《お》きる
1998（10）	日本代表《だいひょう》がＷ杯《ワールドカップ》フランス大会《たいかい》に初出《はつしゅつ》場《じょう》。3連敗《れんぱい》で1次《じ》リーグ敗退《はいたい》も、ジャマイカ戦《せん》で中山雅史選手《なかやままさしせんしゅ》が初《はつ》ゴールを決《き》める❹。フランスが初優勝《はつゆうしょう》
2001（13）	中田英寿選手《なかたひでとしせんしゅ》がイタリア1部《ぶ》リーグの強豪《きょうごう》ローマで活躍《かつやく》し、18シーズンぶりの優勝《ゆうしょう》に貢献《こうけん》
2002（14）	アジアで初開催《はつかいさい》となるＷ杯日韓大会《ワールドカップにっかんたいかい》で、日本が初《はつ》のベスト16進出《しんしゅつ》❺。ブラジルが優勝《ゆうしょう》
2006（18）	Ｗ杯《ワールドカップ》ドイツ大会《たいかい》で、日本は1次《じ》リーグ敗退《はいたい》。イタリアが優勝《ゆうしょう》

夢《ゆめ》の舞台《ぶたい》に初出場《はつしゅつじょう》

アジアの壁《かべ》を突破《とっぱ》し、夢《ゆめ》の舞台《ぶたい》に。試合後《しあいご》に掃除《そうじ》をするサポーターの姿勢《しせい》が世界《せかい》でほめられる

奥寺選手《おくでらせんしゅ》、本場《ほんば》のドイツで活躍《かつやく》

ヨーロッパ最高峰《さいこうほう》のリーグで200試合以上《しあいいじょう》に出場《しゅつじょう》。海外《かいがい》で活躍《かつやく》する日本人選手《じんせんしゅ》の草分《くさわ》け

タイムスリップ朝小《あさしょう》

2002年（平成14年）　6月18日

当時の新聞記事から抜粋

応援《おうえん》も日韓共同《にっかんきょうどう》もりあがるネ

大阪《おおさか》と韓国《かんこく》の小学生《しょうがくせい》が同時生《どうじなま》エール

テレビ会議《かいぎ》システム使《つか》い「中継《ちゅうけい》」

開催パートナーの日本と韓国がどちらも決勝トーナメントに進み、もりあがるサッカー・ワールドカップ。大阪の小学生がテレビ会議システムを使って、韓国の小学生とおたがいの国のチームをいっしょに応援し、交流を深めています。

道明寺南小《どうみょうじみなみしょう》⇄翰林初等学校《ハンリムしょとうがっこう》

600キロ超《こ》えて心《こころ》はひとつ

「すごいゴール」翻訳《ほんやく》ソフトでチャットも

朝日小学生新聞は2002FIFAワールドカップ™の公式新聞です。

テレビ会議《かいぎ》で同時《どうじ》にエール

W杯《ワールドカップ》で初《はじ》めて2か国共同開催《こくきょうどうかいさい》となった日韓大会《にっかんたいかい》。大《おお》阪《さか》の小学校《しょうがっこう》ではテレビ会議《かいぎ》システムを使《つか》って、韓国《かんこく》の小学生《しょうがくせい》とおたがいの国《くに》の代表《だいひょう》チームを応援《おうえん》しました。前《まえ》の年《とし》から学校《がっこう》を紹介《しょうかい》するビデオやメールの交換《こうかん》を通《つう》じて交流《こうりゅう》を深《ふか》めたそうです。応援《おうえん》の力《ちから》もあり、両国《りょうこく》とも初《はじ》めて決勝《けっしょう》トーナメントに進《すす》みました。

もっと知《し》りたい

2050年までにもう一度《いちど》W杯《ワールドカップ》を開催《かいさい》し、優勝《ゆうしょう》する――。日本《にほん》サッカー協会《きょうかい》が05年にかかげた目標《もくひょう》です。

W杯優勝《ワールドカップゆうしょう》は11年、女子《じょし》日本代表《だいひょう》「なでしこジャパン」が男《だん》子《し》よりひと足早《あしはや》く成《な》しとげました。

日本の女子《じょし》サッカーの歴史《れきし》の始《はじ》まりは、大正時代《たいしょうじだい》ではないかといわれます。香川県丸亀市《かがわけんまるがめし》で当時《とうじ》の女子生徒《じょしせいと》がサッカーをしている写真《しゃしん》が見《み》つかっています。1966年には兵庫県神戸市《ひょうごけんこうべし》で、日本最古《さいこ》の女子《じょし》チームが誕生《たんじょう》。

信《しん》じてつかみとった世界一《せかいいち》

89年には日本リーグが始《はじ》まりました。

女子《じょし》のW杯《ワールドカップ》が初《はじ》めて開《ひら》かれたのは、91年の中国大会《ちゅうごくたいかい》。日本はグループリーグ最下位《さいかい》でした。その後少《ごすこ》しずつ力《ちから》をつけ、2008年の北京五輪《ペキンごりん》（中国《ちゅうごく》）では4位《い》となりました。

それでも男子《だんし》の代表《だいひょう》ほどには注目《ちゅうもく》されませんでした。W杯《ワールドカップ》優勝《ゆうしょう》メンバーの川澄奈穂美選手《かわすみなほみせんしゅ》は13年、朝小《あさしょう》リポーターの取材《しゅざい》に「いつか日本は世界一《せかいいち》になる。そう信《しん》じてがんばってきた」と話《はな》しています。

5

日本、決勝《けっしょう》トーナメント進出《しんしゅつ》

1次《じ》リーグでW杯初勝利《ワールドカップはつしょうり》を含《ふく》む2勝《しょう》と大健闘《だいけんとう》。「ベッカムヘア」など選手《せんしゅ》の髪形《かみがた》も話題《わだい》に

2010（22）　W杯南《ワールドカップみなみ》アフリカ大会《たいかい》で、2度目《どめ》のベスト16進出《しんしゅつ》。スペインが初優勝《はつゆうしょう》

2011（23）　女子《じょし》W杯《ワールドカップ》ドイツ大会《たいかい》で、日本代表《だいひょう》（なでしこジャパン）が初優勝《はつゆうしょう》6。澤穂希《さわほまれ》選手《せんしゅ》が5得点《とくてん》で大会得点王《たいかいとくてんおう》と最優秀選手《さいゆうしゅうせんしゅ》になる

2014（26）　W杯《ワールドカップ》ブラジル大会《たいかい》で日本代表《だいひょう》が1次《じ》リーグ敗退《はいたい》。ドイツが優勝《ゆうしょう》

2015（27）　女子《じょし》W杯《ワールドカップ》カナダ大会《たいかい》でなでしこジャパンが準優勝《じゅんゆうしょう》。優勝《ゆうしょう》はアメリカ

6

劇的勝利《げきてきしょうり》で世界一《せかいいち》の座《ざ》に

一度《いちど》も勝《か》ったことがなかったアメリカと決勝《けっしょう》で戦《たたか》い、PK戦《ピーケーせん》の末《すえ》に勝利《しょうり》。国民栄誉賞《こくみんえいよしょう》を受賞《じゅしょう》

年表の写真は、すべて©朝日新聞社

インタビュー

川口能活《かわぐちよしかつ》さん

プロサッカー選手《せんしゅ》・SC相模原GK《エスシーさがみはらゴールキーパー》

日本代表《だいひょう》が初《はじ》めて出場《しゅつじょう》した1998年のW杯《ワールドカップ》フランス大会《たいかい》。初《しょ》戦《せん》のアルゼンチン戦《せん》のピッチに立《た》つまで、W杯《ワールドカップ》で戦《たたか》う実感《じっかん》がわきませんでした。今《いま》はW杯《ワールドカップ》は出《で》て当《あ》たり前《まえ》の時代《じだい》ですが、ぼくにとっては小学《しょうがく》5年《ねん》のときにあった86年のメキシコ大会《たいかい》から、テレビで見《み》て楽《たの》しむ大会《たいかい》でした。プレーするなんて、思《おも》ってもいませんでした。

アルゼンチンの先発《せんぱつ》メンバーの名前《なまえ》は、今《いま》も覚《おぼ》えています。当時《とうじ》、世界最高峰《せかいさいこうほう》だったイタリアのセリエA《アー》などで活躍《かつやく》するスター選手《せんしゅ》ばかり。それでもしっかり分析《ぶんせき》して、勝《か》つつもりでした。

結果《けっか》は前半《ぜんはん》に点《てん》をうばわれ、0—1で負《ま》けました。後半《こうはん》はもり返《かえ》しました。けれど、続《つづ》く試合《しあい》に備《そな》えて、相手《あいて》が力《ちから》をゆるめたのを感《かん》じました。くやしさと同時《どうじ》に、力《ちから》の差《さ》を感《かん》じました。

心《こころ》の強《つよ》さがチームを支《ささ》える

この大会《たいかい》の後《あと》、朝小《あさしょう》の取材《しゅざい》を受《う》けた23歳《さい》のころは、ひげを生《は》やしていました。GK《ゴールキーパー》は技術《ぎじゅつ》だけでなく、相手《あいて》を圧倒《あっとう》する雰囲気《ふんいき》も必要《ひつよう》だと考《かんが》えました。

でも、経験《けいけん》を重《かさ》ねるうちに、チームメートをはげましてプレーに集中《しゅうちゅう》するなど、内《うち》から出《で》る心《こころ》の強《つよ》さの方《ほう》が大切《たいせつ》なんだとわかりました。結局《けっきょく》、ひげを生《は》やしたのはこのときだけです。

プロになったときは、32歳《さい》までプレーできたらいいかなと考《かんが》えていました。40歳《さい》を過《す》ぎても現役《げんえき》を続《つづ》けていられるのは、大《おお》きなけがなどいくつか挫折《ざせつ》をする中《なか》で、好《す》きなサッカーを苦《くる》しんで終《お》わりにしたくないという思《おも》いが強《つよ》かったからではないでしょうか。

サッカーをやっている人《ひと》は、動《うご》きがいいなと感《かん》じる選手《せんしゅ》を見《み》つけて、プレーを何度《なんど》も見《み》てください。ぼくは録画《ろくが》したビデオテープがすり切《き》れるまで見《み》て、プレーをまねしました。GK《ゴールキーパー》でも足元《あしもと》でボールをあつかう技術《ぎじゅつ》が必要《ひつよう》になるなど、求《もと》められるプレーは昔《むかし》と変《か》わりました。それでも、うまくなるための道《みち》のりにちがいはないと思《おも》います。

プロフィル

1975年 静岡県《しずおかけん》に生《う》まれる

1988年 静岡県《しずおかけん》富士《ふじ》市立《しりつ》天間《てんま》小《しょう》学校卒業《がっこうそつぎょう》

1994年 横浜《よこはま》マリノス（今《いま》の横《よこ》浜F《はまエフ》・マリノス）入団《にゅうだん》

1998年 W杯《ワールドカップ》フランス大会《たいかい》に出場《しゅつじょう》

2010年 W杯《ワールドカップ》4大会連続代表《たいかいれんぞくだいひょう》

タイムスリップ朝小《あさしょう》

1999年（平成11年）　1月　3日

当時の新聞記事から抜粋

ゴールを守《まも》り世界《せかい》へ

朝小《あさしょう》リポーターが取材《しゅざい》「生《う》まれてきてよかった」

川口選手にインタビューする野中京子さん（右）と片岡洋平くん（左）＝神奈川県横浜市鶴見区の横浜マリノス獅子ケ谷グラウンド

W杯《ワールドカップ》フランス大会《たいかい》で活躍《かつやく》した川口能活選手《かわぐちよしかつせんしゅ》を、朝小《あさしょう》リポーターの野中京子《のなかきょうこ》さん（6年《ねん》）と片岡洋平《かたおかようへい》くん（4年《ねん》）が取材《しゅざい》しました。サッカーチームに入《はい》っている2人が、若《わか》き守護神《しゅごしん》の魅《み》力《りょく》にせまりました。

川口選手《かわぐちせんしゅ》は、少《すこ》し緊張《きんちょう》ぎみの2人に「こんにちは。待《ま》たせてごめんね」とやさしく声《こえ》をかけ、笑顔《えがお》でむかえてくれました。

W杯《ワールドカップ》では強豪相手《きょうごうあいて》にファインセーブを連発《れんぱつ》した川口選手《かわぐちせんしゅ》。

「どんな経験《けいけん》になりましたか」。京子《きょうこ》さんがたずねると、「すごい選手《せんしゅ》たちと対戦《たいせん》したけど、自《じ》分《ぶん》の力《ちから》を出《だ》し切《き》ることができました。世界《せかい》のレベルと同《おな》じようにできることがわかって、自信《じしん》がつきました」。

「ゴールキーパーの魅力《みりょく》は？」。京子《きょうこ》さんの言葉《ことば》に、川《かわ》口選手《ぐちせんしゅ》は洋平《ようへい》くんの方《ほう》を見《み》て、「シュートを止《と》めて相手選手《あいてせんしゅ》がくやしがっている顔《かお》を見《み》ると、『ざまーみろ』って感《かん》じで気持《きも》ちがいいよね、洋平《ようへい》くん」。

洋平《ようへい》くんは、川口選手《かわぐちせんしゅ》にあこがれてGK《ゴールキーパー》になりました。「ぼくぐらいの年齢《ねんれい》では、どんな練《れん》習《しゅう》をしたらいいんですか」と聞《き》くと、「砂場《すなば》や芝生《しばふ》でボールにとびつく練習《れんしゅう》をすること。あとはJ《ジェイ》リーグや外国《がいこく》の試合《しあい》をいっぱい見《み》ることです。あんまり教《おし》えるとポジションを取《と》られちゃうかな」と笑《わら》わせました。

インタビューの後《あと》、川口選手《かわぐちせんしゅ》は2人の手《て》を取《と》り、ボールのキャッチやけり方《かた》を手《て》ほどき。洋《よう》平《へい》くんは「生《う》まれてきてよかった」と大感激《だいかんげき》でした。

他《ほか》にもこんなニュースが…

アメリカ・ハワイの「すばる望遠《ぼうえん》鏡《きょう》」が、完成間近《かんせいまぢか》なようすを紹介《しょうかい》しているよ

2006年のW杯ドイツ大会1次リーグのクロアチア戦でPKを止めた川口選手　©朝日新聞社

6

夢《ゆめ》かなえた先輩《せんぱい》たち

6では、小学生《しょうがくせい》のころに朝日小学生新聞《あさひしょうがくせいしんぶん》で取材《しゅざい》させてもらった人《ひと》たちの「今《いま》」と「昔《むかし》」を紹介《しょうかい》します。過去《かこ》の記事《きじ》をふり返《かえ》りながら、改《あらた》めてインタビューさせてもらいました。夢《ゆめ》をかなえた先輩《せんぱい》たちの言葉《ことば》は、みなさんが将来《しょうらい》を考《かんが》えるうえでの力《ちから》となるでしょう。

インタビュー

井《い》山《やま》裕《ゆう》太《た》さん

囲碁《いご》プロ棋士《きし》

反省《はんせい》が明日《あす》の自分《じぶん》を強《つよ》く

　プロ棋士《きし》としてデビューが決《き》まった小学《しょうがく》6年生《ねんせい》のころは、楽《たの》しみ半分《はんぶん》、不安半分《ふあんはんぶん》という気持《きも》ちでした。こわいもの知《し》らずという強《つよ》みは、今《いま》も変《か》わっていません。当時《とうじ》の自分《じぶん》に言葉《ことば》をかけるとしたら「もう少《すこ》し勉強《べんきょう》したら」と言《い》うでしょうね。

　負《ま》けずぎらいで、よく泣《な》いていました。そんなとき、指導《しどう》してもらっていた石井邦生九段《いしいくにおくだん》からこんな手紙《てがみ》が届《とど》きました。「涙《なみだ》を流《なが》していては、何万回打《なんまんかいう》っても強《つよ》くなれない。きちんと反省《はんせい》しなければ、それ以上《いじょう》の進歩《しんぽ》はない」。今《いま》も大事《だいじ》にしていて、くやしい負《ま》け方《かた》をしたときに読《よ》み返《かえ》しています。

　囲碁《いご》は、勝《か》ち負《ま》けがはっきりしている世界《せかい》。勝《か》つときは、相手《あいて》のミスなどに助《たす》けられることがありますが、負《ま》けるときは必《かなら》ず自《じ》分《ぶん》に原因《げんいん》があるのです。なぜ負《ま》けたか、どこが悪《わる》かったのか、常《つね》に反省《はんせい》のくり返《かえ》しです。

　忘《わす》れられない思《おも》い出《で》は、2度目《どめ》の小学生《しょうがくせい》日本一《いち》になった3年生《ねんせい》のときに、中国《ちゅうごく》で現地《げんち》の子《こ》たちと対《たい》局《きょく》した経験《けいけん》です。世界《せかい》には自分《じぶん》より強《つよ》い人《ひと》がたくさんいることを思《おも》い知《し》らされました。

　囲碁《いご》に対《たい》する必死《ひっし》さ、勝負《しょうぶ》へのどん欲《よく》さがちがいました。残念《ざんねん》ながら今《いま》、日本のトップは世界《せかい》のトップではありません。国内《こくない》でこれだけできたという自信《じしん》を武器《ぶき》に、「日本の名人《めいじん》を世界《せかい》の名人《めいじん》に」という究極《きゅうきょく》の夢《ゆめ》を実現《じつげん》させたいです。

　高校《こうこう》に行《い》かない選択《せんたく》をしましたが、迷《まよ》いはありませんでした。高《こう》校《こう》の3年間《ねんかん》は棋士《きし》としても大事《だいじ》な3年間《ねんかん》だったので、今《いま》も後悔《こうかい》はしていません。好《す》きな囲碁《いご》を続《つづ》けることができて、こんなに幸《しあわ》せなことはない。一棋士《いちきし》として成績《せいせき》を残《のこ》すことも大事《だいじ》ですが、囲碁《いご》の魅力《みりょく》をみなさんに伝《つた》えていくのも大切《たいせつ》な仕事《しごと》だと思《おも》っています。

　囲碁《いご》のルールは最初《さいしょ》はちょっと難《むずか》しいかもしれませんが、一度《いちど》のめりこむと時間《じかん》がたつのも忘《わす》れてしまいます。小学生《しょうがくせい》のみなさんは、日《ひ》ごろの生活《せいかつ》の中《なか》で接《せっ》する機会《きかい》は少《すく》ないかもしれません。もっと身《み》近《ぢか》なものになるように、囲碁《いご》のおもしろさを伝《つた》えていきたいです。

プロフィル

1989年　大阪府《おおさかふ》に生《う》まれる

2002年　東大阪市立孔舎衙東小《ひがしおおさかしりつくさかひがししょう》学校卒業《がっこうそつぎょう》。市立孔舎衙《しりつくさか》中学《ちゅうがく》1年《ねん》の4月にプロ棋士《きし》デビュー

2009年　史上最年少《しじょうさいねんしょう》の20歳《さい》4か月《げつ》で囲碁《いご》の七大《だい》タイトルの一つ「名人《めいじん》」獲得《かくとく》

2016年　史上初《しじょうはつ》の七冠達成《かんたっせい》

タイムスリップ朝小　あさしょう

2001年（平成13年）　12月 26日

当時の新聞記事から抜粋

6年生《ねんせい》が「プロ棋士《きし》」でデビューへ

直感《ちょっかん》と集中力《しゅうちゅうりょく》が強《つよ》み　今度《こんど》は「タイトルを」

来年《らいねん》4月に囲碁《いご》の「プロ棋士《きし》」としてデビューする小学生《しょうがくせい》がいます。井山裕太《いやまゆうた》くん（大阪府東《おおさかふひがし》大阪市立孔舎衙東小《おおさかしりつくさかひがししょう》6年《ねん》）。今度《こんど》は「タイトルをとる」という夢《ゆめ》に向《む》かってチャレンジします。

午後《ごご》7時《じ》から10時《じ》。井山《いやま》くんは毎日《まいにち》、自分《じぶん》の部屋《へや》で碁盤《ごばん》とにらめっこします。どうしたら勝《か》ち進《すす》むことができるか、これまでの対局《たいきょく》をふり返《かえ》りながら、じっくり考《かんが》えます。「あっという間《ま》に」時間《じかん》は過《す》ぎていきます。

井山《いやま》くんが囲碁《いご》を始《はじ》めたのは5歳《さい》のとき。お父《とう》さんの裕《ゆたか》さんがテレビゲームの囲碁《いご》のソフトを買《か》ってきたのがきっかけでした。「ルールを教《おし》えることもなく、自分《じぶん》から進《すす》んでゲームを楽《たの》しんでいた」と、裕《ゆたか》さん。

その後《ご》、祖父《そふ》でアマチュア六《ろく》段《だん》の鐵文《てつふみ》さんについて、地域《ちいき》のお年寄《としよ》りが集《あつ》まる囲碁教室《いごきょうしつ》に通《かよ》いました。小学《しょうがく》1年生《ねんせい》になると、プロの石井邦生《いしいくにお》九段《くだん》に入門《にゅうもん》。インターネットや電話《でんわ》での指導《しどう》を毎日《まいにち》、受《う》けるようになりました。

2、3年生《ねんせい》で少年少女囲碁全《しょうねんしょうじょいごぜん》国大会《こくたいかい》の小学生《しょうがくせい》の部《ぶ》で連続優《れんぞくゆう》勝《しょう》。今年《ことし》、日本棋院関西総本部《にほんきいんかんさいそうほんぶ》の院生《いんせい》リーグで1番《ばん》の成績《せいせき》をおさめて「プロ入《い》り」が決《き》まりました。趙治勲王座《ちょうちくんおうざ》の11歳《さい》に次《つ》ぐ年少記録《ねんしょうきろく》です。

井山《いやま》くんは自分《じぶん》の強《つよ》みを「直《ちょっ》感《かん》と集中力《しゅうちゅうりょく》かな」と、はずかしそうに言《い》います。300人以上《にんいじょう》が見守《みまも》る対局《たいきょく》も経験《けいけん》しましたが「まわりの人《ひと》は見《み》えず、声《こえ》も聞《き》こえなかった」と言《い》います。

さまざまな人《ひと》との対局《たいきょく》がおもしろいそうですが、負《ま》けてくやしい思《おも》いもしてきました。裕《ゆたか》さんは「負《ま》けずぎらいなところが、強《つよ》さにつながったんじゃないかな」と話《はな》します。

「プロ棋士《きし》」という一つ目《め》の夢《ゆめ》をかなえた井山《いやま》くん。次《つぎ》は「タイトルをとる」という目標《もくひょう》に向《む》かって、碁盤《ごばん》に向《む》かう毎日《まいにち》が続《つづ》きます。

囲碁の対局の進め方を考える井山くん。部屋には、あこがれのプロ棋士からもらった「心」「夢」などのサインがかざられています＝大阪府東大阪市

○6年生が「プロ棋士」でデビューへ●

東大阪市の井山裕太くん

直感と集中力が強み　今度は「タイトルを」

朝日小学生新聞

朝小初登場の3年生のころ。インターネット対局で腕をみがいていました＝大阪府東大阪市

他《ほか》にもこんなニュースが…

アフガニスタンの内戦《ないせん》でバーミヤンの大仏《だいぶつ》がこわされてしまい、日本に協力《きょうりょく》が求《もと》められたよ

インタビュー

岡《おか》崎《ざき》玲《れい》子《こ》さん

オーストラリア・ビクトリア州《しゅう》法廷《ほうてい》弁護士《べんごし》

状況《じょうきょう》変《か》える力《ちから》は自分《じぶん》の中《なか》に

アメリカ（米国《べいこく》）東海岸《ひがしかいがん》のチョート校《こう》に留学《りゅうがく》したのは、15歳《さい》のとき。親《おや》も1人でよく行《い》かせてくれたなと思《おも》いますけど、資料《しりょう》を取《と》り寄《よ》せるのも、奨学金《しょうがくきん》の手続《てつづ》きも全《ぜん》部自分《ぶじぶん》でやりました。役《やく》に立《た》ったのは、小学生《しょうがくせい》のころから好《す》きで自《じ》習《しゅう》してきた英語《えいご》の勉強《べんきょう》です。特《とく》に本《ほん》はよく読《よ》みましたね。目標《もくひょう》はいつ変《か》わってもいいと思《おも》うけど、瞬《しゅん》間《かん》、瞬間《しゅんかん》を大切《たいせつ》に、興味《きょうみ》のあることを続《つづ》けていくのが大事《だいじ》なんじゃないかなって思《おも》いますね。

大学《だいがく》のようなキャンパスや授業《じゅぎょう》、何《なに》もかもが刺激的《しげきてき》でした。同《おな》じように興味《きょうみ》を持《も》ってくれる人《ひと》がいるんじゃないかと思《おも》って、一時帰国《いちじきこく》したときに新聞《しんぶん》に広告《こうこく》が出《で》ている出版社《しゅっぱんしゃ》に片《かた》っぱしから企画書《きかくしょ》を送《おく》ったんです。ほとんど返事《へんじ》はありませんでしたが、16歳《さい》のときに『レイコ＠チョート校《こう》』（集英社新《しゅうえいしゃしん》書《しょ》）を出《だ》しました。本《ほん》を読《よ》んで日本から受験《じゅけん》してくれた方《かた》もいて、うれしかったですね。

日本の早稲田大《わせだだい》、米国《べいこく》のカリフォルニア大《だい》ロサンゼルス校《こう》（UCLA《ユーシーエルエー》）大学院《だいがくいん》で法律《ほうりつ》を学《まな》びました。訴訟社会《そしょうしゃかい》の米国《べいこく》で育《そだ》ち、「弁《べん》が立《た》つから向《む》いている」と言《い》われたのも影響《えいきょう》しているのかな。自分《じぶん》の経《けい》験《けん》から、移民法《いみんほう》など国境《こっきょう》を越《こ》えた人《ひと》の移動《いどう》にも関心《かんしん》がありました。

オーストラリアで法廷弁護士《ほうていべんごし》になって、永住権《えいじゅうけん》を取《と》りました。仕《し》事《ごと》は海外《かいがい》でと決《き》めていたので、市《し》民《みん》として社会《しゃかい》に参加《さんか》するには永住《えいじゅう》権《けん》が必要《ひつよう》だと思《おも》ったのです。

法廷《ほうてい》で求《もと》められたのは、法律《ほうりつ》の知識《ちしき》より、コミュニケーション力《りょく》や臨機応変《りんきおうへん》に対応《たいおう》する根本的《こんぽんてき》な力《ちから》でした。「遠回《とおまわ》りしたんじゃないの」とも言《い》われますが、やってきたことは全部必要《ぜんぶひつよう》でした。

英語上達《えいごじょうたつ》の近道《ちかみち》には、英語《えいご》で何《なに》をしたいのかを考《かんが》えるといいと思《おも》います。好《す》きなことを大事《だいじ》にしながら、疑問《ぎもん》を持《も》ち、今《いま》の状況《じょうきょう》を変《か》えるにはどうしたらいいか、自分《じぶん》の頭《あたま》で考《かんが》えるのが大切《たいせつ》です。大事《だいじ》な場面《ばめん》で失敗《しっぱい》したり、くやしかったりしても絶対《ぜったい》に次《つぎ》がある。これも忘《わす》れないでくださいね。

プロフィル

1985年　兵庫県《ひょうごけん》に生《う》まれる

1998年　静岡県浜松市立広沢小《しずおかけんはままつしりつひろさわしょう》学校卒業《がっこうそつぎょう》

2003年　米国《べいこく》チョート・ローズマリー・ホール校卒業《こうそつぎょう》。翌年《よくねん》『9・11ジェネレーション』を出版《しゅっぱん》

2015年　日米《にちべい》の大学《だいがく》、大学院《だいがくいん》などをへて、現職《げんしょく》につく

タイムスリップ朝小《あさしょう》

1997年(平成9年) 9月30日

当時の新聞記事から抜粋

英検《えいけん》1級《きゅう》 最年少《さいねんしょう》(小《しょう》6)で合格《ごうかく》

合格率《ごうかくりつ》は4・4%《パーセント》 大人《おとな》でも難《むずか》しい

英検1級の合格証書を手にする岡崎さん。後ろに並ぶ英語の本は、すべて岡崎さんの愛読書です＝静岡県浜松市

英語《えいご》試験《しけん》の難関《なんかん》といわれる実用《じつよう》英語《えいご》技能《ぎのう》検定《けんてい》(英検《えいけん》)1級《きゅう》に、静岡県《しずおかけん》浜松市《はままつし》立《りつ》広沢小《ひろさわしょう》6年《ねん》の岡崎《おかざき》玲子《れいこ》さんが合格《ごうかく》しました。1963年に試験《しけん》が始《はじ》まって以来《いらい》、最年少《さいねんしょう》の合格者《ごうかくしゃ》で、小学生《しょうがくせい》としても初《はじ》めてです。

約《やく》1万《まん》5千人《にん》が受験《じゅけん》して、合格者《ごうかくしゃ》は655人《にん》。合格率《ごうかくりつ》4・4%の「せまき門《もん》」です。岡崎《おかざき》さんは「小学生《しょうがくせい》は受《う》かったことがない試験《しけん》だと聞《き》いていたから、チャレンジしました。合格《ごうかく》できてすごくうれしい」と話《はな》します。

お父《とう》さんの仕事《しごと》の都合《つごう》で3歳《さい》から小《しょう》1までをアメリカで、小《しょう》3の約《やく》1年《ねん》を中国《ちゅうごく》の広州《こうしゅう》で過《す》ごしました。それぞれ現地校《げんちこう》とアメリカン・スクールに通《かよ》っていたため、英語《えいご》は得意《とくい》です。帰国《きこく》後《ご》の4年生《ねんせい》の春《はる》に英検《えいけん》3級《きゅう》に合格《ごうかく》。1級《きゅう》は2回目《かいめ》の挑戦《ちょうせん》でした。

5年《ねん》2か月《げつ》の海外生活《かいがいせいかつ》は、かけがえのないものでした。「広州《こうしゅう》の学校《がっこう》には、ポーランドやレバノンから来《き》た子《こ》もいました。国籍《こくせき》や母国語《ぼこくご》がちがっても、英語《えいご》を知《し》っていたら友《とも》だちになれる。だから、英語《えいご》が大好《だいす》きなんです」と岡崎《おかざき》さん。

英検《えいけん》のために特別《とくべつ》な勉強《べんきょう》をするのではなく、CD《シーディー》を聞《き》いたり、映画《えいが》を見《み》たりと、楽《たの》しみながら英語《えいご》と接《せっ》する時間《じかん》をつくっていたといいます。

夢《ゆめ》はニュースキャスター。英《えい》語《ご》と日本語《ごご》でニュースを伝《つた》えられるようになるのが目標《もくひょう》です。

「大学《だいがく》は、アメリカでジャーナリズムを勉強《べんきょう》したい。世界《せかい》の国々《くにぐに》の本当《ほんとう》の姿《すがた》を伝《つた》えられるようなキャスターになりたいな」とはりきっています。

英検《えいけん》一級《きゅう》 最年少《さいねんしょう》(小《しょう》6)で合格《ごうかく》

合格率は4・4%

おとなでもむずかしい

岡崎玲子さん

将来はニュースキャスターに

法廷弁護士の正装でスピーチ＝本人提供

他《ほか》にもこんなニュースが…

プロ野球《やきゅう》セ・リーグのヤクルトが、2年《ねん》ぶり5度目《どめ》のリーグ優勝《ゆうしょう》を決《き》めたよ

インタビュー

籏智広太《はたちこうた》さん

バズフィード記者《きしゃ》

自分《じぶん》の考《かんが》え、どんどん発信《はっしん》を

小泉純一郎首相《こいずみじゅんいちろうしゅしょう》へのインタビューは、ほとんど記憶《きおく》にないんです。首相官邸《しゅしょうかんてい》でソワソワしながら待《ま》っていたところまではよく覚《おぼ》えていますが、首相《しゅしょう》が現《あらわ》れてからの記憶《きおく》は飛《と》んでいるんですよね。緊張《きんちょう》していたんだろうなあ。

朝小《あさしょう》リポーターとして取材《しゅざい》したり、作文《さくぶん》を書《か》いたりした経験《けいけん》は、自分《じぶん》の糧《かて》になっています。もともと幼稚園《ようちえん》のころからニュース番組《ばんぐみ》が好《す》きでした。両親《りょうしん》が塾《じゅく》をやっていたので、夜型《よるがた》の生活《せいかつ》。夕食《ゆうしょく》の食《しょく》卓《たく》を囲《かこ》みながら「ニュースステーション」を見《み》る毎日《まいにち》でした。

小泉首相《こいずみしゅしょう》への取材《しゅざい》と同《おな》じ年《とし》の9月11日、アメリカのニューヨークで起《お》きた同時多発《どうじたはつ》テロを生中継《なまちゅうけい》で見《み》ました。朝小《あさしょう》に「報復《ほうふく》してもなんの解決《かいけつ》にもならない」と投稿《とうこう》。茨城県東海村《いばらきけんとうかいむら》の核燃料施設《かくねんりょうしせつ》で起《お》きた臨界事故《りんかいじこ》の後《あと》は、大地震《おおじしん》でも原《げん》子力発電所《しりょくはつでんしょ》は安全《あんぜん》なのかと疑問《ぎもん》に思《おも》うことを送《おく》りました。作文《さくぶん》がのった紙面《しめん》は、今《いま》も読《よ》み返《かえ》します。

9・11をきっかけに中東問題《ちゅうとうもんだい》に興味《きょうみ》を持《も》ち、慶応高校《けいおうこうこう》では卒業論《そつぎょうろん》文《ぶん》のテーマにしました。将来《しょうらい》の職《しょく》業《ぎょう》として「記者《きしゃ》」を意識《いしき》したのは、このころです。大学《だいがく》では国際問題《こくさいもんだい》の学生団体《がくせいだんたい》をつくり、イスラエルやパレスチナへのツアーを企画《きかく》。フリーペーパーも出《だ》しました。いろいろな問題《もんだい》の裏側《うらがわ》には一人ひとりの人間《にんげん》がいることを伝《つた》えたいという思《おも》いは、ずっと変《か》わりません。

朝日新聞社《あさひしんぶんしゃ》で記者《きしゃ》として4年働《ねんはたら》き、ネットメディアのバズフィードに移《うつ》りました。「おもしろそうだな」と思《おも》ったのが一番《いちばん》の理由《りゆう》。やわらかいエンターテインメントも発信《はっしん》しながら、元新聞記者《もとしんぶんきしゃ》が足《あし》で取材《しゅざい》したしっかりしたニュースをガツガツ発信《はっしん》していく。こんなメディアは、日本にはなかった。その黎明期《れいめいき》にたずさわれるのは、幸《しあわ》せですね。

情報《じょうほう》だらけの世《よ》の中《なか》。小学生《しょうがくせい》のみなさんも興味《きょうみ》を持《も》ったことを自《じ》分《ぶん》の中《なか》で考《かんが》えをまとめ、文章《ぶんしょう》にして発信《はっしん》する訓練《くんれん》をしておくといいと思《おも》います。将来《しょうらい》どんな職業《しょくぎょう》につくとしても役《やく》に立《た》つはずです。

プロフィル

1989年　神奈川県《かながわけん》に生《う》まれる

2002年　横浜国立大学附属横浜《よこはまこくりつだいがくふぞくよこはま》小学校卒業《しょうがっこうそつぎょう》

2012年　慶応大学環境情報学部《けいおうだいがくかんきょうじょうほうがくぶ》を卒業《そつぎょう》し、朝日新聞記《あさひしんぶんき》者《しゃ》に。京都総局《きょうとそうきょく》で1年《ねん》、熊本総局《くまもとそうきょく》で3年働《ねんはたら》く

2016年　バズフィードジャパンに転職《てんしょく》

タイムスリップ朝小《あさしょう》

2001年（平成13年） 6月29日

当時の新聞記事から抜粋

あすへ向《む》けて力《ちから》をつけよう

小泉首相《こいずみしゅしょう》「安全《あんぜん》は社会全体《しゃかいぜんたい》の問題《もんだい》」

朝小《あさしょう》リポーターの高橋彩《たかはしあや》さん（6年《ねん》）、籏智広太《はたちこうた》くん（6年《ねん》）が小泉純一郎首相《こいずみじゅんいちろうしゅしょう》を首相官邸《しゅしょうかんてい》にたずね、インタビューしました。「国会《こっかい》でいじめられてばかりだよ」と、おだやかに、わかりやすい言葉《ことば》で答《こた》えてくれました。

「なんで国会ではあんなにポンポン言えるんですか」と聞く籏智広太くん（左）に、「本当はおとなしいんだよ」と小泉純一郎首相（右）。中央は高橋彩さん＝東京都千代田区の首相官邸

高橋《たかはし》さんは、大阪教育大学附《おおさかきょういくだいがくふ》属池田小学校《ぞくいけだしょうがっこう》の事件以来《じけんいらい》、気《き》になっている学校《がっこう》の安全《あんぜん》についてまず聞《き》きました。小泉首相《こいずみしゅしょう》は「池《いけ》田小《だしょう》だけ、学校《がっこう》だけの問題《もんだい》じゃない。社会全体《しゃかいぜんたい》が安全《あんぜん》じゃなくなっているってことだね。知《し》らない人《ひと》が何《なに》もチェックなしに入《はい》れる、ということを防《ふせ》がなくてはいけないね」との考《かんが》えを示《しめ》しました。

小泉内閣《こいずみないかく》のメールマガジンを読《よ》んだ籏智《はたち》くんは「どんなことを伝《つた》えたいですか」と質問《しつもん》。「みなさんに政治《せいじ》に関心《かんしん》を持《も》ってもらうこと」と答《こた》えが返《かえ》ってきました。高《たか》い支持率《しじりつ》は「毎日《まいにち》がプレッシャー」だといいます。

小中学生《しょうちゅうがくせい》のいじめ問題《もんだい》についても、大《おお》きな関心《かんしん》を示《しめ》しました。「できるだけなかよしの友《とも》だちをつくることだね。いじめにあったら、自分《じぶん》だけで考《かんが》えて落《お》ちこまないで、なかよしに相談《そうだん》した方《ほう》がいいんじゃないかな」とアドバイスしました。

所信表明演説《しょしんひょうめいえんぜつ》でふれた「米百《こめひゃっ》俵《ぴょう》の精神《せいしん》」は、子《こ》どもたちにとっても必要《ひつよう》だといいます。「今《いま》だけじゃなく将来《しょうらい》のことを考《かんが》えて、いろんな知識《ちしき》を身《み》につけよう。そして、社会《しゃかい》で自分《じぶん》の力《ちから》を試《ため》してみるんだ。あすの自分《じぶん》はもっと力《ちから》をつけよう、という考《かんが》えがないと成長《せいちょう》しない」と熱《あつ》く語《かた》りました。

他《ほか》にもこんなニュースが…

日本最初《さいしょ》の本格的《ほんかくてき》な法典《ほうてん》「大宝律令《たいほうりつりょう》」（701年）が定《さだ》められたときの木簡《もっかん》1200点《てん》が、奈良《なら》で見《み》つかったよ

東京にあるバズフィードジャパンのオフィスで

インタビュー

奥野史子《おくのふみこ》さん

スポーツ・コメンテーター
バルセロナ五輪《ごりん》(スペイン)銅《どう》メダリスト

失敗《しっぱい》から学《まな》ぶことを大切《たいせつ》に

なつかしいですね。小学《しょうがく》6年生《ねんせい》のときに取《と》り上《あ》げていただいた新《しん》聞記事《ぶんきじ》（P151）のことは、よく覚《おぼ》えています。それまでメディアに紹介《しょうかい》される経験《けいけん》がなかったので、すごくうれしかったですし、はげみになりました。

水泳《すいえい》は4歳《さい》から、シンクロナイズド・スイミングは1年生《ねんせい》から始《はじ》めました。同《おな》じクラブに2人の姉《あね》がいたので、ほかのお姉《ねえ》さんたちにもかわいがってもらいました。

3年生《ねんせい》のころから週《しゅう》6日は練習《れんしゅう》。まわりのお友《とも》だちが放課後《ほうかご》に残《のこ》って遊《あそ》ぶなか、私《わたし》1人がすぐに帰《かえ》る生活《せいかつ》だったので、たまに残《のこ》ると遊《あそ》んでもらえなかったりと、ちょっとつらい思《おも》いもしました。でも、シンクロをやっていてよかったと思《おも》ったのは、そこだけが私《わたし》の世界《せかい》ではないと学《まな》べたこと。学校《がっこう》でうまくいかなくても私《わたし》の居場所《いばしょ》はプールにあると思《おも》えたので、がんばれたのかもしれません。

オリンピックが夢《ゆめ》になったのは、ロサンゼルス五輪《ごりん》（アメリカ）で正式種目《せいしきしゅもく》になってからです。金《きん》メダルのアメリカ代表《だいひょう》も銅《どう》メダルの日本代表《だいひょう》も、教《おし》えてもらったことがある人《ひと》たち。テレビを見《み》て私《わたし》もあそこに行《い》きたいと思《おも》いました。

出場《しゅつじょう》したバルセロナ五輪《ごりん》は絶対《ぜったい》にメダルを取《と》らなくてはならない立場《たちば》だったので、楽《たの》しんでいる余《よ》裕《ゆう》なんで皆無《かいむ》でした。大学時代《だいがくじだい》からつき合《あ》っていた夫《おっと》（中国《ちゅうごく》・北京《ペキン》五輪《ごりん》メダリストの朝原宣治《あさはらのぶはる》さん）は、陸上《りくじょう》への取《と》り組《く》み方《かた》が私《わたし》とは正反対《せいはんたい》。コーチについていくシンクロとちがって、夫《おっと》は自主性《じしゅせい》を持《も》ってトレーニングを重《かさ》ねていく。シンクロしか知《し》らなかった私《わたし》に、ちがう世界《せかい》をたくさん見《み》せてくれた夫《おっと》に救《すく》われました。

今《いま》は3人《にん》の子育《こそだ》て中《ちゅう》です。子《こ》どもたちには、スポーツにかぎらず、人《ひと》とのかかわりができるようなことを積極的《せっきょくてき》にやってほしいですね。それから、ちょっとのことで人生《じんせい》終《お》わりじゃないので、どんどん失《しっ》敗《ぱい》してほしい。その失敗《しっぱい》から学《まな》ぶことを大切《たいせつ》にしてほしいなと思《おも》います。

プロフィル

1972年　京都府《きょうとふ》に生《う》まれる
1985年　京都市立龍池小学校《きょうとしりつたついけしょうがっこう》（当時《とうじ》）卒業《そつぎょう》
1992年　バルセロナ五輪《ごりん》のシンクロナイズド・スイミング出場《しゅつじょう》。ソロ、デュエットで銅《どう》
2002年　陸上選手《りくじょうせんしゅ》の朝原宣治《あさはらのぶはる》さんと結婚《けっこん》

タイムスリップ朝小《あさしょう》

1984年（昭和59年） 8月17日

当時の新聞記事から抜粋

奥野史子《おくのふみこ》

シンクロ

奥《おく》野史子《のふみこ》ちゃんは、京都踏水会《きょうととうすいかい》の一《いち》員《いん》として、十八日《にち》から二日間《ふつかかん》、神戸市立《こうべしりつ》ポートアイランドスポーツセンタープールでおこなわれるシンクロナイズド・スイミングの日本選手《せんしゅ》権《けん》チーム競技《きょうぎ》に出場《しゅつじょう》する。「春《はる》の室内《しつない》選手権では予選落《よせんお》ちしているのでこんどはがんばります」。この大会《たいかい》にそなえた一週間《いっしゅうかん》の合宿《がっしゅく》は、ハードトレーニングのまい日だった。愛称《あいしょう》は"フー"。

この子をマーク！ ～6～

夢《ゆめ》はナショナルチーム入《い》り

フーちゃんは今月初《こんげつはじ》め、東京《とうきょう》・明治神宮《めいじじんぐう》プールで開《ひら》かれた第《だい》七回全国《かいぜんこく》ジュニアオリンピック夏季水泳《かきすいえい》競技大会《きょうぎたいかい》シンクロ十二才以下《さいいか》クラスのソロ・デュエット・チームの三種目《しゅもく》に出場《しゅつじょう》し、ソロ五位《い》、デュエット八位、チーム四位と、すべてに入《にゅう》賞《しょう》。とくにソロは、上位《じょうい》四人《にん》がそろって中学《ちゅうがく》一年生《ねんせい》だったので、小学生《しょうがくせい》としては最高《さいこう》の成績《せいせき》だった。

おくの・ふみこ　昭和47年4月14日、京都市生まれ。12才。龍池（たついけ）小6年。水泳は幼稚園（ようちえん）のとき、シンクロは小学1年の夏からはじめた。ジュニアオリンピックには3年のときから出場し、その年チーム6位（い）、翌年（よくねん）チーム3位、去年はデュエット5位、チーム4位だった。3人姉妹（しまい）の末（すえ）っ子。身長150センチ、体重35キロ。京都踏水会（とうすいかい）水泳学園所属（しょぞく）。

「ナショナルチームの一員《いちいん》となって海外《かいがい》試合《しあい》に出《で》ることが夢《ゆめ》です」。ロサンゼルス五《ご》輪銅《りんどう》メダルの元好《もとよし》三和子《みわこ》さん・木村《きむら》さえ子《こ》さんを目標《もくひょう》にしているそうだ。

他《ほか》にもこんなニュースが…
ロサンゼルス五輪《ごりん》の柔道《じゅうどう》で金《きん》メダルをとった山下泰裕選手《やましたやすひろせんしゅ》の活躍《かつやく》をふり返《かえ》ったよ

バルセロナ五輪のシンクロ・ソロ決勝で銅メダルを決めた演技＝1992年　©朝日新聞社

インタビュー

山田《やまだ》拓朗《たくろう》さん

競泳選手《きょうえいせんしゅ》　リオ・パラリンピック銅《どう》メダリスト

長《なが》く続《つづ》けると、いいことあるよ

リオデジャネイロ大会《たいかい》は、4度《ど》目《め》のパラリンピック。12年《ねん》かかってようやく銅《どう》メダルを手《て》にして、自己記録《じこきろく》を更新《こうしん》できたのはうれしいことです。でも、まだ満足《まんぞく》はしていません。

「パラリンピックで金《きん》メダル」という小学生《しょうがくせい》のころからの夢《ゆめ》は、まだかなっていないからです。4年《ねん》に1度《ど》の大会《たいかい》は刺激《しげき》になり、「また出《で》たい！」というモチベーション（やる気《き》）がわきます。東京大会《とうきょうたいかい》につながるステップになりました。

小《ちい》さいころは水《みず》が苦手《にがて》で、心配《しんぱい》した両親《りょうしん》にスイミングスクールに連《つ》れて行《い》かれました。小学《しょうがく》3年生《ねんせい》のときに、当時《とうじ》のコーチの理解《りかい》もあって選手《せんしゅ》コースに進《すす》むことができました。たくさん泳《およ》げる環境《かんきょう》にあったことが、今《いま》につながっているかもしれません。

水泳《すいえい》の練習《れんしゅう》は地味《じみ》できついですが、そんなときに仲間《なかま》がいると乗《の》りこえられます。学校《がっこう》とはちがうスイミングスクールの友《とも》だちに会《あ》えたことも楽《たの》しかったです。

筑波大学《つくばだいがく》に進学《しんがく》して水泳《すいえい》を続《つづ》けたのは、もっとレベルの高《たか》いところで自分《じぶん》をきたえようと考《かんが》えたからです。練習量《れんしゅうりょう》も大幅《おおはば》に増《ふ》えてきつかったのですが、自分《じぶん》が選《えら》んだ道《みち》なので覚悟《かくご》を決《き》めました。オリンピックをめざすようなトップレベルの選手《せんしゅ》に囲《かこ》まれたことが刺激《しげき》になりました。

今《いま》は会社《かいしゃ》に半日勤務《はんにちきんむ》して、その後《ご》4千～5千メートルを泳《およ》ぎます。速《はや》くなる可能性《かのうせい》があるうちは、水泳《すいえい》を続《つづ》けます。自分自身《じぶんじしん》、どこまで速《はや》くなれるのかということに興味《きょうみ》がある。限界《げんかい》まで挑戦《ちょうせん》したい。世界選手権《せかいせんしゅけん》などトップレベルの大会《たいかい》を多《おお》くの人《ひと》に見《み》てもらいたい。（パラスポーツの）アスリートだけでなく、いろんな分野《ぶんや》で活躍《かつやく》している人《ひと》がいることを知《し》ってほしいです。

みなさんには、いろいろなことにチャレンジしてもらいたいです。チャンスはどこに転《ころ》がっているかわかりません。興味《きょうみ》を持《も》ったことはやり続《つづ》けてください。必《かなら》ずいいことがあります。

プロフィル

- 1991年　兵庫県《ひょうごけん》に生《う》まれる
- 2004年　兵庫県三田市立《ひょうごけんさんだしりつ》ゆりのき台小学校卒業《だいしょうがっこうそつぎょう》。日本選手最年少《せんしゅさいねんしょう》でアテネ・パラリンピック出場《しゅつじょう》
- 2014年　NTT《エヌティーティー》ドコモ入社《にゅうしゃ》
- 2016年　4大会連続《たいかいれんぞく》のパラリンピック出場《しゅつじょう》となったリオ大会《たいかい》で銅《どう》メダル

タイムスリップ朝小《あさしょう》

2004年（平成16年） 3月23日

当時の新聞記事から抜粋

夢《ゆめ》はでっかく北京《ペキン》でメダルを

水泳《すいえい》で「パラリンピック」に

パラリンピック出場《しゅつじょう》をめざす、小学生《しょうがくせい》の水泳選手《すいえいせんしゅ》がいます。この春卒業《はるそつぎょう》する山田拓朗《やまだたくろう》くん（兵庫県三田市立《ひょうごけんさんだしりつ》ゆりのき台小《だいしょう》）です。4年後《ねんご》の中国《ちゅうごく》・北京《ペキン》でメダルを取《と》りたいと、練習《れんしゅう》にはげんでいます。

練習を終え、選手たちと話す山田拓朗くん（右から2人目）＝兵庫県三田市のコナミスポーツクラブ三田

三田市《さんだし》のスポーツクラブには、週《しゅう》5日《か》、選手《せんしゅ》コースで力強《ちからづよ》く泳《およ》ぐ山田《やまだ》くんの姿《すがた》があります。1日《にち》4千メートルから8千メートル近《ちか》い泳《およ》ぎのメニューは、ほかの選手《せんしゅ》と同《おな》じです。

山田《やまだ》くんは生《う》まれつき、左《ひだり》のひじから先《さき》がありません。「何《なん》にでもチャレンジしてもらいたい」という両親《りょうしん》の願《ねが》いから、3歳《さい》のときにクラブに入《はい》りました。「泳《およ》ぐのをやめたいと思《おも》ったことはない。少《すこ》しずつタイムがのびるのがうれしい」。障《しょう》がい者《しゃ》のスポーツクラブ「神戸楽泳会《こうべらくえいかい》」にも入《はい》りました。

大人《おとな》もいっしょに泳《およ》ぐ去年夏《きょねんなつ》の「ジャパンパラリンピック大会《たいかい》」では、50メートル自由形《じゆうがた》で29秒《びょう》90、200メートル個人《こじん》メドレーで2分《ふん》44秒《びょう》69と、どちらも大会新記録《たいかいしんきろく》を出《だ》して優勝《ゆうしょう》しました。

パラリンピック出場《しゅつじょう》の選考基《せんこうき》準《じゅん》となるタイムにあと一歩《いっぽ》のところまできました。アテネ大会《たいかい》もねらえますが、めざすのは4年後《ねんご》の北京大会《ペキンたいかい》。「世界《せかい》のトップとは、まだ差《さ》がある。出場《しゅつじょう》するからには、メダルをとれる力《ちから》をつけたい」

中学《ちゅうがく》に進《すす》んでも、2つのクラブで練習《れんしゅう》を続《つづ》けます。「年齢《ねんれい》が上《あ》がるにつれてほかの選手《せんしゅ》と差《さ》がつきやすいので、2倍《ばい》はトレーニングして、もっと速《はや》くなりたい」

リオ・パラリンピックの競泳男子50m 自由形で銅メダルを獲得しました＝2016年　©朝日新聞社

他《ほか》にもこんなニュースが…

夕食後《ゆうしょくご》に歯《は》みがきをしないと、翌朝《よくあさ》にはむし歯《ば》の原因《げんいん》になる菌《きん》が約《やく》30倍《ばい》になることがわかったよ

インタビュー

辻《つじ》井《い》伸《のぶ》行《ゆき》さん

ピアニスト・作曲家《さっきょくか》

子《こ》どものときも今《いま》も、ピアノをひくのが楽《たの》しくて、ステージでひくことも大好《だいす》きなんです。10歳《さい》のときには、ピアニストになると思《おも》っていました。

努力《どりょく》したことをたずねられても、ちょっと困《こま》ります。練習《れんしゅう》しようと思《おも》って練習《れんしゅう》したことはなく、ただ好《す》きで自分《じぶん》からピアノに向《む》かってきただけなのです。両親《りょうしん》は音楽家《おんがくか》ではなかったですし、ピアニストになれと言《い》われたこともありません。自由《じゆう》にひかせてもらったことに感謝《かんしゃ》しています。

聞《き》いてくださる方《かた》に喜《よろこ》んでもらうことを大切《たいせつ》にしてきました。それと、自分《じぶん》が楽《たの》しんで演奏《えんそう》することで、お客《きゃく》さんにもクラシックの楽《たの》しさが伝《つた》わると思《おも》っています。

好《す》きを見《み》つけて、打《う》ちこんで

夢《ゆめ》をかなえるために大切《たいせつ》なことは、自分《じぶん》の好《す》きなことを見《み》つけ、その目標《もくひょう》に向《む》かって進《すす》むこと。もちろん学校《がっこう》に行《い》って、勉強《べんきょう》はやらなくてはいけません。その中《なか》で、これが好《す》きということを見《み》つけて、打《う》ちこんでください。

音楽《おんがく》の魅力《みりょく》は、目《め》が見《み》えないといった障《しょう》がいも、言葉《ことば》も関係《かんけい》なく、世界共通《せかいきょうつう》なところです。喜《よろこ》び、悲《かな》しみ、苦《くる》しみ、そうした感情《かんじょう》を言《こと》葉《ば》以上《いじょう》に伝《つた》えられるように感《かん》じています。音楽《おんがく》を通《とお》して、なやんでいる人《ひと》を勇気《ゆうき》づけたり、時《とき》には人《ひと》を感動《かんどう》させたりできます。

曲《きょく》が難《むずか》しいときほど、コンサートでお客《きゃく》さんが喜《よろこ》ぶようすをイメージすると、大変《たいへん》な練習《れんしゅう》も苦《く》ではなくなります。息《いき》ぬきも大事《だいじ》で、水泳《すいえい》やスキー、山登《やまのぼ》りを趣味《しゅみ》で楽《たの》しんでいます。自然《しぜん》の中《なか》に身《み》を置《お》き、風《かぜ》の音《おと》や小鳥《ことり》の声《こえ》に耳《みみ》をかたむけます。出《で》かける時間《じかん》がないときは、ジムで走《はし》って汗《あせ》を流《なが》したりします。

ピアノ曲《きょく》は無数《むすう》にあるので、ピアニストとしてはずっと勉強《べんきょう》していかなければなりません。作曲《さっきょく》では、ピアノコンチェルト（協奏曲《きょうそうきょく》）に挑戦《ちょうせん》したい。歴史《れきし》に残《のこ》るような曲《きょく》がかけたら最高《さいこう》ですね。

もう一つ大《おお》きな夢《ゆめ》があります。2020年の東京五輪《とうきょうごりん》の開会式《かいかいしき》で演奏《えんそう》できたら、すばらしいなと思《おも》っています。

プロフィル

1988年　東京都《とうきょうと》に生《う》まれる

2001年　東京《とうきょう》・筑波大学附属盲《つくばだいがくふぞくもう》学校小学部卒業《がっこうしょうがくぶそつぎょう》

2005年　ショパン国際《こくさい》ピアノコンクールで批評家賞《ひひょうかしょう》

2009年　アメリカのバン・クライバーン国際《こくさい》ピアノコンクールで日本人《じん》として初優勝《はつゆうしょう》

タイムスリップ朝小 あさしょう

1997年（平成9年） 9月18日　当時の新聞記事から抜粋

ロシアで国際《こくさい》デビュー

テープをきき曲《きょく》覚《おぼ》える／将来《しょうらい》はプロの演奏家《えんそうか》に

目《め》の不自由《ふじゆう》な小学生《しょうがくせい》ピアニストが、ロシアのコンセルバトワール（モスクワ音楽院《おんがくいん》）の大《だい》ホールで国際《こくさい》デビューしました。辻井伸行《つじいのぶゆき》くん（東京《とうきょう》・筑波大学《つくばだいがく》附属盲学校《ふぞくもうがっこう》3年《ねん》）です。将来《しょうらい》は「プロの演奏家《えんそうか》になりたい」と話《はな》し、海外《かいがい》へのピアノ留学《りゅうがく》も考《かんが》えています。

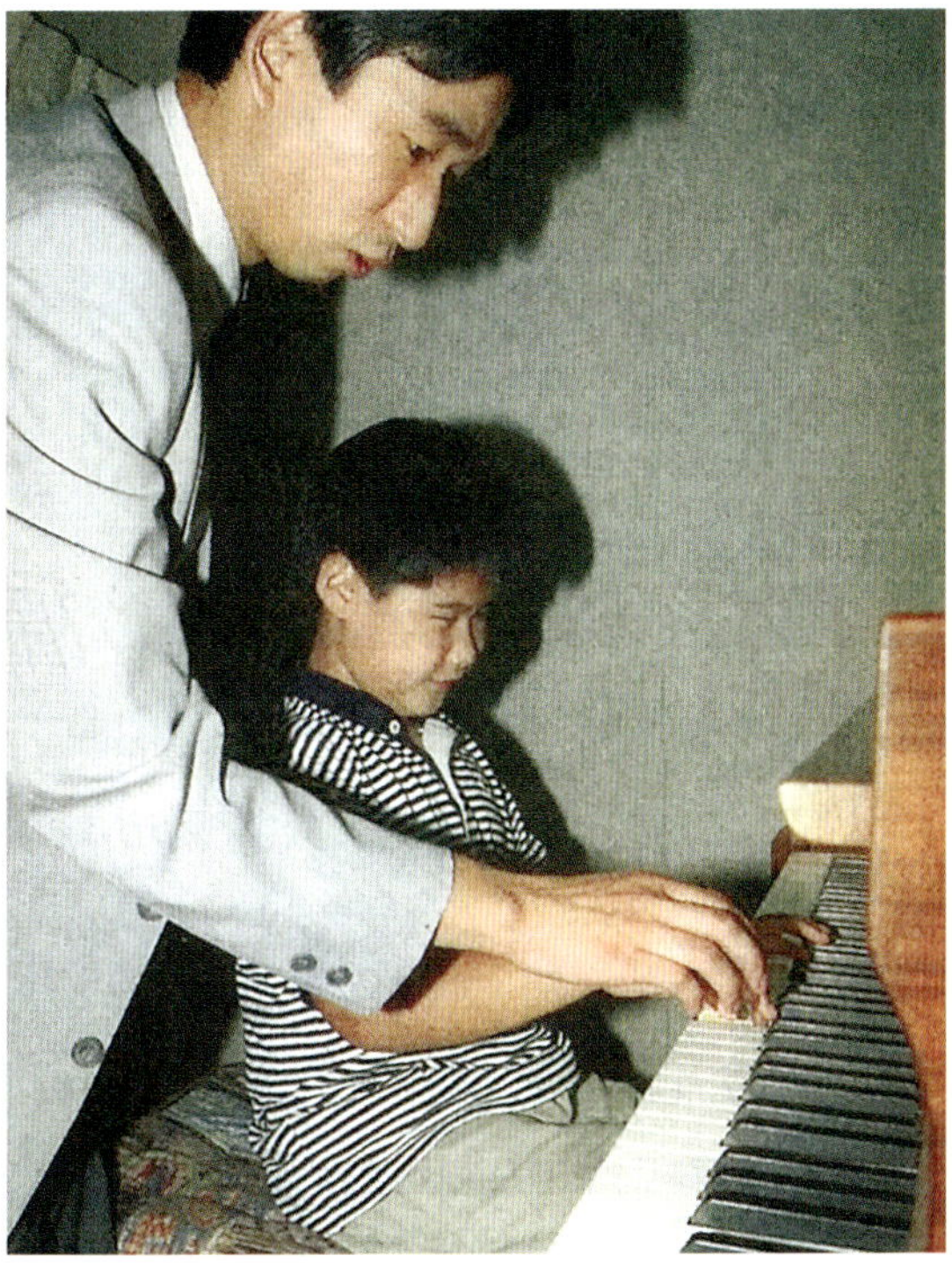

川上先生（左）の指導を受ける辻井くん＝東京都文京区の自宅

コンサートは、日本やイギリスなど6か国《こく》・地域《ちいき》から9人《にん》が選《えら》ばれて出演《しゅつえん》しました。

出演者《しゅつえんしゃ》の中《なか》で最年少《さいねんしょう》の辻井《つじい》くんは、台湾《たいわん》の同《おな》じく目《め》の不自由《ふじゆう》なバイオリニストのリチャードくん（11歳《さい》）とデュエットでグノーの「アベマリア」を、チャイコフスキーの「トロイカ」をソロでひきました。

辻井《つじい》くんは「小眼球《しょうがんきゅう》」という症状《しょうじょう》で、生《う》まれたときから目《め》が見《み》えません。しかし辻井《つじい》くんの両親《りょうしん》は、音《おと》に対《たい》する感覚《かんかく》がするどいことに気《き》づきました。1～2歳《さい》ごろ、母親《ははおや》のいつ子《こ》さんが歌《うた》う「ジングルベル」を聞《き》いて、そのメロディーをおもちゃのピアノで演奏《えんそう》したといいます。

4歳《さい》から本格的《ほんかくてき》にピアノを習《なら》い始《はじ》め、現在《げんざい》は東京音楽大学《とうきょうおんがくだいがく》の川上昌裕先生《かわかみまさひろせんせい》に自宅《じたく》で週《しゅう》2回《かい》の指導《しどう》を受《う》けています。楽譜《がくふ》を読《よ》むことができないので、川上先《かわかみせん》生《せい》が一つの曲《きょく》を、いくつかに分《わ》けて録音《ろくおん》したテープをくり返《かえ》しきいて曲《きょく》を覚《おぼ》えます。川上先生《かわかみせんせい》が「音《おと》をとらえる能力《のうりょく》が高《たか》い」というように、「アベマリア」は1日《にち》で、「トロイカ」は2週間《しゅうかん》ほどで覚《おぼ》えたそうです。

「性格《せいかく》のように明《あか》るい音《おと》を出《だ》し、流《なが》れるような曲《きょく》をうまくひきますね」と川上先生《かわかみせんせい》。辻井《つじい》くんは「たくさん拍手《はくしゅ》がもらえて、みんなが感動《かんどう》してくれるようなピアニストになりたい」と、夢《ゆめ》をいだいています。

他《ほか》にもこんなニュースが…

長野冬季《ながのとうき》オリンピック開催《かいさい》の5か月《げつ》前《まえ》、長野市内《ながのしない》にある162軒《けん》のホテルや旅館《りょかん》などが予約《よやく》でいっぱいでした

バン・クライバーン国際ピアノコンクールの決勝ラウンドで演奏する辻井さん＝2009年6月、アメリカ・テキサス州、バン・クライバーン財団提供

©Altre Media

小学生《しょうがくせい》の身長《しんちょう》と体重《たいじゅう》（平均値《へいきんち》）

身長《しんちょう》も、体重《たいじゅう》も、50年前《ねんまえ》にくらべて少《すこ》しずつ増《ふ》えています。

身《しん》長《ちょう》

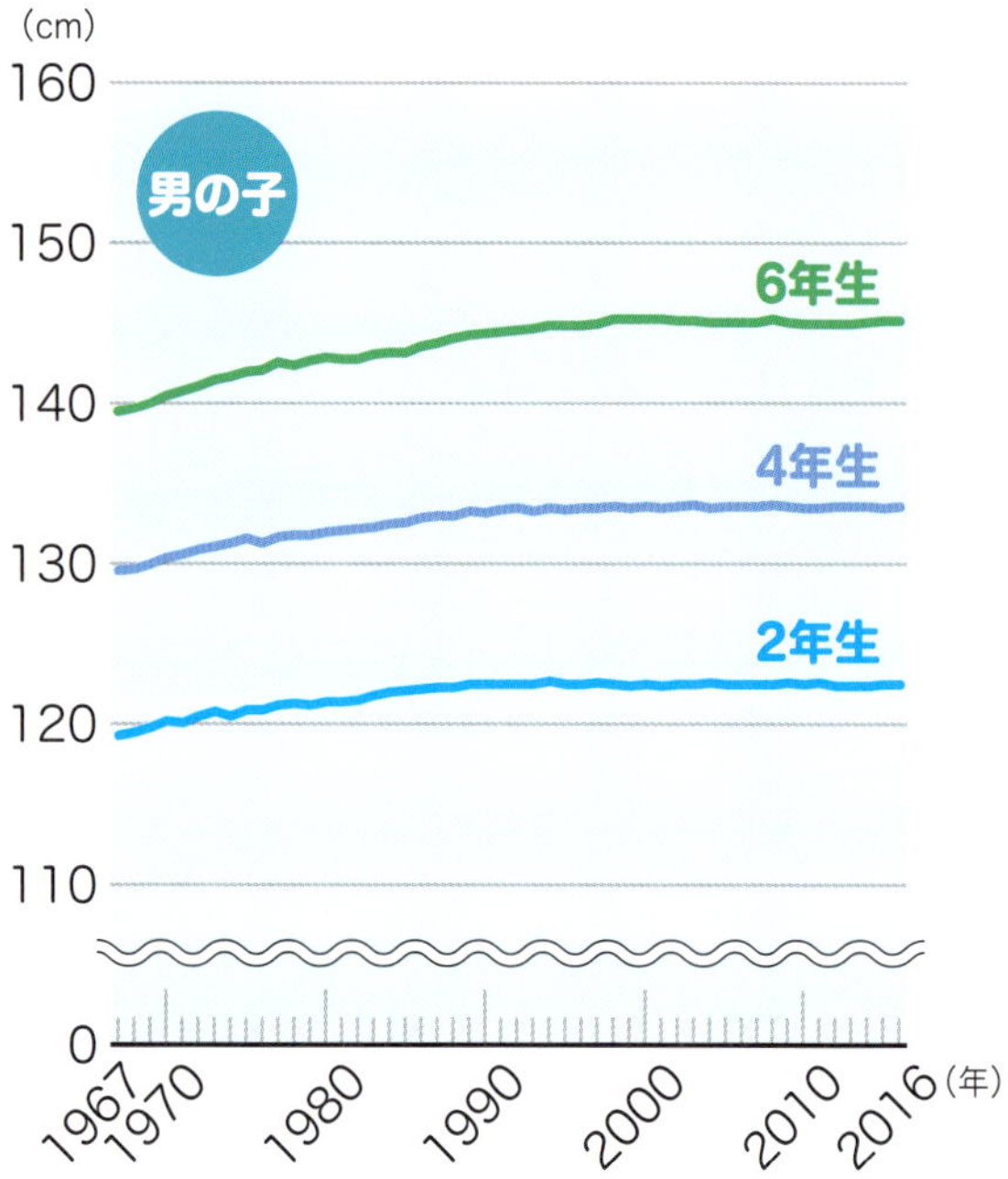

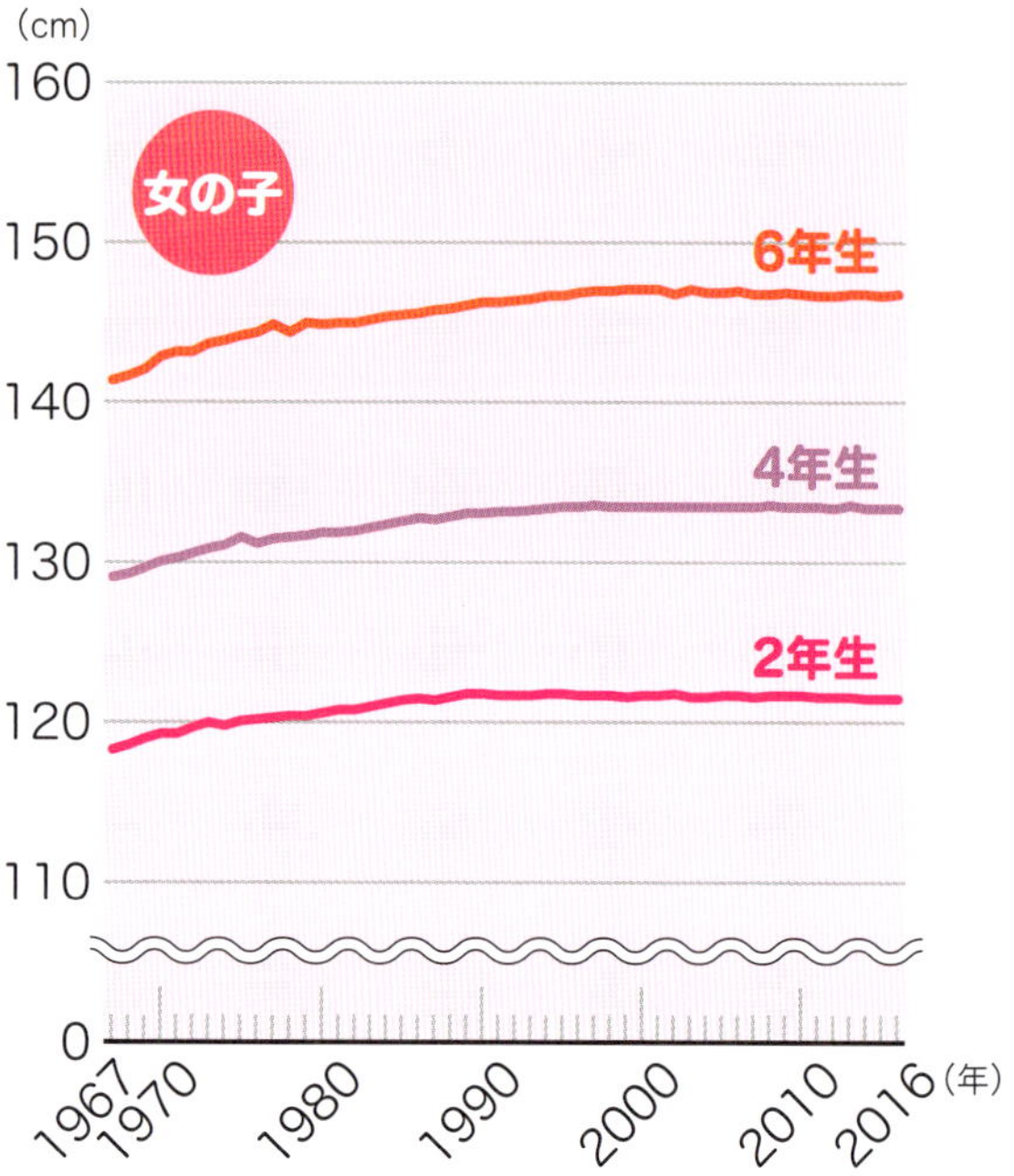

体《たい》重《じゅう》

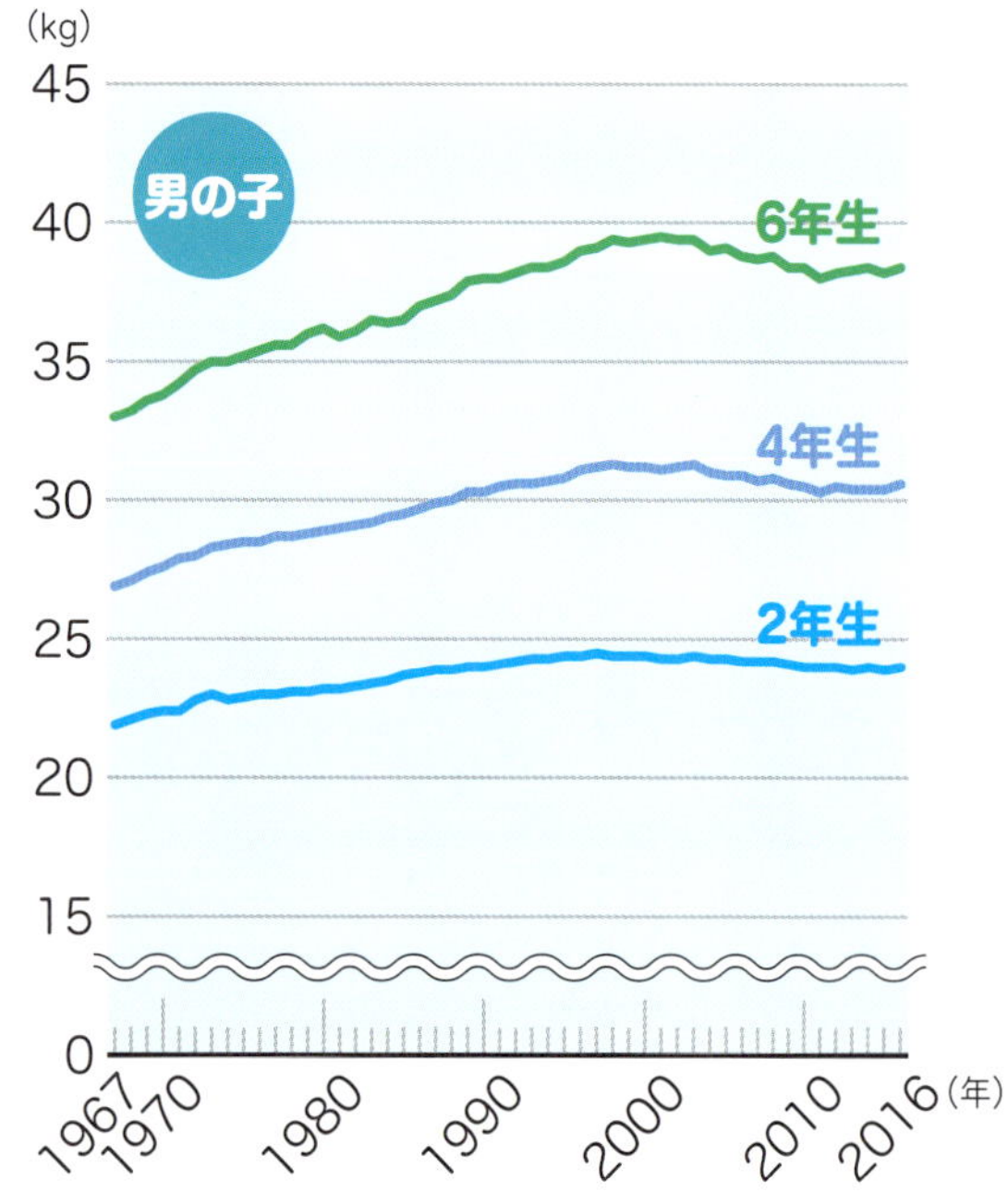

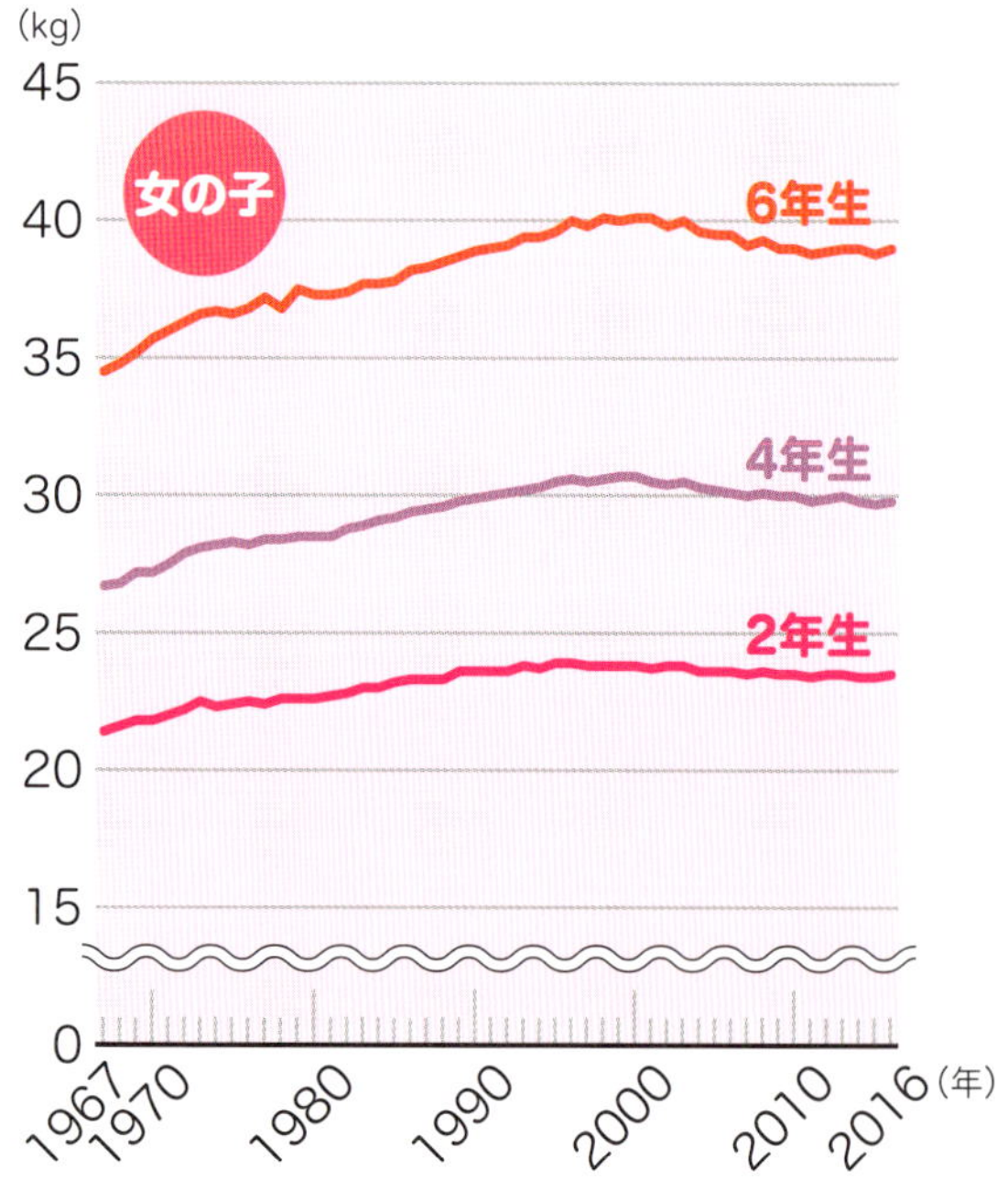

（身長、体重はいずれも文部科学省調べ）

子《こ》どもにまつわる 50年《ねん》のデータあれこれ ①

小学生《しょうがくせい》の人数《にんずう》

どの年《とし》も全国《ぜんこく》の小学校《しょうがっこう》1～6年生《ねんせい》の合計人数《ごうけいにんずう》を示《しめ》しています。この50年《ねん》をみると、第《だい》2次《じ》ベビーブーム世代《せだい》をピークに、少《しょう》子化《しか》で子《こ》どもの数《かず》がどんどん減《へ》っています。

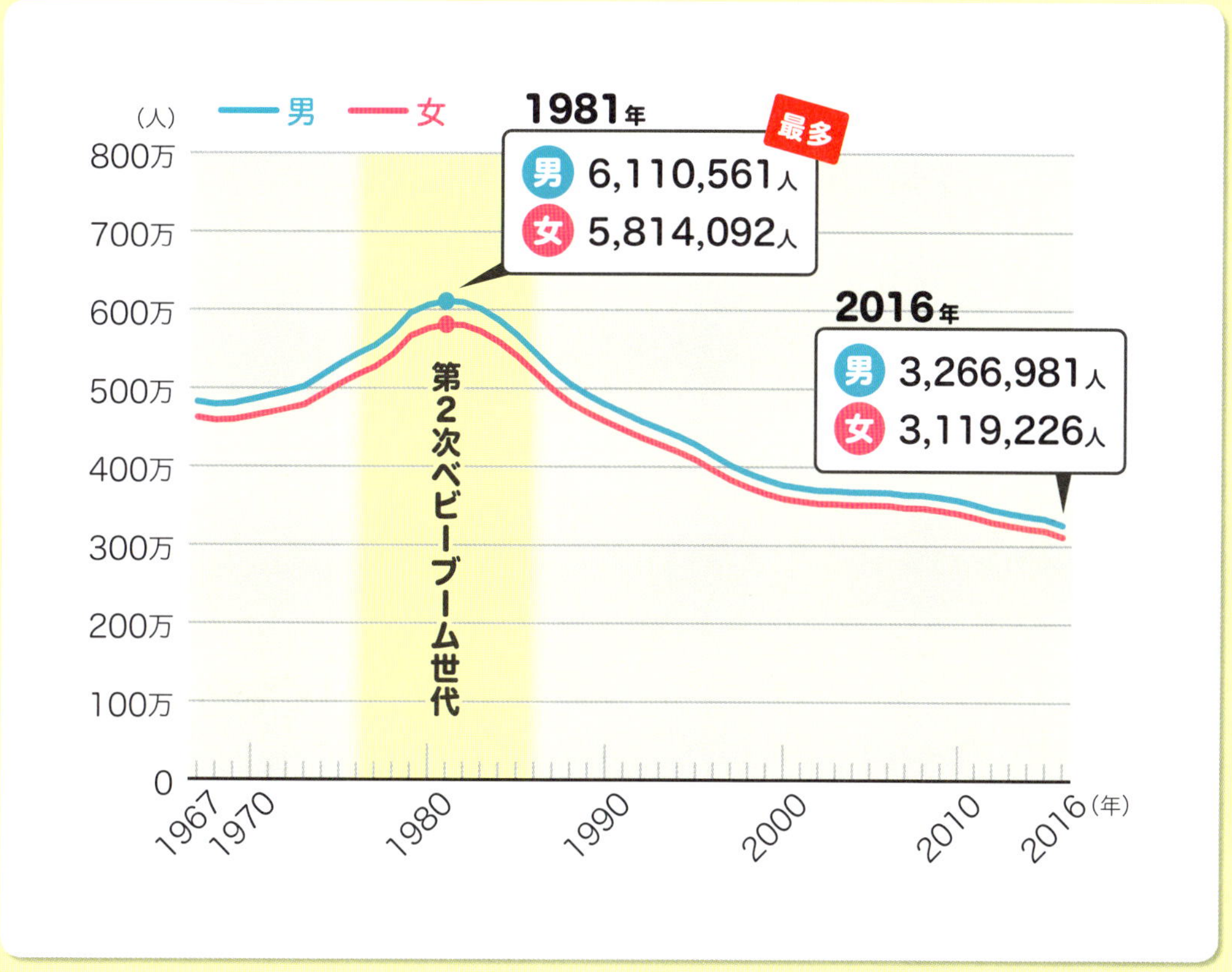

(文部科学省調べ)

第《だい》1次《じ》ベビーブームは、第《だい》二次《じ》世界大戦後《せかいたいせんご》の1947～49年ごろ。戦争《せんそう》からかえった人《ひと》たちが子《こ》どもをつくり、国内《こくない》で急激《きゅうげき》に出生率《しゅっしょうりつ》が高《たか》まったんじゃ

第《だい》2次《じ》ベビーブームは、1971～74年ごろ。第《だい》1次《じ》ベビーブームで生《う》まれた人《ひと》たちが大人《おとな》になり、子《こ》どもを産《う》んだことで出生率《しゅっしょうりつ》が上《あ》がったんだよ

80	81	82	83	84	85	86	87	88	89	90	91
大輔							達也	翔太			
絵美	恵	裕子	愛							愛 彩	美咲

04	05	06	07	08	09	10	11	12	13	14	15	16
蓮	翔 大翔	陸	大翔				大翔 蓮	蓮	悠真	蓮	大翔	
さくら 美咲	陽菜		葵	陽菜		さくら	陽菜 結愛	結衣	結菜	陽菜 凛	葵	

（明治安田生命調べ）

女《おんな》の子《こ》の名前《なまえ》は、1960年代《だい》は「美」のつく名前《なまえ》が目立《めだ》つわ。1960年代半《だいなか》ばごろから徐々《じょじょ》に多様化《たようか》していって、80年代《だい》ごろからは、最後《さいご》に「子」のつく名前《なまえ》が減《へ》っていくの。その後《ご》、「美咲」→「陽菜」と人気《にんき》はうつって、最近《さいきん》は「結」が入《はい》った名前《なまえ》が人気《にんき》ね

女の子	1999年	2006年	2016年
1	ケーキ屋《や》・パン屋《や》	ケーキ屋《や》・パン屋《や》	ケーキ屋《や》・パン屋《や》
2	花屋《はなや》	花屋《はなや》	芸能人《げいのうじん》・歌手《かしゅ》・モデル
3	看護師《かんごし》	看護師《かんごし》	花屋《はなや》
4	教員《きょういん》	教員《きょういん》	教員《きょういん》
5	保育士《ほいくし》	芸能人《げいのうじん》・歌手《かしゅ》・モデル	看護師《かんごし》

（クラレ調べ）

ケーキ屋《や》・パン屋《や》は女《おんな》の子《こ》に人気《にんき》ね。最近《さいきん》のアイドル人気《にんき》の影響《えいきょう》もあって、2006年ごろから、「芸能《げいのう》人《じん》・歌手《かしゅ》・モデル」の人《にん》気《き》が高《たか》まっているわ

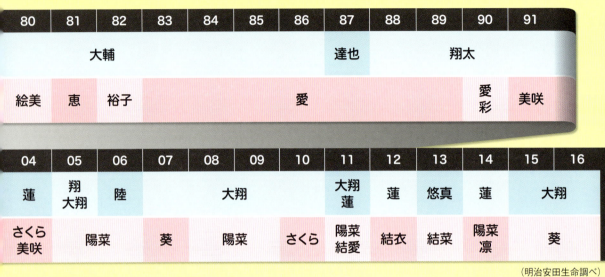

子《こ》どもにまつわる 50年《ねん》のデータあれこれ②

子《こ》どもの名前《なまえ》ランキングNo.1《ナンバーワン》

西暦(年)	67	68	69	70	71	72	73	74	75	76	77	78	79
男の子	誠	健一	誠	健一	誠								
女の子	由美子	直美			陽子				久美子	智子		陽子	智子

西暦(年)	92	93	94	95	96	97	98	99	2000	01	02	03
男の子	拓也	翔太	健太	拓也	翔太		大輝		翔	大輝	駿	大輝
女の子	美咲					明日香	萌	未来	さくら 優花	さくら	美咲 葵	陽菜

男《おとこ》の子《こ》の名前《なまえ》は、1960年代半《だいなか》ばから70年代終《だいお》わりまで、「誠」が圧倒的《あっとうてき》な人気《にんき》だったんだ。1979年から8年続《ねんつづ》けてNo.1《ナンバーワン》だったのが「大輔」。人気《にんき》の子《こ》どもの名前《なまえ》は、そのときどきの話題《わだい》にも大《おお》きく影響《えいきょう》を受《う》けていて、当時《とうじ》、早稲田実業《わせだじつぎょう》学校《がっこう》に在籍《ざいせき》していた荒木大輔選手《あらきだいすけせんしゅ》が高校野球《こうこうやきゅう》で活躍《かつやく》した。1990年代《だい》からは、自然《しぜん》を連想《れんそう》させる字《じ》が好《この》まれるようになった

新小学《しんしょうがく》1年生《ねんせい》の将来就《しょうらいつ》きたい仕事《しごと》

※1999年からの調査です。

男の子	1999年	2006年	2016年
1	スポーツ選手《せんしゅ》	スポーツ選手《せんしゅ》	スポーツ選手《せんしゅ》
2	運転士《うんてんし》・運転手《うんてんしゅ》	運転士《うんてんし》・運転手《うんてんしゅ》	警察官《けいさつかん》
3	警察官《けいさつかん》	警察官《けいさつかん》	運転士《うんてんし》・運転手《うんてんしゅ》
4	おもちゃ屋《や》	消防《しょうぼう》・レスキュー隊《たい》	TV《テレビ》・アニメキャラクター
5	自営業《じえいぎょう》	大工《だいく》・職人《しょくにん》	消防《しょうぼう》・レスキュー隊《たい》

（クラレ調べ）

スポーツ選手《せんしゅ》は男《おとこ》の子《こ》に根強《ねづよ》く人気《にんき》だね。最近《さいきん》は、警察官《けいさつかん》、消防《しょうぼう》・レスキュー隊《たい》など世《よ》の中《なか》の安全《あんぜん》を守《まも》る職業《しょくぎょう》が上位《じょうい》に上《あ》がるようになってきているよ

朝日小学生新聞

1967年（昭和42年）4月創刊。小学生とその家族を読者とする日刊全国紙。政治、経済、科学など世の中のニュースを子どもにもわかりやすく解説する記事のほか、連載小説や学習コラム、学習まんがなども掲載しています。「朝小」という愛称で親しまれ、教育熱心な家庭で読まれています。紙面づくりに参加したい読者「朝小リポーター」による読者参加型の紙面も積極的に掲載しています。2017年は50周年。この間に朝日小学生新聞を読んだ子どもはのべ400万人を超えます。

朝日学生新聞社・ジュニア朝日ウェブサイト／www.asagaku.com

子どもニュース いまむかしみらい
朝日小学生新聞でふりかえる

2017年3月31日　初版第1刷発行

編著　朝日小学生新聞

デザイン・イラスト　若泉祥子

発行者　植田幸司
発行所　朝日学生新聞社
〒104－8433　東京都中央区築地5－3－2　朝日新聞社新館9階
電話　03－3545－5227（販売部）
03－3545－5436（出版部）
www.asagaku.jp（朝日学生新聞社の出版案内など）
印刷所　シナノパブリッシングプレス

ISBN 978-4-909064-05-9

朝日小学生新聞の連載「子どもニュースいまむかし」（2016年1月～12月）に加筆・修正を加え、再構成しました。

【おねがい】 本書「子どもニュースいまむかしみらい」に掲載した記事にご登場いただいた方や、写真撮影者で、ご連絡のつかなかった方がいらっしゃいます。お心当たりの方は、お手数ですが当編集部にご連絡くださいますようおねがいいたします。